Abuso sexual infantil

En las mejores familias

DIRECTOR DE LA COLECCION
Dr. Pedro Herscovici

DISEÑO DE TAPA Y MAQUETACION DE INTERIORES
Sergio Manela

IRENE V. INTEBI

Abuso
sexual
infantil

En las mejores familias

GRANICA

© 1998, *by* Ediciones Granica S.A.

Bertrán 107, 08023 Barcelona, España

Tel. 343-211-2112 - Fax 343- 418-4653

E-mail: granica.editor@bcn.servicom.es

Lavalle 1634 -3º - (1048) Buenos Aires, Argentina

Tel. 541-374-1456 - Fax 541-373-0669

E-mail: granica@editor.virtual.ar.net

ISBN: 950-641-252-9

Impreso en Argentina Printed in Argentina

Hecho el depósito que marca la ley 11.723

ÍNDICE

A mis padres, Celia y Cacho,
por todo lo que enseñaron y dieron.

A mis hijos, Ezequiel, Leandro y Lucas, por si no se enteraron que los
quiero muchísimo.

A todos los que se arriesgan a saber
de qué va la vida.

AGRADECIMIENTOS

Agradecer a todas las personas que contribuyeron a la concreción de este libro se me plantea como un desafío casi tan difícil como escribirlo. Principalmente porque es el resultado de más de 12 años de trabajo ininterrumpido con familias violentas. Tiempo más que suficiente para tomar contacto con un sinnúmero de personas: consultantes, pacientes, profesionales de distintas disciplinas, políticos; la gran mayoría, mujeres.

En primer lugar, agradezco a quienes se acercaron con su problema personal y confiaron en mi capacidad de acompañarlas/los a lo largo de caminos complicados.

Agradezco a quienes me acompañan en la tarea: Lic. Sandra Baita, Lic. Cora Bertini, Dr. Adrián Helien, Lic. Verónica Ianco, Lic. Cristina Maddonni, Lic. Paula Moreno y Lic. Ana Pérez; sin olvidarme de excelentes profesionales y amigas, visceralmente comprometidas con mejorar la calidad de vida de nuestros niños: Dra. Patricia Houghton, Dra. Nora Zeiguer, Dra. Patricia Tiberti, Dra. Sara Horowitz y el amigo abogado, Dr. Juan Pablo Viar.

Quiero dar las gracias también al Dr. Pedro Herscovici, por su interés en mi trabajo y por su activa participación en su publicación; así como al Dr. Alejandro Razé por ciertas sincronicidades afortunadas.

Un reconocimiento especial para Norma Osnajanski, la persona que siguió más de cerca el proceso de gestación de este libro. Por un lado, orientó con entusiasmo y paciencia mis aptitudes literarias y por el otro, resultó una invalorable interlocutora que abrió la posibilidad a puntos de vista insospechados.

No quiero dejar de agradecer a quienes pusieron piedras

en mi camino pues tuvieron el poder de empujarme a profundizar mis conocimientos sobre el tema, de obligarme a buscar argumentos que avalaran mis convicciones, de reafirmar mi rebeldía ante posturas prejuiciosas y cortas de vista.

IRENE V. INTEBI
Buenos Aires
Marzo de 1998

PRÓLOGO

Siempre es una buena noticia la aparición en lengua española de un texto relativo a la protección a la infancia. Es manifiesta la escasez de publicaciones científicas en nuestra lengua compartida que aborden los temas del maltrato infantil y el abuso sexual. Cuesta trabajo recomendar a los estudiantes y profesionales (la mayoría de los cuales no leen con fluidez en otros idiomas) una bibliografía de publicaciones sobre dicho tema que esté escrita en español y por profesionales pertenecientes a nuestro ámbito cultural hispano. Pero es mejor noticia que se trate de una publicación sobre los abusos sexuales a la infancia. Todavía es mayor la escasez de publicaciones sobre este aspecto concreto de la protección infantil.

Este libro aparece casi a punto de llegar al final de este milenio. La progresión con la que hemos llegado a este último siglo del milenio ha posibilitado que seamos testigos de cambios importantes en la Historia de la Humanidad. Sin ánimo de ejercer aquí de experto en futurología, parece que algunos de estos cambios pueden llegar a tener importantes repercusiones en la evolución futura de la Humanidad. Entre ellos, se puede y se debe destacar el asentamiento de una incipiente conciencia colectiva en defensa de los Derechos de la Infancia. Quien escribe este prólogo quisiera creer todos los días que se trata de un movimiento que será irreversible y que poco a poco irá mejorando el mundo que nos han legado nuestros antepasados. Cada día que pasa, tenemos datos que nos demuestran que los avances hacia una mayor humanización de las relaciones entre los seres humanos, se siguen de dolorosísimas y frustrantes "recaídas". A pesar de ello, yo me incluyo entre los que creen que el mundo que estamos construyendo es cada vez mejor y que tiene potencialidad suficiente para hacer al ser humano cada vez más libre y más feliz, y en consecuencia, más solidario.

Y digo todo esto prologando (y por tanto justo después de haber leído de arriba a abajo) un libro que habla de lo que se suele etiquetar como "una de las lacras de nuestra sociedad", o como "una de las demostraciones de la degeneración del ser humano". Y es precisamente por eso por lo que me parece necesario que quienes nos dedicamos a estudiar estos temas, señalemos (tal y como lo hace la autora de este libro) que ahora hay probablemente la misma o menos cantidad de abusos sexuales a menores de lo que ha habido en cualquier período previo de la Historia. Y debemos señalar que uno de los grandes logros de estos últimos años es el poder hablar públicamente y en serio de su existencia. El optimismo al que antes me refería parte precisamente de un esfuerzo consciente por darme cuenta de que a pesar de que sigue y seguirá habiendo graves violaciones de los derechos humanos, la tolerancia hacia dichas violaciones por parte de la mayoría de la opinión pública ha cambiado rotundamente (aunque sea en muchas ocasiones de manera meramente estética; algo es algo). Y a la vez que se debe reconocer, por ejemplo, que la prostitución infantil sigue existiendo, podemos afirmar también que para una niña víctima de abusos sexuales corren mejores tiempos que hace diez, veinte o treinta años. Tiene algunas posibilidades menos de quedar seriamente afectada en su vida futura por la situación que le ha tocado vivir.

Es extraordinariamente ingente el trabajo que tenemos por delante. Erradicar todos los factores que hacen que existan los abusos sexuales es probablemente una tarea que hoy se puede ver como imposible, sobre todo porque muchos no los conocemos con certeza y la mayoría tienen que ver con elementos muy enraizados en nuestras características biopsicosociales. Incluso es posible que haya cambios positivos en las formas de vida que, al crear desequilibrios en el sistema de relaciones sociales, pueden temporalmente aumentar el riesgo de existencia de abusos sexuales. Nadie dijo que el camino hacia el progreso (entendido como la búsqueda de la felicidad para la mayoría de la población) era fácil y lineal.

Pues bien, a pesar de lo ingente del trabajo, en este libro tiene el lector una prueba de que existen personas que siguen mirando hacia adelante y siguen aportando sus "granitos de arena". Así lo dice la autora: este es su "granito de arena" en la lucha por conseguir "pequeños" avances. Estoy seguro de que cada una de las personas a las que ha ayudado en su práctica profesional no opinarán lo mismo sobre el tamaño del grano de arena. Pero el caso es que nos encontramos ante un libro en nuestra lengua común que aborda unas de esas realidades que, como el abuso sexual, "ocurren en las mejores familias", a pesar de que las queramos ocultar. Y este libro, tiene la calidad suficiente para producir el efecto deseado. Las personas que lo lean sabrán que existen los abusos sexuales y que siempre han existido, sabrán después de leerlo mucho más sobre cuál es la magnitud del problema, por qué se producen, qué consecuencias provocan, cómo se puede y se debe ayudar a las víctimas, por qué a veces se les hace más daño en lugar de ayudarles, etcétera. Pero vamos poco a poco. Merece la pena adelantar al lector cuáles son las cualidades especiales del libro que tiene delante. Voy a intentar ser breve y no retrasar mucho el permitirle adentrarse en lo verdaderamente importante de este volumen.

Algunos libros de gran calidad sobre este mismo tema exponen detalladamente todos los conocimientos actualizados de una manera aséptica y rigurosa. Otros textos presentan situaciones y casos concretos de abuso sexual de una manera suficientemente realista como para producir una fuerte reacción emocional en el lector.

Hay algo distinto en este libro que me es difícil explicar, pero que se capta desde sus primeras páginas y que se mantiene hasta el final. Creo que se puede entender más fácilmente lo que irradia el libro si uno conoce a la autora. Yo le conozco muy poco, por cierto, pero detecto una coincidencia entre la imagen que tengo de ella y la que me ha producido el libro. Creo que el libro "huele" a honestidad y humildad, por una parte, y a necesidad y voluntad de comunicación, por la otra. Me explico. A lo largo de todo el libro se evita constantemente dar la sensación de erudición. Parece que hay un cierto pudor por hacer alarde de todo lo que la autora sabe sobre el tema. Sin embargo, en el libro está todo. No hay una teoría o un área importante de investigación que no esté abordada con los últimos datos salidos del "laboratorio". Pero lo importante es que al mismo tiempo, todo el texto está impregnado de experiencia, de casos reales, de la emoción que despiden las situaciones particulares e intransferibles de los sujetos concretos que las han vivido. Lo que más me ha impactado de este libro es precisamente la forma en que consigue incorporar y conjuntar ambas formas de abordaje.

En este texto el lector va a encontrar reflexiones serias y basadas en datos muy fiables sobre los temas más escabrosos relacionados con el reconocimiento de la existencia de los abusos sexuales por parte del fundador del psicoanálisis ("¿Qué te han hecho, pobre criatura?", decía Freud a Fliess que podría haber sido un buen lema para el psicoanálisis). Leer algunas partes de este libro para quienes, como yo, han tenido una formación universitaria apoyada en la teoría psicoanálitica, puede resultar de un gran interés. Pero hay otras partes de gran relevancia en el libro. Por ejemplo, me ha parecido muy acertada la forma en que la autora va presentando datos e informaciones que sirven para hacer tambalear todos los falsos tópicos y creencias sobre los abusos sexuales.

En este libro el lector va a encontrar muchísima información actualizada sobre todos los temas que están ahora en la primera fila de la investigación. Y algunos no son temas fáciles de abordar. Se habla de las características de los abusadores sexuales, pero no se elude hacer referencia a toda la información actual sobre los casos de abuso sexual perpetrados por mujeres. Hasta hace muy poco tiempo se consideraban irrelevantes los casos de abuso sexual de mujeres a varones y no se hablaba de ello. Se aborda el tema de los jóvenes perpetradores de abuso sexual. Y se hace también con información muy actual y precisa. Se presentan datos, tan importantes actualmente, sobre las técnicas que los abusadores utilizan para acercarse a sus víctimas. La extraordinaria importancia de esta información para el desarrollo de la prevención del abuso sexual es evidente.

Entre toda la información de calidad que se puede encontrar en este libro, es difícil destacar algo que resalte especialmente. No quisiera dejar sin señalar algunos de ellos. Me ha parecido muy bien tratado el tema de los indicadores o consecuencias del abusos sexual: las "fugas" de casa, los trastornos disociativos, la anorexia y bulimia son abordados con información muy actualizada y, como siempre con casos reales muy bien analizados. Está muy bien abordado todo el tema relativo a la validación de casos de abuso sexual. Los requisitos de formación que deben ser exigidos a los profesionales que hacen dichas entrevistas a las niñas y niños víctimas están perfectamente especificados. Desgraciadamente es penoso ver cómo las víctimas de abuso sexual son revictimizadas en todo el mundo por un sistema que no pone cuidado en que quienes les entrevisten sean profesionales con conocimiento sobre el efecto de las situaciones traumáticas en la memoria, sobre la expresión de las emociones en los niños, sobre psicología evolutiva, y lo más importante, sobre los abusos sexuales.

Pero si tuviera que elegir, desde mi punto de vista, algún apartado sería el referido a las consecuencias de los abusos sexuales. Este capítulo está abordado con especial cuidado. La forma en que se va describiendo este tema desde la perspectiva de las víctimas, sean niñas o niños, hombres o mujeres, me ha parecido muy conseguida. Pero no creo que el toque especial que tiene este texto se pueda improvisar. Creo que únicamente lo pueden hacer las personas que tienen la suficiente experiencia clínica y capacidad empática para presentar los datos estadísticos apoyados en la experiencia cotidiana con situaciones reales. Y éste es uno de esos casos. Intercalar con fluidez una revisión exhaustiva de la literatura científica con casos reales y con metáforas como "herida del alma" o "balazo en el aparato psíquico" sólo se puede hacer cuando se sabe de qué se está hablando.

Es necesario, por tanto, volver a felicitarse por la aparición de este libro. Ya no por su mera existencia, sino por su gran calidad y por el efecto que estoy seguro va a tener en muchos profesionales, investigadores, estudiantes y público en general. Espero que, por otra parte, sea una forma de continuar con el reconocimiento internacional que todos tenemos a los profesionales argentinos que, aunque no sea suficientemente conocido, han sido pioneros en el abordaje del maltrato infantil y los abusos sexuales. Es frecuente que se diga que el reconocimiento de estos temas fue más tardío que en los países anglosajones. Y es cierto desde un punto de vista de la cantidad de trabajos, publicaciones y preocupación colectiva. Pero en Argentina también se han dado ejemplos pioneros. Es de justicia resaltar el esfuerzo inmenso que se ha venido haciendo desde hace muchos años en el Programa de Asistencia del Maltrato Infantil del Gobierno de la Ciudad de Buenos Aires. Con muy pocos medios, con mucha generosidad y con gente extraordinaria, entre ellos, la autora de este libro.

DR. JOAQUÍN DE PAUL OCHOTORENA
San Sebastián, España
Marzo de 1998

INTRODUCCIÓN

Muchas veces me planteé la posibilidad de escribir un libro sobre abuso sexual, un tema del que me vengo ocupando desde 1985. Nunca terminaba de convencerme de que tuviera algo nuevo para aportar. Los autores del primer mundo han investigado y presentado el problema con una precisión apabullante. Estadísticas, factores de riesgo, descripciones minuciosas de las familias donde ocurre el abuso, programas de tratamiento que se evalúan con la misma seriedad con que se controla el efecto de un nuevo medicamento. ¿Qué podía yo agregar, entonces, desde esta perspectiva tercermundista donde hacemos todo improvisadamente?

La respuesta a estos interrogantes llegó casi como por casualidad en el comentario de una de las integrantes de un grupo de autoayuda para familiares no abusadores: "Uno podrá leer libros sobre violencia familiar, sobre leyes, pero en ningún lado encontramos lo que nos pasa. Eso lo saben ustedes, los que se dedican a esto".

Yo estaba al tanto de los aportes teóricos. Pero, además, estaba familiarizada con la realidad del asunto. Sabía lo difícil que le resulta a muchos adultos creer el relato de los niños, sabía de su resistencia a aceptar que una persona tan cercana, a veces conocida de toda la vida, sea capaz de engañar y lastimar de esa manera. Conocía personas que no habían podido tolerar el desmoronamiento que provocaba aceptar la realidad, gente que había preferido refugiarse detrás de muros de falsedades, rechazando todo lo que cuestionara su irrealidad. Pero, también conocía adultos que habían podido encarar con dolor y coraje la construcción de lo que se pudiera, con verdaderas ganas de cuidar a sus hijos, aun con toda la rabia y el miedo de tener que empezar de nuevo.

Mi contacto con psicoterapeutas, médicos, abogados, trabajadores sociales, docentes y familiares de niños victimizados me recordaba constantemente la avidez de información sobre el abuso sexual.

Comprendí, entonces, cuál sería mi aporte: por un lado, contribuir a divulgar los estudios de otros autores, la mayoría de habla inglesa, escasamente difundidos entre el público en general. Por el otro, transmitir mi experiencia en Buenos Aires.

Mi objetivo no es sólo sacar a la luz este problema que afecta a tantas familias, sino señalar cuáles son los obstáculos que tendrán que afrontar los niños y los adultos que quieran salir de la trampa del abuso sexual. El trabajo cotidiano con esta temática me permite acompañar las descripciones con comentarios acerca de los modos de atravesar la crisis. Se me hace necesario puntualizar, sin embargo, que resulta difícil generalizar cuando los casos evocan caritas concretas, silencios y lágrimas, besos y dibujos agradecidos que nos enseñan que "los niños" en abstracto no existen.

Este libro es una forma de acercar mi granito de arena a uno de los aspectos fundamentales del abuso sexual infantil: la prevención.

Dada la variedad de lectores a los que va dirigido, es muy probable que los intereses personales no coincidan con la manera en que están organizados los capítulos. Quiero aclarar entonces que, si bien existe un hilo conductor que determinó el orden en que aparecen los diferentes temas, es posible leerlos de manera independiente.

Aquellos que tengan interés en corroborar un diagnóstico de abuso sexual infantil deberán remitirse a los capítulos 5, 6, 7 y 8 donde se tratan las características de las víctimas, los indicadores psicológicos y físicos del abuso sexual y las particularidades de los relatos infantiles acerca de los episodios abusivos.

A quienes estén urgidos por la necesidad de implementar medidas para proteger a un niño, les recomiendo la lectura del capítulo 10 en el que hago referencia a la legislación vigente en Argentina, así como a las diversas opciones de intervención.

20

Los interesados en las cuestiones familiares inherentes a esta temática pueden profundizar los capítulos 4 y 9 que se ocupan de las características de los ofensores sexuales y de las actitudes de las familias, respectivamente.

A los lectores intrigados por el escaso nivel de registro que tiene la sociedad de sus niños victimizados sexualmente, les aconsejo dirigirse a los capítulos 1, 2 y 3. En ellos encontrarán los prejuicios que rodean la posibilidad de detección y de intervención, junto con la evolución en el modo de vincularnos con los más pequeños desde la Antigüedad hasta fines de este siglo –Capítulo 2–, focalizando en el Capítulo 3 en las vicisitudes que atravesó Sigmund Freud cuando se vio enfrentado a esta realidad.

Antes de terminar quisiera hacer una aclaración acerca de la forma en que me refiero a las víctimas a lo largo de todo el texto. Por esas cuestiones del idioma, a veces las menciono como "las niñas" y otras, como "los niños". Por lo general, asigno estas expresiones de manera indistinta a nenas y a varones, a menos que especifique abiertamente que se trata de alguna cuestión relacionada con uno de los géneros en particular.

Agradezco a todas aquellas personas que confiaron en el equipo de profesionales que dirijo y en mí para que los acompañáramos en el complicado camino que tenían por delante. Deseo que estas páginas sirvan de ayuda a las víctimas que no pude conocer. Y si, además, la lectura de este libro alertara a alguien acerca de la situación de riesgo en que se encuentra un niño y lo decidiera a intervenir, consideraría que el trabajo valió la pena.

CAPÍTULO 1

POR DÓNDE EMPEZAR: JUICIOS Y PREJUICIOS

Cada época genera su propia comprensión del mundo. Elaboramos una cosmovisión particular, construyendo teorías explicativas de lo que en ese momento consideramos la realidad; nos apoyamos en puntos de vista compartidos, en hipótesis y teorías que resultan aceptables, relevando hechos que terminarán confirmando lo que se quería demostrar, al tiempo que pasamos por alto aquellos que lo cuestionan. Durante siglos, por ejemplo, se sostuvo que la Tierra era el centro del Universo, basándose en observaciones y pruebas que hoy consideraríamos ridículas; sin embargo, afirmar lo contrario representaba una herejía que se podía pagar con la vida. Las concepciones de las cuales hoy nos reímos tuvieron fuerza de verdad durante largos períodos y fueron evolucionando con bastante lentitud. No nos resultan desconocidas las historias de innovadores reconocidos tardíamente, condenados al ostracismo científico y social por proponer visiones alternativas al saber oficial del momento.

Ideas y teorías avanzan, retroceden, permanecen ocultas, se redescubren, se desactualizan, se pierden, se reemplazan en movimientos estrechamente relacionados con aquello que las sociedades y los individuos están dispuestos a tolerar. No son pocos los que piensan que la ciencia, aún la actual con sus deslumbrantes avances tecnológicos, no es más que un sistema de creencias consensuadas socialmente.

Pocas veces tomamos conciencia de cuánto influye el observador con su ideología y sus prejuicios –fuertemente ligados al período histórico en que le toca vivir–, con su historia personal, incluso con su estado anímico en el momento de realizar la investigación, en el ordenamiento y la sistematización de los hechos estudiados. Los que intentamos investigar y abrir caminos en el campo del abuso sexual infantil, descubrimos a diario las dificultades de lograr una mirada por completo objetiva y neutral sobre un tema tan espinoso. Sin embargo, aprendemos a convivir con las contradicciones y los dobles discursos, procurando avanzar a pesar de todo.

Pocas dudas existen ante titulares de diarios que dicen, por ejemplo: "Violó y mató a su hijastra de sólo un año", "Asegura que su padre violaba a su hermana y por eso lo baleó", "Procesan a un profesor de baile por manosear a sus alumnas", "El Papa remplazó a un cardenal acusado de abusar de menores", "Detenido por fotografiar a chicos en poses obscenas".[1] Nadie vacila, la condena es unánime y ningún castigo parece revestir la suficiente severidad para resarcir a la víctima por el daño causado.

Sin embargo, las contradicciones humanas dejan de ser abstracciones filosóficas y se reflejan en noticias como ésta: "Violó a una nena de 11 años y ahora se casó para no ir preso". El artículo comenta, además que "ella ya tiene 13 y, de la relación, fue madre de un varón". Se deja aclarado que él tiene 21 años y que "ella había dado su consentimiento para las relaciones sexuales". Se insiste –y destaca con la tipografía– que "el caso igual fue considerado como violación por la edad de la menor".[2]

Cuesta entender que el abuso sexual de una niña no siempre desemboca en una violación y que la mayor parte de las veces se trata de acercamientos sexuales que ocurren de manera reiterada, crónica y no accidental, sin que el victimario recurra a la fuerza física, aprovechando una relación de confianza o de poder que ejerce sobre la víctima.

La madre de una nena abusada de 7 años comentaba: "Cuando me enteré por Viviana *[su hija]* de lo que le hacía el padre *[su marido]* me pasé varios días sin dormir. A la noche lloraba y buscaba razones para convencerme de que no había pasado nada. Buscaba algún hecho, algún detalle que me permitiera creer que no era cierto. Me decía que yo nunca dejaba la nena a solas con él, que él sería capaz de cualquier cosa menos de eso, que quizás Vivi se había confundido… Unas semanas después tuve que aceptar la realidad. Ahora, después de todo lo que pasé, me pregunto ¿por qué resulta más fácil encontrar razones para no creer?"

1. Es un hecho excepcional

Uno de los principales obstáculos para acercarse a esta realidad tan controvertida, es la suposición de que se trata de un hecho extremadamente infrecuente. Es cierto que no contamos con estadísticas de prevalencia en nuestro país. Pero, en EE.UU., las cifras son alarmantes. En 1979, uno de los investigadores más destacados en el tema, David Finkelhor, en un relevamiento realizado entre estudiantes secundarios, encontró que el 19,2% de las mujeres y el 8,6% de los varones entrevistados reconocían haber sido víctimas de situaciones abusivas en la infancia.[3] En otra encuesta realizada sobre un total de 930 mujeres seleccionadas al azar, el 28% admitió haber sido abusado sexualmente antes de los 14 años. Esta cifra trepó al 38% al considerar el abuso ocurrido antes de los 18 años.[4]

En 1991, se efectuó una investigación entre estudiantes de los primeros años de universidades de Buenos Aires con el fin de medir la incidencia de experiencias sexuales previas a los diecisiete años. La edad promedio de los encuestados era de 23 años y 2 meses. Sobre un total de 416 estudiantes, se encontró que el 12,8% (51 personas) había sido víctima de abuso sexual y que el 7% padeció hechos abusivos con contacto corporal con el abusador. La edad promedio al momento de ocurrir el abuso era de 11 años y 6 meses. Fue más frecuente el abuso de mujeres (78,4% de las víctimas) que de varones (21,6%).[5]

Las cifras estadísticas habitualmente calificadas de frías son, entonces, bastante elocuentes. Se trata de un problema de enorme magnitud al que, por diversas razones, se prefiere minimizar.

2. Es un problema de pobres y borrachos

Es usual, también, creer que este es un flagelo de los estratos sociales más bajos y se lo asocia con importantes carencias económicas y educativas.

Lo cierto es que todas las formas de maltrato infantil se detectan en mayor proporción entre las familias de niveles socioeconómicos más bajos, pero esto no se debe a una mayor prevalencia, sino a que se trata de una franja de la población que está más expuesta a la intervención de la comunidad.

En este sentido, es sumamente importante destacar que una cuestión es la detección y otra muy diferente la ocurrencia de ciertos hechos: el abuso sexual se produce en todos los niveles sociales pero existe mayor dificultad para diagnosticarlo e intervenir en las familias de clases media y alta.

Los profesionales dedicados a la atención de la violencia familiar solemos trabajar en hospitales o instituciones donde la atención es gratuita. Son precisamente los centros en los que se asisten las familias de menores recursos. Muchas veces la detección se efectúa en niños que consultan por motivos que no están directamente relacionados con el abuso. Por otro lado, también son los niños de estas familias los que concurren a escuelas públicas, un lugar privilegiado para detectar el maltrato.

Lamentablemente, la realidad nos demuestra que, a nivel privado, por donde transitan las familias de mejores recursos socioeconómicos, la detección de cualquier forma de maltrato infantil representa un mal negocio: implica la pérdida de clientes en una escuela privada o de pacientes que pagan la consulta, en el mejor de los casos. Si pensamos en problemas mayores, no hay que olvidar las complicaciones legales que pueden traer personas que están en condiciones de contratar abogados.

Paul Mones, un abogado norteamericano que se ocupó de estudiar en EE.UU., los antecedentes familiares de adolescentes que habían asesinado a sus padres, encontró, en un número significativo de casos, historias de malos tratos severos de larga data. Resultaba llamativo, sin embargo, que los casos en que las agencias dedicadas al maltrato no habían intervenido correspondían a familias de mayores recursos económicos. Su

conclusión es que estos niños se encuentran mucho más desprotegidos que los de las familias humildes. Dice Mones: "…La
mayoría de la población de altos ingresos lleva una vida tan alejada de los servicios de atención públicos que se le hace difícil
acercarse a solicitar ayuda, aún cuando la necesidad es clara.

"Las discrepancias que se observan en las cifras de registro
de maltrato (en especial de abuso sexual) parecen confirmar estas suposiciones: en todo el país el mayor número de informes
de abuso sexual se refiere a la población de bajos y medianos recursos. Sin embargo, los especialistas están de acuerdo en que
el abuso sexual ocurre de forma pareja en toda la población. Para tener una idea de este subregistro basta considerar que, entre los adultos que refieren haber sido víctimas de abuso sexual
en su infancia, un porcentaje desproporcionadamente elevado
corresponde a mujeres blancas de clases media y alta.

"En una ironía del destino, los niños abusados de clases
media y alta son quizás más vulnerables que los otros niños.
Mientras que, por un lado, tienen mejor calidad de vida, sus pedidos de auxilio son menos escuchados. Creo que esta diferencia entre los grupos socioeconómicos explica parcialmente por
qué la mayoría de mis clentes pertenece a las clases media y alta.
Pienso que el hecho de vivir de una manera más aislada hace
que tengan menos posibilidades de acceder a los servicios sociales públicos, con lo cual se restringen drásticamente las oportunidades de intervención y se potencia el riesgo de estallidos en
mayor medida que en las familias con ingresos bajos."[6]

3. Los niños son muy fantasiosos

Todo es posible en las fantasías sexuales infantiles y el psicoanálisis se ocupó muy bien de describirlas. Hacia los 5 ó 6
años, pasan por una etapa en que se enamoran del progenitor
del sexo opuesto. No es raro que hablen de casarse con el padre
o la madre y de tener hijitos con ellos. Elaboran hipótesis de cómo se conciben los bebés e inventan historias acerca de cómo
nacen: algunos afirman que por el ombligo de la madre; otros,
por la boca o el ano. Espontáneamente no mencionan la fecun-

dación ni el parto por vía vaginal. Desconocen la existencia del útero y la función de la vagina. Ser varón no es un impedimento para embarazarse.

Sin embargo, ni la más febril imaginación infantil alcanza para sustentar escenas como la siguiente:

En su tercera entrevista a solas con el psicólogo, la nena de 6 años, se acomoda en la silla y, sin mirarlo, dice:

–Hoy no quiero jugar.

–¿Qué querés hacer? – le pregunta.

–Y… no sé…hablar.

–¿De qué querés hablar?

–De lo que a mí me daba vergüenza y no te quise contar el otro día. Mi papá me tocaba la cola: atrás y adelante y me bajaba los pantalones…Cuando mi mamá se iba a comprar me lo hacía. Y, cuando mis hermanos salían a jugar, también. Otro día, cuando mi mamá llevó a mi hermana al doctor para que le viera los granos de la cara, pasó lo mismo.

–¿Qué pasó ?

–Me hacía como hace una pareja.

–¿Cómo?

–Bueno, la pareja…Se acuestan en la cama y se hacen el amor…Se dan besos en la boca, se tocan la cola. El me daba besos en la boca y me decía que era como una pareja. Me lo hacía desde hace mucho tiempo.

–¿Te acordás hace cuánto tiempo?

–Y, no sé…desde los 5 años.

–¿Cómo te tocaba?

Mariela se angustia y comienza a llorar.

–Con su mano –balbucea.

–¿Te pedía que le hicieras algo a él?

–Yo le tocaba porque tenía miedo de que me pegara.

Mientras habla, desnuda a uno de los muñecos sexuados que forma parte del material de entrevista. Es el varón adulto. Señala el pene y dice:

–Me hizo tocar esto. Me lo pasaba por la cola, por atrás y por adelante, y acá en el pecho. Me metía la lengua adentro de la boca. Me decía que no le dijera nada a mi mamá. Que si yo le decía, él se iba a enojar y la iba a matar a mi mamá.

Atribuir los hechos descritos por Mariela a las fantasías infantiles resulta efectivo para evitar que el oyente del relato se vea desbordado por las emociones. Lo más común es pensar: "No puede ser. Lo imaginó. O, quizás, lo vio en la televisión. Cada vez cuidan menos el horario de protección al menor".

¿Cómo saber si lo que relata un niño ha sucedido?

Habitualmente los niños más pequeños desconocen por completo los detalles precisos de la sexualidad adulta y elaboran teorías acerca de cómo se hacen y cómo nacen los bebés. Estas teorías están basadas en sus propias experiencias corporales y suelen ser universales, es decir que son compartidas por todos los niños de la misma edad que pertenecen al mismo grupo cultural. Además, no tienen demasiado en cuenta las explicaciones de los adultos para modificarlas. Las construcciones realistas se logran en la medida en que la maduración les permite una observación más objetiva del mundo circundante, a la par que la organización del pensamiento admita la introducción de nuevas variables y, fundamentalmente, en que sus propios intereses corporales se desplacen desde la zona oral a la anal y a la genital.

Los escolares suelen tener conocimientos más correctos de la sexualidad adulta aunque todavía desconocen los detalles del juego amoroso previo al acto sexual en sí. Recién en la adolescencia tienen una concepción precisa de lo que sucede en una relación sexual. Aún en esta etapa, no resulta extraño que ciertos prejuicios o fantasías persistan, ya que gran parte de la información la obtienen de sus amigos o de hermanos mayores, tan desinformados en esos temas como los más jóvenes o que se divierten pasándoles datos erróneos.

Los especialistas conocemos una serie de características que aparecen sólo en los relatos verdaderos de las víctimas. Pero raramente somos quienes recibimos la primera revelación del abuso. Es mucho más frecuente que sean los familiares, los amigos, los maestros o los médicos los que se enteren de la situación. Y a ellos se les plantea el problema de la credibilidad de lo que escuchan. Es siempre recomendable creer el relato, aceptar la posibilidad de que al niño le estén sucediendo hechos graves y consultar a especialistas lo antes posible.

Lo fundamental para empezar a proteger a los niños es

creerles. No debemos suponer que se trata de una mentira o de una fantasía porque el niño proviene de una familia educada o trabajadora. El énfasis sobre este punto está basado en la experiencia: si la persona que escucha la revelación del secreto lo desestima y no interviene, el niño permanecerá callado durante meses o años, permitiendo los avances del abusador mientras se sumerge en la desesperanza.

La disyuntiva sobre cuánto fantasean los chicos no es nueva. Es una controversia científica que data de fines del siglo XIX y que influyó grandemente en el desarrollo de los conocimientos sobre abuso sexual en la infancia. Es tal la importancia de esta polémica que me ocuparé de ella en otro capítulo.

4. Las niñas provocan a los adultos

Muchos niños y niñas victimizados suelen vestirse de manera provocativa, no acorde con la edad, además de acercarse a los adultos de modo extremadamente efusivo, llegando, a veces, a rozar o acariciar los genitales de la otra persona. Si nos enteramos que ese chico fue abusado, rápidamente encontramos la explicación: se lo buscó. Sin embargo, lo que parece la causa es, en realidad, la consecuencia del abuso: cuando una niña se viste o se comporta de la manera descrita, debería alertarnos acerca de la posibilidad de que esté siendo –o haya sido– victimizada sexualmente.

Es cierto que numerosas víctimas de abuso sexual presentan comportamientos sumamente seductores. Esto puede suceder aún en niños de corta edad. Los especialistas las denominamos conductas hipersexualizadas. Se considera que los acercamientos que estos niños sufrieron en la interacción con ciertos adultos significativos, han interferido la capacidad para establecer vínculos, sobre todo de tipo afectivo. Los niños aprendieron un modelo de intercambio en el cual los contactos sexuales placenteros para el adulto se recompensaban con demostraciones de cariño (caricias o halagos), regalos, preferencias o privilegios.

Muchas veces el abusador utiliza explícitamente este modelo para vencer la resistencia de la niña. Suele decir: "Esto lo hago sólo con vos, porque sos mi preferida". "Esto sólo lo hacen las personas que se quieren mucho". Es así que contribuye a establecer otro mecanismo subyacente en las conductas seductoras de los niños: la distorsión de las percepciones del mundo exterior, que les impide discriminar de manera adecuada la incomodidad, el rechazo o la confusión que su comportamiento genera en el resto de las personas, tanto en los adultos como en sus pares. Las víctimas de abuso están convencidas de que las actitudes sexualmente provocativas les ayudarán a conseguir lo que tanto desean.

Sin embargo, esta perturbación ha dado pie a innumerables equivocaciones basadas en la tendencia a explicar como sea lo que no entendemos. Si una niña es abusada sexualmente, seguramente tiene que haber algún motivo. "Por algo será". Nos resulta poco creíble que una persona adulta estimule sexualmente a una nena de manera deliberada. Podríamos aceptarlo si el adulto tuviera un justificativo, la actitud seductora de ciertas niñas encaja perfectamente en esta necesidad.

Es muy común que se piense que "algo" –sexual y nocivo– le tiene que pasar a esa nena de cualquier edad que presenta actitudes "raras" –contactos erotizados con adultos o con otros chicos. No es tan común que nos preguntemos por qué se comporta de esa manera, dónde lo aprendió.

Lamentablemente, los prejuicios condicionan nuestra aproximación a los problemas. Alphonse Bertillon afirmaba que "Sólo vemos aquello que observamos, y sólo observamos aquéllo que ya está en nuestras mentes".[7]

Se logra una mayor comprensión de la dinámica del abuso sexual cuando logramos modificar nuestro punto de vista, apartándonos de una posición centrada en el adulto, para acercarnos a una visión que tenga en cuenta qué le sucede a los niños. Sabemos que realizar este movimiento no es fácil.

Ya en 1907, Karl Abraham sostenía, en el artículo "El acaecimiento de traumas sexuales como forma de actividad sexual", que "en un gran número de casos, el trauma fue inconscientemente deseado por el niño y debemos reconocerlo como una forma de actividad sexual infantil". Además, consideraba a los niños responsables de los ataques sexuales por no haberse defendido. Aseveraba que los niños victimizados manifestaban un "deseo anormal de obtener satisfacción sexual y, en consecuencia, de padecer traumas sexuales". Abraham no afirmaba que los niños, en general, poseían una constitución sexual pasible de provocar traumas sexuales. Más bien señalaba que ciertos niños son seductores, anhelan la seducción, la provocan y, "el tono llega a sugerirlo, se la merecen".[3] En este sentido, los compara con las histéricas que son "personas muy interesantes a quienes siempre les sucede algo. Las mujeres, en particular, constantemente encuentran aventuras. Las molestan en las calles, son objeto de atroces ataques sexuales, etcétera. Exponerse a influencias traumáticas externas forma parte de su naturaleza. Existe en ellas la necesidad de aparecer sometidas constantemente a la violencia externa. Reconocemos en ello una característica general de la psicología femenina aunque incrementada".

A la luz de lo que conocemos en nuestros días sobre la violencia contra las mujeres, cabría preguntarse si exponerse llamativamente a situaciones de violencia externa es la causa o la consecuencia de la victimización. La explicación sugerida por Abraham es bastante parecida a aquella que dice que la mujer golpeada por su pareja provoca al hombre para que la golpee porque obtiene algún tipo de satisfacción, básicamente masoquista, sin tener en cuenta el desequilibrio de poder, de fuerza física y de autonomía entre los integrantes de la pareja.

Prosigue Abraham: "Un niño con predisposición a la histeria o a la *dementia praecox*... sufre el trauma como consecuencia de una tendencia de su inconsciente. Si subyace un deseo inconsciente para ello, el hecho de experimentar un trauma sexual en la infancia constituye la expresión masoquista del impulso sexual".

Esta concepción se extendió más allá de los comienzos del siglo XX.

Anna C. Salter, directora del Programa Niños en Riesgo del Hitchcock Medical Center de Dartmouth, EE.UU., ha escrito varios libros sobre su especialidad: el maltrato y el abuso sexual de niños. En "El tratamiento de los abusadores sexuales y de las víctimas",[9] hace referencia a otros autores, psiquiatras y psicoanalistas, que, no sólo comparten la opinión de Abraham, sino que se apoyan en sus trabajos para acusar a las víctimas. Es el caso de L. Bender y A. Blau, quienes --en 1937– sostenían:

"Dicho estudio [el de K. Abraham] parece indicar que, sin duda, tales niños no merecen por completo el manto de inocencia con que han sido cubiertos por los moralistas, los reformistas sociales y los legisladores. La historia de las relaciones, en nuestros casos, sugieren, al menos, algún tipo de cooperación del niño en la actividad, llegando, a veces, a asumir el rol activo de iniciar la relación. En esto estamos de acuerdo con el punto de vista de Abraham. Es cierto que el niño racionaliza y, con frecuencia, se excusa aduciendo temor a ser dañado físicamente o de haber sido convencido mediante regalos, pero obviamente estos son motivos secundarios. Aun en aquellos casos en que el adulto hubiera utilizado la fuerza física, no explicaría las asiduas repeticiones de la práctica... Más aún, la placidez emocional de la mayoría de los niños parecería indicar que han obtenido algún tipo de satisfacción fundamental de la relación... Finalmente, una característica sorprendente es que, en general, estos niños fueron descritos como encantadores y muy atractivos. Por lo tanto, no resulta llamativo que hayamos considerado, con frecuencia, la posibilidad de que el niño haya sido el seductor más que el inocente seducido."[10]

En un estudio de 73 niñas molestadas sexualmente en la infancia realizado en 1955, se rastrearon factores de la personalidad infantil que pudieran explicar el abuso sexual.[11] Se clasificó a las víctimas en accidentales y participantes, según el número de episodios abusivos. El primer grupo incluía a las niñas victimizadas sólo una vez por un desconocido, que no recibían "remuneración" y que informaban inmediatamente a los padres. Las víctimas participantes eran las que padecían abusos reiterados de parte de familiares o conocidos. Los investigadores afirmaron que las víctimas participantes presentaban personalidades "típicas" y las describieron como muy atractivas y llamativas: "Suele establecer una relación superficial con el psiquiatra casi de inmediato. No duda en entrar a la sala de juego y llega a interesarse más en el psiquiatra que en los juguetes. Se comporta con el psiquiatra como si él fuera una autoridad muy importante. Puede mostrarse sumisa o sexualmente seductora hacia él. También puede intentar conquistarlo humillándose masoquísticamente para provocar lástima".

No conformes con esto, otros investigadores prosiguieron con la clasificación de las víctimas en accidentales y no accidentales, subdividiendo cada categoría en víctimas de un episodio único o de episodios múltiples. Para mayor precisión, la categoría no accidental se dividía en víctimas colaborativas y víctimas coercionadas. En un estudio de 31 casos no accidentales, el autor[12] afirmó que sólo 5 habían sido coercionadas. El resto hacía pensar que "las víctimas habían tolerado la ofensa por interés personal". Sin embargo, de un total de 333 casos, sólo encontró un 7,8% de víctimas colaborativas y admitió que muchos niños podían haber sido confundidos o manipulados por los abusadores.

Hay trabajos en los que se llega a sostener que "la mayoría de los paidofílicos son individuos inofensivos y sus víctimas son niños agresivos y seductores" que "con frecuencia inducen al adulto abusador a cometer la ofensa".[13] Nos queda el consuelo de saber que los autores admiten haber llegado a estas conclusiones sin entrevistar a los niños, basándose casi por completo en los dichos de los abusadores. Agregan: "Estos niños precoces y agresivos perciben rápidamente las características infantiles del paidofílico, pierden el temor por la autoridad adulta y lo tratan de igual a igual. El paidofílico se queja de que el niño lo molesta, lo sigue al baño cuando él va a orinar, que se aprovecha de él aceptándole los regalos y el dinero que suele distribuir para mostrarse amigable con niños carenciados".

En las descripciones, los niños victimizados se convierten en siniestros personajes enceguecidos por su desenfreno: "El niño es, además de un participante deseoso, el instigador del acto sexual con un adulto";[14] "Las hijas se confabulan en el vínculo incestuoso, jugando un papel activo, llegando a iniciarlo".[15]

Como señala Salter, las teorías difieren pero los supuestos son los mismos: el niño es responsable de la agresión sexual, no el abusador. Si bien este punto de vista no es tan común en nuestros días, no ha perdido vigencia.

No hace tanto, en 1975, siguiendo una clasificación de víctimas de delitos propuesta por un criminólogo,[16] M. Virkkunen publica su artículo "Delitos paidofílicos precipitados por la víctima".[17] Sostiene que los actos paidofílicos son básicamente producidos porque al abusador, "una persona tímida, generalmente sin contactos adultos, infantil e inmadura", lo incita una víctima provocativa o participante. Afirma que los abusadores son individuos "sumamente gentiles, benévolos y cariñosos con los niños". Encontró que el nivel de inteligencia de los perpetradores era menor que el del grupo control y concluyó que lo limitado de su capacidad los volvía menos resistentes al abuso precipitado por la víctima. Virkkunen cree firmemente que, "en los casos precipitados por las víctimas, la oportunidad hace al ladrón". En 31 casos de un total de 64 de víctimas de abuso extrafamiliar, descubrió que el niño había iniciado la actividad sexual. Por lo tanto, sostiene que "sin lugar a dudas, la conducta misma del niño víctima tiene un importante papel, con frecuencia, en la iniciación y en el mantenimiento de un delito paidofílico".

Anna Salter, por el contrario, respalda otra forma de considerar el tema, a la que, desde ya, adhiero. Dice: "Un niño que se involucra en contactos sexuales con un adulto debido a su ignorancia, confusión, manipulación, temor o dependencia psicológica, no debe ser rotulado como 'participante', connotando que el niño buscó y continuó voluntariamente el acercamiento sexual. El hecho de que un abusador haya podido acceder de manera repetida al niño, no prueba la planificación y la persistencia del niño en las conductas desviadas, sino las del abusador. Si el niño, entonces, generaliza este comportamiento y se acerca a otros adultos de la misma manera en que aprendió, para intercambiar sexo por cariño, no podemos rotularlo, fundadamente, como 'provocativo', sino que deberíamos considerarlo dañado por sus experiencias".

Coincido con Salter cuando se pregunta cómo se explica la virulencia con que investigadores contemporáneos atacan a los niños. Una virulencia llamativamente semejante a la aplicada a mujeres víctimas de violación.

Para atacar la condena penal que en EE.UU. recae sobre el varón que mantiene relaciones sexuales –aunque sean consentidas– con una menor de edad,* R. Slovenko se vale de apreciaciones subjetivas con un alto grado de contaminación ideológica, en donde la realidad sólo puede ser registrada en blanco y negro, sin admitir el más leve matiz.[18]

En primer lugar, cita a un tribunal de 1923 que sostiene que "Una mujer lasciva es una amenaza social; es más peligrosa que la dinamita; más letal que 'la pestilencia que deambula en la noche o la destrucción que arruina el mediodía'... Esta malvada muchacha era joven en edad pero experta en pecado y vergüenza. Un número de jóvenes inexpertos, que había llevado vidas hasta ese momento intachables como atestigua este informe, cayeron bajo su seductora influencia... Ella fue sólo una 'cisterna que unos sapos tontos pudieron conocer para afirmar su género'. ¿Por qué deberían estos muchachos, confundidos por ella, ser sacrificados?"

A continuación, Slovenko agrega su propia opinión: "El hombre abusador, en el caso de la violación, no presenta ninguna patología especial; generalmente, es la muchacha la que necesita atención psiquiátrica o de cualquier otro tipo. Suele ser seductora, agresiva o indiferente hacia la vida".

Estos conceptos no difieren demasiado de los de Iwan Bloch, contemporáneo de Freud y autor de varios libros relacionados con la sexualidad normal y patológica. Cabe destacar que es considerado un pionero del movimiento reformista liberal de leyes relativas a las perversiones sexuales. En 1907, Bloch afirmaba "en conclusión, deben hacerse ciertas salvedades con respecto a los delitos sexuales que involucran a los niños. Dichas salvedades tienen importancia legal, ya que con frecuencia no existe una 'seducción' de niños sino una instigación provocada por ellos mismos... Los frecuentes delitos [sexuales] cometidos por religiosos y maestros contra jovencitas a su cargo, pueden ser vistos bajo otra luz si se procede a un exhaustivo interrogatorio que incluya un examen físico. Por lo general se descubre una promiscuidad firmemente arraigada desde mucho tiempo

---

* Delito conocido como "statutory rape", equiparable con la figura de "estupro" del Código Penal argentino.

atrás que permite inferir que, mucho antes de que ocurriera el delito sexual, ya habían mantenido relaciones sexuales con otros hombres, de manera voluntaria".[19]

Por último, para recordar que todavía tenemos bastante camino para andar, conviene citar una sentencia del tribunal del distrito de Kempten, Alemania.[20] El juez admite, a favor del acusado de un ataque sexual, que la iniciativa que condujo al delito "partió, hasta cierto punto, de la víctima de talante precoz". La "víctima de talante precoz" era una niñita de siete años. Esta concepción no difiere de lo socialmente aceptado a fines del siglo pasado y principios de éste. Sólo que la sentencia data de julio de 1984.

5. No todas las culturas sancionan los contactos sexuales con niños o entre miembros de la misma familia

La mayoría de los estudios antropológicos sobre el incesto, utilizan la definición del Diccionario de Webster, publicado en EE.UU.:

1. Relación sexual o fecundación endogámica entre individuos estrechamente relacionados, en especial cuando están vinculados o se los considera vinculados (debido a afinidad o pertenencia a una tribu, grupo o clan) de manera tal que las leyes o las costumbres prohiben su matrimonio…

2. Delito de cohabitación, matrimonio o relación sexual fuera del matrimonio entre personas relacionadas por un tipo de consanguinidad o afinidad tal que su matrimonio está prohibido por la ley. (*Consanguinidad* es una relación basada en vínculos de sangre o descendencia de un ancestro común. *Afinidad* es un vínculo que deriva del matrimonio.)

Es así que los aportes que los antropólogos hacen al abuso sexual de niños son parciales, ya que no todos los abusos sexuales en la infancia constituyen relaciones incestuosas y, no todas las relaciones incestuosas involucran acercamientos sexuales entre un adulto y un niño.

En general, la investigación antropológica se ocupa de las restricciones que cada cultura impone para las uniones entre miembros de una misma familia, las situaciones especiales en que estas uniones pueden llevarse a cabo, las trasgresiones y los castigos que se impone a los infractores. No se hace distingos entre las conductas incestuosas entre miembros adultos, que pueden elegir respetar o no ciertas leyes, y aquellas en las que el adulto involucra a un niño.

Un estudio comparativo de 54 tribus elegidas al azar de los archivos del Área de Relaciones Humanas en Ann Arbor, Michigan, llegó a la conclusión de que el incesto podía ocurrir o, de hecho, ocurría en cualquiera de ellas.[21]

Francis X. Grollig, profesor de antropología de la Universidad de Loyola de Chicago, llevó a cabo investigaciones sobre incesto en seis tribus diferentes. Encontró que, entre los araucanos, es común que un hombre se case con varias hermanas (poliginia sororal) y que la esposa de elección para un muchacho sea su prima materna. En algunas épocas, el hijo podía heredar las esposas del padre excluyendo a su propia madre.[22] Estas parecen ser las únicas certezas. A partir de ahí, empiezan las controversias. Algunos observadores[23] comentan que "cuando se emborrachan incurren en una promiscuidad sexual tal que no respetan condiciones ni vínculos". Otro[24] señala que "la barrera ante el incesto es, en teoría, inmutable y es impensable trasgredirla". Aunque, también, "el incesto es considerado una desgracia. No se conocen casos entre hermanos y hermanas, hijos de la misma madre, ni entre una madre y su hijo. Sin embargo, se han comunicado varios casos entre padres e hijas".[25] Los araucanos que incurrían en relaciones incestuosas eran severamente censurados pero no se los aislaba de la comunidad.

Entre los ngonde africanos, el hijo también solía heredar las esposas del padre, excluyendo a su propia madre. Si el joven mantenía relaciones sexuales con alguna esposa del padre mientras éste viviera, incurría en una severa ofensa que requería una purificación especial. Tampoco estaba permitida la intimidad entre el suegro y su nuera.

Si bien entre los esquimales del sur de Alaska se detectaron algunos casos de incesto entre padres y niños y, entre los koniags algunos hombres se casaron con sus madres, estas situaciones son condenadas socialmente. Algunas tribus practican el préstamo de esposas o su intercambio. En tales situaciones, los niños de las parejas que participan en el intercambio, pasan a ser considerados hermanos, en las mismas condiciones que si tuvieran el mismo padre y la misma madre. Este tipo de vínculo se denomina hermandad clasificatoria.

Los tallensi africanos estipulan que las relaciones sexuales entre hermanos son pecaminosas. Sin embargo, las relaciones sexuales con una hermana o con una hija constituyen un crimen de menor gravedad que el incesto con la esposa de algún miembro del propio linaje. Suponen que las hermanas y las hijas les pertenecen desde el nacimiento, no así las mujeres que se casan con sus parientes. Si un hombre mantiene relaciones sexuales con una hermana o una hija, se lo considera un hombre débil y tonto en sus deseos, pero no se lo castiga. En cambio, los ancestros se vengarán del hombre que tenga relaciones sexuales o, siquiera, se siente en la alfombra de su nuera.

Los iban de Oceanía disponen de una importante enumeración de personas interdictas en relación al incesto. Algunas tribus llegan, incluso, a oponerse al casamiento entre parientes.

Entre los ojibwa canadienses, algunos autores refieren que el incesto es severamente reprimido. Con todo, acontecen violaciones incestuosas a manos de un padre, un abuelo o, más frecuentemente, de un padrastro. A pesar de que se responsabiliza al hombre por lo sucedido, es la reputación de la niña la que sufre el mayor daño. Por lo general, debe abandonar el hogar o la comunidad. Sin embargo, los matrimonios incestuosos eran bastante comunes, excepto entre hermanos.[26]

Por otro lado, más de una docena de culturas castiga las uniones incestuosas con la muerte... en algunos casos, de la niña. También se imponen sacrificios de animales, rituales mágicos, ofrendas, castigos corporales, divorcios, sanciones sociales como castigos menos severos. En algunas ocasiones, los niños nacidos de relaciones incestuosas son asesinados con consentimiento de la comunidad.

Al respecto es interesante el comentario de J.B. Aceves:[27] sostiene que el hecho de que una cultura prohiba el incesto no implica necesariamente que éste no ocurra.

6. La iniciación sexual de jóvenes por familiares adultos es característica de ciertas culturas

En una conferencia internacional sobre maltrato infantil, un presentador estadounidense expuso un caso de abuso sexual padre-hija, justificando lo sucedido ya que, según él, ésta es "una costumbre muy frecuente en familias de origen italiano". Ignoro si, entre los oyentes, había italianos. Lo cierto es que nadie rebatió esta afirmación. Pero, quienes vivimos en sociedades donde hubo importantes corrientes inmigratorias italianas sabemos que esto no es así.

Sin embargo tal concepto no me resultaba extraño. En muchas de mis presentaciones en hospitales y centros de salud de la Capital Federal y del Gran Buenos Aires, escucho versiones parecidas. La pregunta que se repite una y otra vez es: "¿Con qué derecho vamos a intervenir (o hacer una denuncia judicial) si todos sabemos que entre …. (aquí se completa con la comunidad que uno quiera, en general paraguayos, bolivianos, la gente del campo) los padres inician a sus hijas sexualmente?"

No es difícil contestar esa pregunta: no conocemos ninguna comunidad (ni boliviana ni paraguaya ni "del campo", ni siquiera italiana) en donde la costumbre indique que las hijas deben iniciar su vida sexual en manos de sus padres. Esta sería, más bien, la excusa que un abusador de esas culturas podría dar al entrevistador, en un intento, muchas veces exitoso, de justificar lo injustificable. Este es un claro ejemplo de la habilidad que tienen ciertos abusadores para manipular aun a profesionales entrenados en tomar y evaluar entrevistas. Perciben los prejuicios y el desconocimiento que rodean a su grupo de origen y los utilizan a su favor.

Por otro lado, el incesto no está permitido en la mayoría de las culturas que conocemos. En el caso de que alguna comunidad alentara la iniciación sexual de las hijas por los padres, debería llevarse a cabo durante alguna ceremonia o estar rodeado por algún ritual en los que participaran todos los habitantes, enmarcando el acontecimiento en las tradiciones de su cultura.

Por el contrario, el abuso sexual o el incesto, aun en las comunidades con cuyas costumbres no estamos familiarizados, transcurre en el mayor de los secretos. El grupo social desconoce lo que sucede entre el padre y la hija, porque el adulto de manera deliberada lo oculta.

Aun si admitiéramos que ciertas culturas autorizan o prescriben el contacto sexual entre los adultos y sus niños, tendríamos que evaluar el efecto traumático de estas prescripciones cuando ocurren en lugares alejados de la comunidad de origen. Es decir, si la familia migró a la ciudad, el contacto con otras personas a través del trabajo, el estudio, los medios de comunicación o su lugar de residencia necesariamente llevarán a las niñas a comparar lo que a ellas les sucede con lo que le sucede a otras niñas conocidas. Ese será el primer impacto. Y si, además, la sociedad censura consensual y legalmente este tipo de contactos, el temor y el aislamiento serán mayores.

En este sentido, estaríamos frente a una situación parecida a la de un preescolar víctima de abuso sexual. Durante los primeros años de vida, la víctima acepta los contactos con el adulto como si fueran un juego, creyendo que ocurren en todas las familias. Cuando ingresa a la escuela, comienza a darse cuenta no sólo de que tales actitudes no son habituales, sino que son mal vistas por la mayoría de los adultos y los niños que los rodean.

7. El abuso sexual es un problema que debe resolver la familia

El abuso sexual infantil es una de las formas más severas de maltrato infantil y, además, en muchísimos países constituye un delito penalizado por la ley. Cuando el abuso es intrafamiliar, raramente se descubre la primera vez que sucede: por lo general, transcurren meses o años hasta que el secreto se devela. La coerción emocional y/o física que ejerce el abusador

41

sobre la víctima tiene como fin garantizar su silencio; el abuso es el secreto que, según el perpetrador, comparten con iguales responsabilidades el adulto y el niño. El niño es convencido de que revelar dicho secreto desintegrará el grupo familiar, lo cual, en cierta medida es cierto: los especialistas estamos habituados a las profundas crisis que atraviesan las familias en el momento en que se enteran de lo sucedido. Sin embargo, esta posibilidad no constituye impedimento para que se proteja a los niños de experiencias tan traumáticas ya que son situaciones que raramente llegan a interrumpirse por la simple voluntad del abusador.

El abuso sexual ocurre en familias con disfunciones vinculares graves, severas y crónicas que se transmiten de una generación a otra. La salida más saludable de este circuito abusivo se asegura mediante la intervención de profesionales capacitados en el manejo de la crisis. En Buenos Aires, según la ley nacional Nº 24.417, las sospechas de abuso sexual deben informarse a las autoridades competentes. En otro capítulo profundizaré acerca de la vigencia del secreto profesional (nadie está obligado a mantenerlo cuando existen riesgos reales para el cliente o para sus allegados) y acerca de la privacidad del delito (delito de instancia privada).

Lo concreto es que el perpetrador, temiendo las consecuencias legales que le podría acarrear el develamiento del abuso, luchará con todos los argumentos posibles para impedir que la comunidad tome cartas en el asunto. El familiar no perpetrador puede temer seriamente las consecuencias de la crisis familiar que generalmente desemboca en la separación, por lo menos transitoria, con todos los inconvenientes que conlleva, y las niñas, asustadas por la conmoción que se produjo pueden manifestar que quieren olvidarse de todo y no hablar más del tema. Los expertos sabemos que con esta actitud sólo se asegura la persistencia de la situación de riesgo en que se encuentran las víctimas y se garantiza la continuidad del abuso.

Estudios internacionales revelan que no siempre los relatos de abuso de los niños llegan a conocimiento de las autoridades. Según una investigación realizada con 48 padres de niños victimizados de Boston, los padres informaban a las autoridades de maneras diferentes según su relación con el abusador: cuando el perpetrador era un desconocido, el 73% denunció el abuso; cuando era conocido, sólo el 23% lo hizo y no se presentó ninguna denuncia cuando el responsable era un familiar.[28]

8. Este es un problema típico de los tiempos violentos que vivimos

Si se tiene en cuenta la difusión del tema en nuestros días parecería que el abuso sexual de niños es otra calamidad más de este violento fin de siglo.

No es infrecuente escuchar a alguien comentar: "Esto no pasaba hace 30 años". Puede seguirle una aclaración: "¡Nos volvimos todos locos!" Y, quizás, llegue la reflexión: "Capaz que pasaba y nadie se enteraba".

Todo parece indicar que la última reflexión es la más acertada: no disponemos de estadísticas sobre la prevalencia del abuso sexual en siglos pasados. Aunque no todo era oscuridad.

Jeffrey Masson, psicoanalista formado en el Instituto de Psicoanálisis de Toronto, fue director de Proyectos de los Archivos de Sigmund Freud hasta 1981, año en que fue despedido tras escandalizar a la ortodoxia freudiana. Llevó a cabo una meticulosa investigación con el objetivo de rastrear los orígenes de la "teoría de la seducción", formulada por Sigmund Freud en el artículo "Etiología de la histeria" de 1896, en el que propone una explicación, revolucionaria para la época, acerca del origen de los trastornos mentales: las neurosis se debían a traumas sexuales ocurridos en la infancia que Freud denominó "escenas sexuales infantiles" o "intercambios sexuales en la infancia". Consideraba que el niño había sido expuesto deliberadamente, por un adulto, a dichas situaciones traumáticas.

En el libro "El ataque a la verdad", Masson menciona a varios autores que trabajaban en Francia en los tiempos en que Freud viajó París, a los 29 años, recién recibido de médico, para completar su aprendizaje con el célebre neurólogo Jean Martin Charcot. Masson afirma que en su estadía, el joven profesional tuvo acceso a trabajos médicos y científicos que certificaban la realidad y la gran frecuencia del abuso sexual en la temprana infancia que, por lo general, acontecía dentro de la familia.

Señala que los primeros en ocuparse de este tema fueron médicos legistas franceses del siglo XIX que describieron, además, otras formas de maltrato infantil, sobre todo el maltrato físico que provocaba la muerte de los niños.

• En 1856 y 1864, Adolphe Toulmouche (1798–?), profesor de medicina y farmacia en Rennes, publica dos artículos sobre "atentados al pudor" y violaciones de niños y jóvenes.

• Ambroise August Tardieu (1818–1879), profesor de Medicina Legal de la Universidad de París y decano de la Facultad de Medicina, publica artículos y libros sobre el tema entre 1860 y 1878. En uno de sus trabajos menciona datos estadísticos sobre acusaciones de violación e intentos de violación en Francia, entre 1858 y 1869. De un total de 11.576 acusaciones, 9.125 correspondían a victimizaciones de niños menores de 16 años; la mayoría, mujeres.

• Alexandre Lacassagne (1834–1924), titular de Medicina Legal en la Universidad de Lyon alentaba a sus estudiantes a escribir sobre los ataques sexuales a los niños. En 1886 publica un artículo en el que comenta que un tercio de los casos atendidos en los juzgados criminales correspondían a "atentados contra el pudor de las niñas" y más de los dos tercios de los casos de "ataques a la virtud" consistían en ataques sexuales contra muchachas.

• En 1886, Paul Bernard (1828–1886) publicó su libro "Los atentados al pudor contra jovencitas", en el que registra que, entre 1827 y 1870 en Francia hubo 36.176 casos de "violación y atentados a la moral" informados. Las víctimas eran niños menores de 15 años. Los delitos del mismo tipo llevados a cabo contra adultos, eran significativamente menores: 9.653. Bernard observaba que los niños eran vulnerables a los ataques sexuales desde edades tan tempranas como los cuatro años. Ante estos hechos, "los padres preferían callar".

• Estudios llevados a cabo antes de mediados del siglo XX también arrojan resultados sorprendentes. Una encuesta de 1929 reveló que el 37% de 120 mujeres y el 27% de 110 hombres entrevistados habían "sido asustados o disgustados por agresiones sexuales de personas del sexo opuesto" antes de los 16 años.[29] Es cierto que, metodológicamente, la pregunta es bastante ambigua como para abarcar experiencias de juegos sexuales entre niños de la misma edad. Sin embargo, autores contemporáneos que analizaron las respuestas, señalan que 24 de los 30 ejemplos aportados por los varones y 37 de los 55 que ofrecieron las mujeres pueden ser considerados abusos sexuales.

• En 1938, ante la pregunta de si "antes de los 15 años le sucedieron incidentes relacionados con el sexo que le impactaran o le disgustaran grandemente en ese momento" hecha a 752 mujeres casadas, un 32% respondió de manera afirmativa.[30]

• Un estudio de 1940[31] llevado a cabo entre 153 "mujeres normales", un 27% a un 39% tenían antecedentes de abuso sexual intra y extrafamiliar, definiéndose el abuso sexual como "la agresión sexual" llevada a cabo por un muchacho mayor, un adulto o un miembro de la familia y separó los casos de personas abusadas dentro de la familia y fuera de la misma. En otra muestra de 142 "mujeres anormales", estos antecedentes existían en un 20% y un 33% del total. Por la forma en que se registraron los datos resulta imposible separar los casos de abuso intrafamiliar del extrafamiliar.

• En 1951, se interroga a 556 mujeres casadas acerca de "shocks sexuales" antes de los 16 años. El 25% afirma haberlos padecido.[32]

• El trabajo llevado a cabo por Kinsey y colaboradores en 1953, abarcó 4.441 mujeres de clase media. Incluyó en la investigación los acercamientos sexuales sin contacto físico, el exhibicionismo, el manoseo, sexo oral genital y las relaciones sexuales. Un 24% de las entrevistadas manifestó haber atravesado estas experiencias antes de la adolescencia.[33]

• En 1956, una encuesta a 1.800 estudiantes universitarios encontró que el 35% de las mujeres y el 30% de los varones afirmaron haber sido victimizados antes de los 20 años.[34]

• Otro investigador evaluó aproximadamente una cuarta parte de la muestra estudiada por Kinsey en 1953, a la cual se le solicitó ampliar la información sobre el tipo de abuso y la magnitud del mismo. Un 28% de las mujeres comunicó que el abuso había comenzado antes de los 13 años.[35]

Estas cifras representan una tasa extremadamente alta, en sociedades mucho menos permisivas sexualmente que la nuestra. Si bien estas encuestas pueden ser objetadas metodológicamente por su imprecisión para definir el abuso sexual, reflejan, sin lugar a dudas, qué se entendía por abuso en ese momento.

Resulta sorprendente, entonces, que, en la formación de profesionales, se insistiera en que el abuso sexual era extremadamente raro. Kinsey mismo afirmó, a pesar de que su encuesta registra un 24% de victimización, que era más probable que uno encontrara incesto heterosexual en la mente de los terapeutas que en las vidas de sus pacientes.

9. Las madres saben que sucede y "entregan" a las hijas

Anna Salter señala que, si bien la idea de la "niña seductora" no está tan en boga en nuestros días, se la reemplazó con la tendencia a responsabilizar a las madres por el abuso, sobre todo en los casos de abuso intrafamiliar en los que el varón adulto agrede a la hija.

Salter clasifica la abundante bibliografía sobre la culpa de la madre en los acercamientos sexuales del padre hacia la hija, en cuatro grupos. Los trabajos describen que: a) las madres incitan estos contactos, activamente; b) las madres son indirectamente responsables; c) las madres fracasan en establecer los límites apropiados que impiden el abuso y d) las madres saben de las conductas abusivas, pero no lo pueden admitir.

Hay quienes sustentan la hipótesis de que las madres autorizan inconscientemente a sus hijas para que mantengan relaciones incestuosas y que, no sólo se ausentan para permitir que ocurran sino que "activamente preparan la situación".[36]

Otros sostienen que las madres incentivan las relaciones abusivas debido a sentimientos hostiles y tendencias homosexuales hacia las hijas: "...los padres podrían haber actuado como vehiculizadores de los impulsos homosexuales inconscientes de las madres hacia sus hijas".[37]

La responsabilidad indirecta de las madres se atribuye a varias causas: desde rechazar a los hombres y negarse a mantener relaciones sexuales frustrándolos sexualmente, hasta abandonarlos "simbólicamente", alentando la parentalización de las hijas para que se conviertan, desde temprana edad, en las "mujercitas" de la casa, en todo sentido, incluso el sexual. Además, las madres "se mantienen cansadas y agotadas",[38] suelen ser débiles, dependientes, indiferentes, ausentes, depresivas o promiscuas.

Se llega a afirmar que las madres "utilizan la negación y otros mecanismos de defensa para permitir que el incesto se perpetúe, debido a que no desean interferir la función reductora de tensiones que cumple el abuso".[39]

Es lo que sucedía con la madre de Mariela quien, en una entrevista, relata: "El verano pasado, un domingo estábamos durmiendo la siesta y escuché que él se levantó. Después de un rato, como tardaba, yo también bajé de la cama. Estaba en la pieza con la nena. Yo escuché el cinto de él. Salió arreglándose los pantalones. Al día siguiente le pregunté a Mariela y me contó lo que él le había hecho, que le había dicho que no me dijera nada. Yo algo sabía porque, cuando la nena tenía 3 años, me había contado ya que él la tocaba, le besaba la cola adelante y atrás y que le metía el pito en la boca, que le hizo tragar la leche, y que a ella no le gustó. Le pregunté a Mariela cómo sabía que era leche. Me contestó que era blanca como la leche".

Cuando se le pregunta a esta madre qué hizo en esa situación, responde: "Mire, desde hace un año que sabía que esto pasaba, pero me quedaba porque no quería ir a parar a lo de mi hermana con los chicos".

Diferente fue la actitud de Ester. Consulta al hospital por su hija de 5 años que presenta el segundo episodio de hemorragia genital en seis meses. El que da las explicaciones a la doctora es el marido, porque Ester estaba trabajando cuando, según la versión de él, la chiquita llegó quejándose del colegio "porque un compañerito le había pegado una patada ahí". Algo similar había sucedido unos meses atrás. Ester comienza a sospechar y a controlar qué hacía el padre con la nena. Además, le comenta sus sospechas a una vecina. A los pocos días de la consulta en el hospital, descubre a su esposo intentando manosear a la hija. Ester se desespera, estalla en llanto, grita, quiere irse de la casa. Intervienen los vecinos. El hombre llama a una ambulancia de urgencia para que atiendan a su mujer. Ester termina internada en un hospital psiquiátrico durante dos semanas.

Nadie creyó el relato de una persona desequilibrada que había estado en tratamiento psiquiátrico. Pocos sabían que, a sus problemas personales, se agregaban los castigos físicos y la violencia emocional a la que la sometía el esposo.

¿Qué se le podía recriminar a Ester cuando, poco tiempo después, consulta al mismo hospital ante la tercera hemorragia genital de la nena, acompañada del marido que exigía a los médicos que le dijeran "la verdad" de lo que había pasado?

Es cierto que hay un porcentaje de casos en los que las madres efectivamente están involucradas en la relación abusiva. Pero también es cierto que muchas mujeres ignoran qué está sucediendo en sus casas. A veces, por dificultades personales; otras, a raíz de la habilidad de los perpetradores para ocultar la situación y desmentir constantemente las sospechas.

Tampoco hay que olvidar que el abuso ocurre en secreto, muchas veces durante la ausencia de las personas que podrían impedirlo. Sólo están presentes el niño y el abusador. Transcurre rodeado de mentiras encubridoras y amenazas por parte del adulto que no desea ser descubierto. Por lo tanto, es demasiado prejuicioso suponer que todas las madres intuyen lo que sucede en sus hogares o que, deliberadamente, pasan por alto algo que ya conocen.

Nélida está casada con Carlos desde hace 12 años. Siempre pensó que formaban una familia normal. Tienen dos chicos, de ocho y tres años. Estaba muy agradecida por lo que Carlos había hecho: reconoció como hija propia a Julia, que ahora tiene 17 años. En realidad, el padre de Julia era un muchachito que desapareció ni bien se enteró del embarazo. Un punto que pesó fuertemente en la decisión de Nélida de casarse fue la preocupación de Carlos por la nena: la cuidaba, le traía regalos, la llevaba a todos lados. Pensó que, por fin, iba a tener la familia con la que siempre había soñado.

Con el paso del tiempo, Nélida observó que Julia se distanciaba de ella, que su marido prefería compartir salidas y viajes con la hija antes que con ella. Muchas veces, Carlos llevaba a la chica para que eligiera artefactos para el hogar. Madre e hija hablaban poco. Cuando Julia se volvía agresiva con su madre o Nélida intentaba poner límites, Carlos intercedía a favor de la hija. Proclamaba que era el único que la entendía y podía manejar, insistía en la ineficacia de la madre para relacionarse con la joven. Con impotencia, Nélida aceptaba estas críticas y se dedicaba a cuidar a los hijos varones y a trabajar. Sin embargo, le llamaban la atención las limitaciones exageradas que Carlos imponía a Julia en sus salidas y en sus amistades. Aceptó la explicación del marido en cuanto a que "vivimos tiempos difíciles" y a que "no se sabe con quién se puede topar en la calle".

Un viernes a la tarde, en el trabajo, recibe un llamado de su marido, avisándole que le había pegado un cachetazo a Julia, quien insistía en salir sin su permiso. La mujer no se alarma demasiado porque estos entredichos eran habituales, aunque Carlos no era una persona de levantar la mano.

La sorpresa la esperaba en su casa: Julia tenía un tremendo moretón en la cara, que le tomaba el ojo izquierdo y la nariz. El cachetazo había sido, en realidad, un potente puñetazo. Cuando la vio, Nélida preguntó qué había pasado. Sin dar tiempo a nada, Carlos comenzó a justificarse. Ahí fue que, absolutamente fuera de sí, la hija lo enfrenta: "Me cogés desde los 9 años y ¿no me dejás salir para que no me pase nada malo?"

Nélida cuenta que sintió un vacío y la sensación de que se le derrumbaba todo. Aun en esa situación, supo que se tenía que ir. Sin atinar a hacer otra cosa, dejó a los chicos en la casa y

49

se fue con Julia. No sabía qué hacer. Fue a la casa de una compañera de escuela de Julia. La madre le aconsejó hacer la denuncia en la comisaría. Actualmente, Carlos está preso a la espera de juicio.

Es innegable que el abuso sexual requiere cierta dinámica familiar para que ocurra, aunque no se le puede atribuir a esta dinámica el factor causal. Como vimos en el ejemplo anterior, la madre estaba distanciada afectivamente de la hija pero el abusador había contribuido de manera activa a la separación: criticando a Nélida, interfiriendo sus intentos de comunicarse con la hija, fomentando en Julia la creencia de que su madre no se preocupaba por ella y que la responsabilizaba por las peleas de la pareja.

Lo cierto es que, si bien el abuso sexual es perpetrado por hombres, la mayoría de las veces la protección de los niños recae sobre las mujeres, principalmente las madres. Hay estudios que señalan que las víctimas cuentan más episodios de abuso a sus madres que a profesionales especializados, aunque en quienes más confían es en amigas y hermanas.[40] Las niñas informan a sus madres, fundamentalmente, cuando han sido atacadas por un adulto, lo que sugiere que recurren a ellas cuando se sienten menos capaces de protegerse a sí mismas.

Además, la forma en que reaccionan las madres es crucial en el proceso de recuperación de los niños. Y, en este punto, las respuestas son variables. En la mayoría de las investigaciones realizadas se constata que más de la mitad de las mujeres apoya a sus hijos, aunque varía la magnitud del apoyo y su persistencia en el tiempo.[41] Hay factores que influyen en la reacción de las madres cuando se descubre el abuso sexual. Por ejemplo, las mujeres apoyan menos a sus hijos cuando el abusador es su pareja de ese momento[42] o cuando se trata del padre biológico de la víctima.[43] Es más probable que responda con una actitud protectora si preexiste un vínculo tierno de la mujer con su hijo. Cuando la relación anterior es hostil, crece la posibilidad de que la madre reaccione con enojo, negando su apoyo.

Si se comparan los resultados de los estudios que evalúan la respuesta protectora de las madres a través de los años, parecería que, en los últimos tiempos el número de mujeres que apoyan a sus hijos está aumentando.[44] Esto podría deberse a una mayor divulgación del problema, que acrecienta la conciencia comunitaria, y a actitudes de sostén y comprensión hacia los familiares no abusadores por parte de los profesionales intervinientes.

10. Los hombres no son de fierro

Un abusador conversa con su terapeuta y admite: "Sí, doctor. Yo sé que tiene sólo 5 años. Pero la verdad es que parecía de… 6". Hay bromas que sintetizan con humor negro ciertas realidades trágicas.

Sabemos que a los hombres que cometen actos violentos les resulta muy difícil admitir su responsabilidad en los hechos. La mayoría de los golpeadores de mujeres justifican lo que hacen porque "ella me provocó", "ella nunca se da cuenta que llego a mi casa nervioso, y no para de hablarme", etcétera. Lo grave del asunto no es que ellos nieguen el rol que desempeñan como desencadenantes de la violencia, sino que la sociedad, en su conjunto, adhiera ciegamente a la racionalización de personas con serios problemas de personalidad. De esta manera se vuelven a confundir las causas con sus consecuencias. No es raro que una mujer que vivió gran parte de su vida sometida a violencia física o emocional quede arrasada emocionalmente y sus actitudes resulten enervantes para los demás. Lo que no deberíamos perder de vista es que esa forma de actuar no está inscrita en el código genético, sino que es el fruto de mucho sufrimiento: de infancias violentas y de relaciones abusivas.

Algo semejante le sucede al abusador de niños: por múltiples motivos tiene severos problemas para admitir lo que hace. No desconoce las prohibiciones, sabe que erotizar niños está condenado socialmente. Por lo tanto, debe ocultarlo. No sólo ante los demás. A veces, también ante sí mismo.

La afirmación de que "un hombre no es de fierro" es un intento más de depositar la responsabilidad en otros, en este caso, en la víctima que lo provocó. Pero, para que sea una justificación eficaz, debe estar acompañada por otra premisa ideológica, socialmente compartida, según la cual los varones son incapaces de controlar sus impulsos sexuales. Esta creencia agrega otra pesada carga sobre los hombros de las mujeres: contener la "desenfrenada" sexualidad de los hombres. Entonces, el abuso sexual de niños se justifica porque las esposas condenan a sus compañeros a una vida sexual o emocional insatisfactoria o porque los chicos se pasean en ropa interior por la casa, se pasan a la cama de los padres, desarrollan formas femeninas "provocativas" al crecer. Todo, frente a un pobre hombre que "no es de fierro".

No obstante, todos conocemos varones que atraviesan situaciones similares a las descritas y no abusan de niños, sino que se angustian, se deprimen, intentan soluciones (en lo referente a los conflictos de pareja) o cuidan y disfrutan del crecimiento de sus hijos.

Responsabilizar a otros por las propias trasgresiones utilizando argumentos que pueden parecer lógicos pero que, analizados con detenimiento, resultan francamente absurdos, es un mecanismo típico de personas que no aceptan límites y, para ello, manipulan a los demás.

En una entrevista, un hombre que había abusado de su hija de 7 años, justificó lo sucedido comentando que la niña solía pasarse a la cama matrimonial y que, cuando él se despertaba, la nena tenía su mano apoyada en sus calzoncillos. Por lo tanto, como "una cosa lleva a la otra", el abuso había sido inevitable. Sin embargo, hábilmente el entrevistador desarmó esta incongruencia con una pregunta: "¿Qué hubiera hecho si en vez de encontrarla con la mano sobre sus calzoncillos, la hubiera encontrado con la mano en su billetera?"

11. El abuso no produce daños en los chicos

Esta afirmación parece descabellada cuando el abusador mantiene relaciones sexuales con la víctima o la somete a situaciones de violencia física o emocional severa. Sin embargo, no es infrecuente escuchar que lo que daña al niño son las reacciones de los adultos frente al abuso ya que los chicos, en realidad, no tienen plena conciencia de lo sucedido ni se avergüenzan por ello en la medida en que los demás no se enteren. Por lo tanto, lo mejor es no hablar del tema y tratar de que se olviden. No sólo la gente sin experiencia en el tema piensa así. Tan sólo unas décadas atrás, un prestigioso experto en sexualidad humana[45] aseveraba:

"Si dejáramos de lado el condicionamiento cultural, resultaría difícil entender por qué un niño puede sentirse perturbado por el toqueteo de sus genitales o la vista de los genitales de otras personas o, siquiera, por contactos sexuales más específicos. Si los adultos y los maestros advierten constantemente a los niños acerca de los contactos con los adultos, sin dar mayores explicaciones sobre la índole precisa de dichos contactos prohibidos, alientan a los niños a ponerse histéricos cuando una persona mayor se les acerque, se pare a conversar con ellos en la calle, los acaricie o se ofrezca a hacer algo por ellos, aún cuando no tenga intenciones sexuales. *Algunos de los más destacados estudiosos de los problemas de la juventud llegaron a la conclusión de que las reacciones emocionales de los padres, de los policías o de otros adultos que descubren los contactos sexuales, pueden resultar más perjudiciales para el niño que los contactos en sí mismos.*"

Parecería que cuando ya no se puede sostener que los hechos abusivos no ocurrieron, se utiliza otro recurso: no dañan de por sí, sino que lo pernicioso es la reacción de los adultos protectores.

Es probable que esta creencia se base en que la mayor parte de las veces, las víctimas no manifiesten problemas de conducta o de salud muy notorios. Es más, no es raro que el secreto se devele por casualidad. Entonces, los adultos, desde nuestro punto de vista, llegamos a pensar que el abuso en sí no produce daño.

La realidad es muy distinta. Yo sugiero al lector que utilice su imaginación y se ponga en el lugar de una nena que está en su casa, jugando tranquilamente o haciendo sus tareas. La madre puede estar preparando la cena y los hermanitos mirando la televisión. Su padre la llama desde el dormitorio. Ella hace de cuenta que no lo escucha y sigue haciendo lo suyo. El padre insiste. La madre, desde la cocina, le dice a la nena que le haga caso al padre. A regañadientes, va al dormitorio. Está aterrorizada porque conoce los "juegos" que él le propone, ésos que ella tiene que guardar en secreto porque, de lo contrario, enfurecerían a la madre. Son juegos que la nena sospecha que tienen algo de malo; incluso sabe que, a diferencia de lo que suponía un tiempo atrás, la mayoría de sus amigas no lo juegan en sus casas. Al rato, la madre avisa que está la cena. El padre sale de la habitación con la hija y, sonriente, se sienta a la mesa con su familia.

Las preguntas que se nos ocurren son cómo puede suceder esto, cómo pueden el adulto y el niño pasar del abuso a la cena familiar, cómo pueden compartir la mesa. A veces, el niño es victimizado en momentos previos a ir a la escuela. ¿Cómo puede ser que no se note nada?

Cualquier persona que experimenta una situación traumática que sobrepasa su capacidad psíquica de elaboración, recurre a un mecanismo de defensa conocido como disociación, por el cual se separan los hechos reales de los sentimientos que generan. De esta manera, se garantiza que las emociones que produce la situación traumática no invadirán nuestra vida descontroladamente, permitiendo que los recuerdos estén presentes sin desorganizar el funcionamiento de la totalidad de la persona. Este es un mecanismo que permite la supervivencia frente a eventos sumamente dolorosos —no sólo abusos sexuales— y es el que produce serias escisiones en la personalidad. Escisiones que llevan a postular que, así como existe un padre de día (que protege y cumple una función paterna) y un padre de noche (que lastima y trasgrede), existe un niño de día (que lleva una vida aparentemente normal) y otro de noche (que se despersonaliza frente al abuso).

Por otro lado, ¿cuánto tiempo puede un niño sostener esta situación? Por lo que sabemos en la actualidad, puede tolerarlo durante muchos años, a veces, durante toda la vida. El problema es que la persistencia de la disociación por un tiempo prolongado, o su puesta en marcha como mecanismo de elección ante cualquier situación ansiógena, lleva necesariamente a severos trastornos de la personalidad con un marcado empobrecimiento y bloqueo de las potencialidades.

Si bien el psicoanálisis no acepta la realidad de los episodios sexuales relatados por los pacientes y los considera fantasías, enfatiza el efecto traumático y patógeno de dichas fantasías. Dice Freud en "Introducción al psicoanálisis" (1916): "...y cuando una niña acusa en el análisis como seductor a su propio padre, cosa nada rara, no cabe duda alguna sobre el carácter imaginario de tal acusación, ni tampoco sobre los motivos que la determinan (...) No creáis, sin embargo, que el abuso sexual cometido con niños por sus padres o parientes más próximos sea un hecho perteneciente por completo al dominio de la fantasía (...) De todas maneras, el resultado es el mismo, y no hemos podido observar todavía diferencia alguna entre los efectos de los sucesos reales de este género y los producidos por las creaciones imaginativas homólogas".[46]

CAPÍTULO 2

LA NIÑEZ A LO LARGO DEL TIEMPO: SEGÚN EL CRISTAL CON QUE SE MIRE

A lo largo de la historia, la curiosidad de los descubridores ha suscitado al menos tres profundas heridas en el narcisismo de la humanidad: el derrumbe de la teoría geocéntrica, la confirmación de los hallazgos de los evolucionistas que probaban nuestro parentesco con los monos y la existencia de un sistema de funcionamiento mental, en constante actividad, no regido por la lógica: el inconsciente.

Pensemos en la desilusión de nuestros congéneres medievales ante la afirmación de que la Tierra no sólo no era el centro del Universo sino que, además, giraba alrededor del Sol y, por si fuera poco, constituía una porción infinitesimal del cosmos. Imaginemos el estremecimiento de los que entendían literalmente los escritos bíblicos al tener que enfrentar las conclusiones de naturalistas y arqueólogos acerca de la evolución de las especies y de la pertenencia ineludible del hombre al reino animal: no habíamos sido creados a imagen y semejanza de Dios, más bien estábamos emparentados con los plebeyos primates. También los positivistas racionales tuvieron su trago amargo confrontados con la certidumbre de que todas nuestras acciones y pensamientos, aún los más lógicos y arraigados en la voluntad, estaban sobredeterminados por impulsos inconscientes, absolutamente alejados de nuestro albedrío.

Ante la resistencia que generan los intentos de desenmascarar la violencia familiar y el abuso sexual, cabría preguntarse, entonces, si no estaremos topándonos con la cuarta herida narcisista.

Ya la psicoanalista suiza Alice Miller señaló lo difícil que nos resulta a los adultos aceptar que fuimos injustamente maltratados en forma física y emocional por las personas más significativas: nuestros padres. Nos cuesta reconectarnos con la rabia y la humillación que aquel maltrato nos provocó, ya que los padres fundamentan su accionar en la necesidad de educarnos, reprimiendo ellos, a su vez, el hecho de haber sido victimizados. Miller enfatiza que, culturalmente, todos los mecanismos sociales están dispuestos para exculpar a los adultos que maltratan y responsabilizar a los niños. Se pregunta:

"¿Por qué es tan difícil retratar la situación auténtica, fáctica y verdadera del niño pequeño? Cada vez que lo intento se me replica con argumentos cuya única función es evitar percibir esa situación, hacerla invisible o, en el mejor de los casos, calificarla de puramente 'subjetiva'. La persona afectada es siempre subjetiva, se piensa. Sólo conoce la injusticia; no sabe por qué se la han infligido, y mucho menos cuando se trata de un niño. ¿Acaso los niños son capaces de entender algo? ¿Cómo podría un niño juzgar la situación en su conjunto, por ejemplo comprender la desesperada situación de sus padres y darse cuenta de hasta qué punto los ha provocado a ejercer la violencia? Una y otra vez se busca y se halla la corresponsabilidad del niño. Por eso sólo se habla de malos tratos en casos de extrema brutalidad –y aún así con reservas– , y se duda o se niega por completo la existencia de un amplio espectro de malos tratos psíquicos. De esta manera, apenas las víctimas elevan sus voces, se las condena al silencio, y la verdad, toda la verdad objetiva de los hechos queda oscurecida."

Miller prosigue: "Para poder revivir los sentimientos de la infancia, necesitamos el apoyo de un iniciado, y no del odio reconcentrado y aún inconsciente de los antiguos niños maltratados, que, ya adultos, se identifican plenamente con los culpables. (…) El adulto conserva en su memoria las humillaciones sufridas bajo el disfraz de medidas necesarias para su bien, y se aferra a toda costa a la idea de que aquellos padres torturadores lo amaban. (…) El adulto que fue un niño maltratado hace enmudecer los sentimientos que estarían justificados, es decir, los dirigidos contra los causantes de su dolor, pero los deja aflorar contra sus propios hijos. Es como si esas personas se pasasen decenas de años atrapados en una trampa de la que no hay salida posible, porque nuestra sociedad prohíbe la ira que se dirige contra los propios padres. Pero con el nacimiento de los hijos se abre una portezuela: por fin puede descargarse sin escrúpulos la rabia acumulada durante años; lo triste es que la víctima es un pequeño ser indefenso, al que esas personas se ven forzadas a atormentar, a menudo sin darse cuenta de ello, porque una fuerza desconocida les impulsa a tales actos."[1]

Si nos atenemos a esta descarnada descripción tendremos que abandonar el ideal de la familia y los padres como dadores privilegiados e incondicionales de protección y cuidado. Y desde allí hay tan sólo un paso para sospechar que la familia no sólo puede ser tan peligrosa como el temido mundo exterior, sino un privilegiado ámbito privado donde los más débiles pueden estar impunemente sometidos a todo tipo de violencia.

Quizás un postrero intento de justificar la violencia familiar es rodearla de un halo romántico, ubicando sus causas en las pasiones desenfrenadas. Resulta convincente y tranquilizador creer que la gente se golpea por amor o por celos que, en última instancia, simbolizan un extremo del amor; nos cuesta admitir que lo que se expresa en los golpes no es ninguna pasión amorosa sino la repetición compulsiva de malos tratos padecidos.

En junio de 1996, Buenos Aires se vio conmocionada por un crimen pasional: un muchacho de 20 años había asesinado a su novia de 17, asestándole 113 puñaladas. Se conocían desde hacía mucho tiempo y el noviazgo había durado tres años. Eran compañeros de la escuela secundaria, sus familias conocían la relación y no la desaprobaban. Ambos pertenecían a hogares de clase media, sin grandes carencias socioeconómicas. Cuando se produce el asesinato, empiezan a salir a la luz algunos hechos inquietantes: el joven había pertenecido a bandas *skinhead* de ideología nazi, había golpeado a su madre, tuvo un intento de suicidio y un accidente grave con una moto. Aunque la chica había intentado interrumpir el noviazgo, seguían juntos.

Las especulaciones sobre el motivo del crimen lo relacionaron con una "infidelidad" de la novia: unos meses atrás, en una de sus separaciones, ella había salido con un amigo de él. También se habló de un embarazo que terminó en aborto. Él declamaba frente a quien quisiera escucharlo que había perdido el control de sus actos porque "quise tener un hijo y ella me rechazó".[2] Amigos y familiares conocían la violencia con que el muchacho trataba a su pareja: por los castigos que le propinaba, la chica había aparecido con hematomas en varias oportunidades. Uno de estos episodios ocurrió en la escuela y terminó con la fractura del tabique nasal de la joven y con una moderada sanción disciplinaria para él. Nadie le atribuyó a estos hechos la gravedad suficiente como para intervenir o consultar a especialistas en violencia. En un primer momento, los medios de comunicación, desorientados, intentaron encuadrar lo sucedido dentro de la tragedia shakespereana: un Otelo posmoderno que, acosado por los celos, pierde los estribos y acuchilla a su amada a quien, a pesar de todo, seguirá queriendo. Fue tal el esfuerzo para que la historia respondiera a este esquema que se especuló con que el joven se había querido suicidar posteriormente, pero no había encontrado el revólver de su padre para hacerlo.

Lo que concretamente sucedió fue que, después de mantener relaciones sexuales con su novia, golpearla salvajemente y apuñalarla, llamó a un amigo para que le enviara un remise, se higienizó, cambió sus ropas y se dirigió a esperar el auto en el que tenía pensado huir. Aparentemente, una infidencia del amigo permitió atraparlo. Resultaba innegable que, pese a los esfuerzos de los especialistas en violencia familiar, a la prensa –y por lo tanto al público– le seguía resultando más atractiva la versión de la tragedia de Otelo que la "Crónica de una muerte anunciada". A diferencia de lo que sucede con el arrebato emocional de un amante, en la novela de García Márquez toda una comunidad acepta, impávida y en silencio, el asesinato que ocurrirá en pocas horas: todos saben que a las deshonras, un hombre de bien debe cobrárselas.

En este brutal asesinato interesaba más desmenuzar los detalles acerca de la supuesta infidelidad de la chica o de sus intenciones de separarse del novio, antes que formularse ciertas preguntas clave para entender las causas de la desgracia: ¿dónde había aprendido el joven a resolver sus problemas utilizando la violencia? ¿por qué la chica aceptaba ser tratada de esa manera? ¿cómo es que nadie intervino para advertirles que los golpes no son normales en una pareja y que los celos enfermizos no significan un amor más intenso? ¿por qué no ayudaron quienes conocían o sospechaban la violencia que reinaba en esa pareja? ¿por qué nadie cercano se asesoró sobre lo que se podía hacer para evitar este desenlace? ¿por qué nadie creyó que una relación con estas características podía terminar como terminó?

Para poder contestar estos interrogantes con honestidad tendríamos que remitirnos a las historias personales de los jóvenes, a la manera en que fueron criados y tratados en sus hogares, al modo en que funcionan sus familias, a la ideología que sustenta el abordaje de los problemas de pareja o de familia y a pensar si seguimos considerando válido aquello de que "cada casa es un mundo" y los asuntos de una familia (cualesquiera) se resuelven "entre cuatro paredes".

Convendría citar una vez más a Alice Miller: "A diferencia de la práctica judicial, reconozco en todo asesinato no cometido en defensa propia, sino en la persona de seres inocentes que actúan en sustitución de algo, la expresión de un imperativo interior –del imperativo de vengarse de graves malos tratos, abandonos y situaciones de desconcierto de la infancia–, sin que se haya suprimido el mecanismo de represión que oculta los sentimientos provocados por esas situaciones. (…) Nadie cometería un crimen si fuera capaz de sentir los malos tratos a los que se lo sometió durante su propia infancia. Precisamente las personas que pueblan las cárceles no son capaces de revivir la historia de su infancia por lo terrible que fue y porque no han encontrado a nadie que les apoye en tal intento".[3]

Había una vez...

El artículo 19 de la Convención Internacional sobre los Derechos del Niño de las Naciones Unidas establece que "Los Estados parte adoptarán todas las medidas legislativas, administrativas, sociales y educativas apropiadas para proteger al niño contra toda forma de violencia, perjuicio o abuso físico y mental, descuido o trato negligente, malos tratos o explotación, incluido el abuso sexual, mientras el niño se encuentre bajo la custodia de los padres, de un tutor o de cualquier otra persona que lo tenga a su cargo". Otros artículos requieren que los estados miembros garanticen que la disciplina escolar se aplique de manera consistente con "la dignidad del niño" y de conformidad con la Convención[4] y que aseguren que "ningún niño sea sometido a torturas o a cualquier otro tratamiento o castigo cruel, inhumano o degradante".[5] Los derechos especificados en la Convención deben ser aplicados a todos los niños, sin ningún tipo de discriminación.[6] Los Derechos del Niño fueron promulgados en 1989 y, hasta agosto de 1996 habían sido ratificados por 187 países.

Sin embargo, no siempre los niños fueron objeto de tanta consideración. Un comentario de Filón de Alejandría, en el siglo I de nuestra era, registra que, en aquellos tiempos, las cosas eran bien diferentes: "Algunos de ellos *(los padres)* lo hacen con sus propias manos: con monstruosa crueldad y barbarie ahogan y apagan el primer aliento de los recién nacidos o los arrojan a un río o a las profundidades del mar, después de atarlos a un cuerpo pesado para que se hundan más rápidamente bajo su peso. Otros los llevan a un lugar desierto para abandonarlos allí, esperando, según dicen, que se salven, pero en verdad dejándoles para que sufran el más triste destino. Pues todos los animales que se alimentan de carne humana acuden al lugar y se regalan a placer con los niños, magnífico banquete que con ellos ofrecen sus únicos guardianes, quienes más que nadie deberían protegerlos, sus padres y sus madres. También las aves carnívoras descienden al suelo y devoran sus fragmentos..."[7]

Desde el punto de vista histórico, la toma de conciencia de la indefensión de los niños y la consiguiente preocupación de los adultos por su cuidado y bienestar son hechos bastante recientes. El investigador contemporáneo Lloyd deMause llevó a cabo un exhaustivo estudio acerca del modo en que fueron tratados los niños a lo largo de la historia. Describe seis estilos diferentes de relación paternofilial:

1. El **infanticidio** fue la modalidad característica de la Antigüedad hasta el siglo IV D.C. El asesinato de los hijos a manos de sus padres era moneda corriente. Los niños carecían de un lu-

gar definido en el grupo social y llegaban a representar una sobrecarga, un estorbo –en el caso de las hijas legítimas– o una vergüenza – en el de todos los hijos ilegítimos–, antes que seres humanos con necesidades y potencialidades. El infanticidio de hijos legítimos disminuyó recién en la Edad Media, manteniéndose la costumbre de eliminar, sobre todo, a las niñas, privilegiando la supervivencia de los varones primogénitos. Por el contrario, deMause afirma que el asesinato de los hijos ilegítimos prosiguió hasta entrado el siglo XIX. Señala que "hasta el siglo IV, ni la ley ni la opinión pública veían nada malo en el infanticidio en Grecia o en Roma". Tampoco significó una preocupación para los filósofos. Un eminente médico griego del siglo II D.C. proveniente de Efeso –Sorano-- escribió en su "Ginecología" un apartado titulado "Cómo reconocer al recién nacido digno de ser criado", donde dice: "el niño preparado por la naturaleza para ser criado puede distinguirse por el hecho de que su madre ha pasado el período de embarazo gozando de buena salud, ya que las condiciones que requieren cuidados médicos especialmente del cuerpo, también dañan al feto y debilitan los cimientos de su vida". El niño debería además, "haber nacido en el tiempo previsto", poseer un llanto "vigoroso" y ser "perfecto en todas sus partes".[8]

deMause cita a autores más antiguos que justifican el infanticidio, entre ellos Aristipo, discípulo griego de Sócrates (siglo IV A.C.), que sostiene que un hombre podía hacer lo que quisiera con sus hijos pues "¿no nos desprendemos de nuestra saliva, de los piojos y de otras cosas que no sirven para nada y que sin embargo son engendradas y alimentadas incluso en nuestras propias personas?"[9] A Séneca, escritor, filósofo y político latino del siglo I de nuestra era, tampoco le llamaban la atención estos hechos ya que "a los perros locos les damos un golpe en la cabeza; al buey fiero y salvaje lo sacrificamos; a la oveja enferma la degollamos para que no contagie al rebaño; matamos a los engendros; ahogamos incluso a los niños que nacen débiles y anormales. Pero no es la ira, sino la razón la que separa lo malo de lo bueno".[10]

A estos claros casos de infanticidio hay que agregar el de los niños ofrecidos en sacrificio, a los abandonados por representar una molestia, a los vendidos como esclavos y a los mutilados deliberadamente para mendigar. Nuevamente es Séneca quien, en su obra "Polémica", admite que no es censurable mutilar a los niños expósitos ya que: "Mirad a los ciegos que deambulan por las calles apoyándose en sus cayados, y a los de pies lisiados, y mirad también a los que tienen las piernas o los brazos rotos. Ése es manco, a aquél le han hundido los hombros deformándoselos para que sus posturas grotescas muevan a risa...Vayamos al origen de todos estos males –un taller de manufactura de desechos humanos– una cueva llena de miembros cortados a niños vivos... ¿Qué daño se ha hecho a la República? Por el contrario, ¿no se ha beneficiado a esos niños en cuanto que sus padres los habían abandonado?"[11]

2. El **abandono** fue el modo peculiar de vínculo paternofilial entre los siglos IV y XIII. Dar muerte a los niños había empezado a ser considerado legalmente como asesinato en el año 374, aunque la oposición de la Iglesia al infanticidio estaba basada más en la preocupación por el alma de los padres que por la vida del niño. deMause afirma que, una vez que los padres empezaron a aceptar al hijo como poseedor de un alma, las maneras de deshacerse de un niño pasaron a ser el abandono, la entrega al ama de cría, la internación en monasterios o conventos, la cesión a otras familias en adopción, el envío a casas de otros nobles como criado o rehén o el mantenerlos en el hogar en una situación de grave abandono afectivo. Cita abundantes referencias sobre los malos tratos a que sometían las amas de cría a los niños que quedaban a su cuidado. Malos tratos tan severos que, generalmente terminaban en la muerte. Las pocas críticas que se elevaban contra esta costumbre de entregar a los hijos se referían a los niños de familias ricas que, al ser amamantados, recibían en sus cuerpos, de clase superior, la sangre de mujeres de condición inferior. Pocos reconocían que "cuando un niño es entregado a otro y separado de su madre, la fuerza del sentimiento maternal se va extinguiendo gradualmente, poco a poco... y queda casi tan totalmente olvidado como si se lo hubiera llevado la muerte".[12]

3. La **ambivalencia** tuvo su apogeo entre los siglos XIV y XVII. El niño a quien se le empieza a permitir tomar contacto y entrar

en la vida afectiva de los padres, sigue representando peligros para ellos. En esta etapa histórica se considera que dichos peligros residen en el interior de los niños y, por lo tanto, todos los esfuerzos se dirigen a mantenerlos bajo control. Se compara a los niños con arcilla, con yeso o cera blanda a la que hay que dar forma.

En este período aparece un número importante de manuales de instrucción infantil. Se recomendaban castigos corporales frecuentes y preventivos, se les restringían los movimientos envolviéndolos "con una venda interminable hasta hacerle parecer un leño"[13] (procedimiento conocido como empañadura), se los sujetaba con trabas durante los primeros años de vida y, posteriormente, se les impedía movilizarse libremente utilizando diferentes recursos (corsés, fajas de hueso, madera o hierro), se los ataba a espalderas o se les colocaba los pies en el cepo mientras estudiaban, se usaban collares de hierro y otros elementos para corregir las posturas. Además, se imponía restricciones en los alimentos. Señala deMause que hay muchos indicios de que por regla general no se les daba alimento suficiente. Esto también ocurría con los niños ricos, sobre todo con las nenas, ya que se suponía que debían tomar pequeñas cantidades de comida y poca carne o ninguna. A su vez, se les suministraba opio y bebidas alcohólicas para que no llorasen. Un médico llegó a quejarse de que miles de niños morían todos los años porque las nodrizas "siempre están haciéndoles tragar *Godfrey's Cordial,* que es un opiáceo muy fuerte y en definitiva tan fatal como el arsénico. Afirman que lo hacen para hacer callar al niño, y desde luego así muchos se quedan callados para siempre…"[14]

Los padres también se preocupaban por controlar lo que sucedía en el interior del cuerpo de sus hijos y eliminaban la suciedad y la descomposición con frecuentes purgas, supositorios y enemas, a veces con la expresa recomendación médica que era conveniente "purgar a los niños antes de darles de mamar, a fin de que la leche no se mezclara con las heces".[15]

"Se suponía que los intestinos del niño encerraban una materia que se dirigía al mundo del adulto con insolencia, en tono amenazador, con malicia e insubordinación. El hecho de que el excremento del niño tuviera un aspecto y un olor desagradables significaba que el propio niño tenía allá, en lo más profundo de su cuerpo, una mala inclinación. Por plácido y bien dispuesto que pareciera, el excremento que periódicamente salía de él era considerado como el mensaje insultante de un demonio interior que indicaba los 'malos humores' que ocultaba en su interior."[16]

4. La **intrusión** es el modo de relación paternofilial que particulariza al siglo XVIII. Durante este período los adultos comienzan a tomar contacto con sus hijos de otra manera. En el curso de los siglos anteriores se modificaron las concepciones acerca de la infancia. Después de superar la primera etapa en la que los niños no resultaban valiosos ni cumplían función alguna, careciendo prácticamente de status humano, se pasó a atribuirles un alma, aunque salvaje y maligna.

En el siglo XVIII, los adultos dejan de considerar a los niños como portadores de una interioridad peligrosa aunque subsiste la necesidad de controlarlos mediante el dominio de la mente infantil. Es así que los controles se vuelcan a reprimir las necesidades propias de la infancia, las rabietas, la masturbación (que, vale aclarar, no había preocupado a los pedagogos hasta entonces), la voluntad infantil. En esta época los niños eran criados por sus padres, amamantados por sus madres, permanecían pocos meses fajados, su educación higiénica comenzaba tempranamente y, según deMause, "se rezaba con él pero no se jugaba con él, recibía azotes pero no sistemáticamente… Como el niño resultaba mucho menos peligroso, era posible la verdadera empatía". De cualquier modo, los castigos físicos son reemplazados por sustitutivos, entre ellos el confinamiento y el encierro en cuartos oscuros durante horas e incluso días.

En este siglo nace la pediatría que, junto con la mejora general de los cuidados prodigados por los padres, redujo la mortalidad infantil.

5. La **socialización** se extiende desde el siglo XIX hasta mediados del XX. La crianza comienza a entenderse no como un modo de dominar la voluntad del niño, sino como la posibilidad de formarlo, guiarlo por el buen camino, enseñarle a adaptarse, socializarlo. Es una época en la que se producen profundos debates acerca de los métodos para socializar a los niños y

en la que aparecen diferentes teorías psicológicas que se muestran firmemente interesadas en investigar qué les sucede a los pequeños, cómo perciben el mundo, cómo piensan, muchas veces comparándolos con los llamados "hombres primitivos" pertenecientes a culturas supuestamente menos evolucionadas. Por otro lado, el padre comienza por primera vez a interesarse en forma no meramente ocasional por su hijo y su educación, ayudando, a veces, a la madre en la crianza. Hacia fines de esta etapa aparecen las primeras descripciones de niños maltratados.

6. La **ayuda**, que caracteriza el vínculo paternofilial en esta segunda mitad del siglo XX, se basa según deMause "en la idea de que el niño sabe mejor que el padre lo que necesita en cada etapa de su vida e implica la plena participación de ambos padres en el desarrollo de la vida del niño, esforzándose por empatizar con él y satisfacer sus necesidades peculiares y crecientes. No supone intento alguno de corregir o formar 'hábitos'". Agrega que el niño no recibe golpes ni represiones y sí disculpas cuando se le da un grito motivado por la fatiga o el nerviosismo.

Desde mi punto de vista deMause describe el ideal de crianza de esta época pero, como todos sabemos por nuestra experiencia personal y por lo que sostienen diversos autores, entre ellos la ya mencionada Alice Miller, esto no es lo que comúnmente sucede. Cabe citar, por ejemplo, las recomendaciones que un decano de la Facultad de Medicina de la Universidad Nacional de Buenos Aires hace a los padres, en un artículo titulado "A veces hay que pegarles".[17] En 1996, aconseja "pegarles a los chicos, pero sin lesionar. (…) Hablarles a veces no es suficiente". Reflexiona, mientras confunde: "Tuvimos dificultades con nuestra juventud y no queremos volver atrás. Hubo drogadicción y terrorismo –cosas diferentes y ambas desviaciones de la juventud–, consecuencia del 'dejar hacer'. Por ese motivo creo que lo que digo y pienso está bien".

A pesar de todo, lo rescatable de estos tiempos es que hemos llegado a un punto en que es posible preguntarse si la violencia sirve como una forma de resolver conflictos y si constituye un elemento digno de ser incluido en las pautas de crianza. Estamos en condiciones de preguntarle al decano, y autor del artículo citado, qué piensa de la frase "la violencia engendra violencia".

A esta altura, conviene hacer una aclaración para evitar malas interpretaciones. El hecho de que la relación paternofilial haya evolucionado desde el infanticidio de la Antigüedad hasta este vínculo caracterizado por la ayuda de finales del siglo XX, no significa que los cambios hayan ocurrido en todas las familias y en todas las comunidades; tampoco toda la Antigüedad estuvo signada por el asesinato de niños. Por el contrario, es posible que a lo largo de la historia hayan existido grupos humanos que trataran a sus hijos de manera diferente a la prototípica para la época. Y también es cierto que aún hoy persisten, incluso en las comunidades más desarrolladas, familias para las cuales los hijos sólo representan una carga de la que se deshacen sin mayores dificultades, junto a otras que consideran que cualquier medio justifica el fin de moldear a esos seres peligrosamente rebeldes y que no toleran la menor expresión de espontaneidad o individualidad de los chicos.

Sin embargo en los tiempos que corren tenemos la posibilidad de elaborar pautas alternativas a los malos tratos porque podemos reconocer que no nos conforma educar a través del desprecio, los gritos y los golpes. Además, gracias a la intervención conjunta de profesionales, padres, hacedores de política y de los medios de comunicación, el debate está firmemente instalado en nuestra cultura. Estoy de acuerdo con que esta forma de criar niños exige a ambos padres una enorme cantidad de tiempo, energía y diálogo. deMause señala que quedan muchos temas para investigar en relación con la crianza de los niños: por qué la evolución de la infancia sigue diferentes ritmos en diferentes países, clases y familias; cuál es la relación entre los cambios de valores y de comportamientos, entre ellos los estilos de crianza en Occidente; por qué la organización social, las formas políticas y la tecnología cambian en determinados momentos y direcciones y no en otros y en qué medida las modificaciones en el modo de tratar a los niños influyen y alimentan estos cambios.

Se descorre el velo

Así como se ha investigado cómo evolucionó la relación paternofilial, podemos adentrarnos en los registros que existen acerca del abuso sexual infantil.

La utilización de chicos para satisfacer deseos sexuales de los adultos no es nuevo, viene ocurriendo desde las épocas más remotas. Lo novedoso consiste en que los adultos podamos pensar que los niños deben ser cuidados. Más novedoso aún es que nos ocupemos de las formas en que los adultos maltratamos a los niños. Y lo verdaderamente revolucionario es que comencemos a descorrer el velo que enmascaró el abuso sexual infantil. Velo que ocultó no sólo lo que sucedía sino que impidió ver sus consecuencias sobre las víctimas: los niños.

El reconocimiento del maltrato infantil y el estudio de las distintas formas de victimización de los niños comenzó en la década del '50, sobre todo en EE.UU. y en Europa del Norte.

En 1961, Henry Kempe presenta en la Academia Americana de Pediatría el trabajo que describe el síndrome del niño apaleado, el primer tipo de maltrato infantil que comienza a investigarse en profundidad. En 1968 se publica la primera edición del libro "El niño maltratado" escrito por Henry y Ruth Kempe y Ray Helfer. En la cuarta edición, en 1987, el psicoanalista Brandt Steele señala: "A pesar de que la existencia del abuso sexual se conoce desde hace aproximadamente el mismo tiempo que cualquier otra forma de maltrato, se lo ha ocultado más, se lo ha reconocido menos y ha concitado relativamente poca preocupación. La violación y otros problemas menos frecuentes como el exhibicionismo y la paidofilia, han llamado más la atención. El tabú de tratar el fenómeno tan común del incesto parece tener la misma o mayor fuerza aún que el tabú del incesto en sí mismo. Sin embargo, la mayor concientización y preocupación de la sociedad ante el gran número de casos de maltrato físico y negligencia junto con el coraje que infundió el movimiento por los derechos de la mujer, convirtió al abuso sexual en un tema de interés público. En la actualidad el registro de los casos, sobre todo de diversas formas de incesto, ha aumentado tanto que las cifras se acercan a las de otras formas de maltrato".[18]

El interés científico en el abuso sexual comenzó a mediados de la década del '70, unos veinte años después que los estudios sobre maltrato infantil en general. Esto parece indicar que, más allá de la carencia de información adecuada, el abuso sexual, que aparece frecuentemente mistificado y rodeado de prejuicios, es un asunto difícil de transformar en objeto de estudio.

Según las investigaciones de deMause, en la Antigüedad el niño vivía "en un ambiente de manipulación sexual." En Grecia y Roma los varones jóvenes eran utilizados como objetos sexuales por hombres mayores. En todas las ciudades romanas existían burdeles de muchachos, y en Atenas se podía contratar el alquiler de un joven. En las regiones donde no estaba autorizada la utilización sexual de niños libres, los hombres disponían de los niños esclavos; por lo tanto, aquellos que no eran victimizados directamente, eran testigos de lo que sucedía con sus pares. La principal objeción de Aristóteles a la idea de Platón de que los niños permanecieran en un espacio común, era que cuando los hombres tuvieran relaciones con muchachos, no sabrían si lo hacían con sus propios hijos, lo que constituía "el colmo de la indecencia".[19]

Esquines, orador ateniense del siglo IV A.C., cita algunas leyes de Atenas con las que se intentaba limitar los ataques sexuales contra los escolares: "...(el legislador) prohíbe al maestro que abra la escuela, o al profesor de gimnasia el gimnasio, antes de la salida del sol, y les obliga a cerrar ambos antes de la puesta del sol; pues mucho recela de que se queden a solas con un muchacho o en la oscuridad con él".[20]

Petronio, autor del "Satiricón", –siglo I de nuestra era– describe a adultos palpando "el pequeño instrumento maduro" de los muchachos y relata la violación de una niña de siete años mientras una hilera de mujeres bate palmas alrededor del lecho.[21] Aristóteles decía que la homosexualidad solía hacerse habitual en "aquellos de quienes se abusa desde la infancia".[22]

Suetonio, historiador latino del siglo II, censuraba en sus "Vidas de los doce césares" al emperador Tiberio, porque "enseñaba a niños de tierna edad, a los que llamaba sus 'pescaditos', a jugar entre sus piernas mientras se bañaba. A los que todavía no habían sido destetados, pero eran fuertes y sanos, les metía el pene en la boca...”[23]

La práctica sexual preferida en la época no eran los manoseos ni la estimulación oral del pene sino la cópula anal. El poeta latino Marcial, del siglo I, aconseja en sus “Epigramas” que al sodomizar a un muchacho debe uno “abstenerse de excitar las ingles manoseándolas...La Naturaleza ha dividido al varón: una parte ha sido hecha para las mujeres, otra para los hombres. Usad vuestra parte.”[24]

En la Roma imperial también era frecuente castrar a los niños aún “en la cuna” para utilizarlos como “voluptates”. El emperador Domiciano promulgó una ley en el siglo I D.C., que prohibía la castración de niños destinados a los burdeles.[25]

deMause señala que el Cristianismo introduce un nuevo concepto en relación con los niños: se los empieza a considerar criaturas inocentes, incontaminadas, puras, sin conocimiento carnal. A lo largo de la Edad Media, los cristianos refuerzan la idea de que los niños ignoran por completo toda noción de placer y de dolor y se alienta a los adultos a que “se hicieran como niños” para entrar en el reino de los cielos.[26] Sin embargo, hay registros de episodios de su utilización sexual a manos de sirvientes: “los criados son dados a gastar bromas libidinosas... en presencia de los niños (y) corrompen sus principales facultades”. Además, se recomienda que “las niñeras no deben ser muchachas jóvenes pues muchas de ellas han despertado prematuramente al fuego de la pasión, como refieren relatos verídicos y, me atrevo a decir, como demuestra la experiencia”.[27]

Durante el Renacimiento y el siglo XVII se siguen reprobando los contactos sexuales con los niños aunque los moralistas sostenían que era deber del niño impedir que otros abusaran de él.

En el siglo XVIII estos cuidados adquieren una nueva modalidad: los adultos comienzan a preocuparse y a castigar a los niños que se tocan los genitales. Los libros penitenciales de la Edad Media, si bien consideraban la masturbación de los adultos como pecado venial rara vez hacían extensiva esta prohibición a la infancia. En los principios del siglo XVIII es que los padres empiezan a castigar severamente a sus hijos por masturbarse y los médicos contribuyen a difundir el prejuicio de que la masturbación era la causa de la locura, la epilepsia, la ceguera y provocaba la muerte. Durante el siglo XIX esta prohibición se ve reforzada por actitudes intimidatorias, se amenaza a los niños con cortarles los genitales en caso de que se masturben, llegando a veces a someterlos a intervenciones quirúrgicas o a aplicarles artilugios para impedirlo. Hacia 1925 estos métodos habían desaparecido casi por completo.

Los registros de estos dos siglos indican que el abuso sexual seguía ocurriendo aunque no se responsabilizaba a los padres sino a los criados, a otros adultos o a adolescentes.

Resulta llamativo que ya a medidados del siglo pasado se haya comenzado a investigar acerca del abuso sexual de niños dentro de sus propias familias. Sin embargo, los intentos por develar este secreto familiar tan celosamente guardado se vieron truncados hacia comienzos del siglo XX, cuando Sigmund Freud modifica la explicación primigenia de los trastornos nerviosos, según la cual éstos eran causados por episodios traumáticos reales acaecidos en la temprana infancia.

David Finkelhor –prestigioso investigador del abuso sexual infantil– afirma que si bien la preocupación por el abuso sexual de niños llegó a concitar la atención de los profesionales y del público en varias oportunidades durante el último siglo y medio, fue reiteradamente acallada por diversos motivos. El interés existente a mediados del siglo XIX fue opacado por la teoría psicoanalítica a principios de este siglo. Los hallazgos sobre abuso sexual en las primeras investigaciones sobre sexualidad humana, entre 1920 y 1940, fueron deliberadamente minimizados ante el temor de que pudieran utilizarse para frenar la liberación en las costumbres sexuales que ya estaba en marcha. Desde mediados de los '70 en adelante resurge la preocupación por el tema, esta vez apoyada por los grupos feministas y por los profesionales involucrados en la investigación y la prevención del maltrato infantil.[28] Adentrarse en los detalles de los silenciamientos anteriores quizás pueda servir para evitar que la historia se repita.

Investigaciones y controversias

"Los casos de intentos de violación y los actos eróticos contra los niños o contra jovencitas, denominados en términos legales 'atentados contra el pudor', son extremadamente frecuentes en los centros densamente poblados e incluso en las zonas rurales, por lo que es importante reconocer la naturaleza de estos designios criminales. Dedicaré, por lo tanto, la primera parte de este trabajo a la investigación de los mismos y daré cuenta de la experiencia que me han deparado mis veintiocho años como experto consultado por los juzgados."[29]

Este párrafo que parece extraído de un artículo contemporáneo, pertenece en realidad a Adolphe Toulmouche, un profesor de medicina y farmacia de Rennes, Francia. Toulmouche, que también fue un reconocido arqueólogo, nació en 1798. El artículo del que se extractó este párrafo data de 1856 y, según refiere sus investigaciones comenzaron en 1828. Fue el primero en señalar que los acercamientos sexuales pueden ocurrir sin que queden marcas, ya que muchas veces se limitan a toqueteos o frotamientos de los genitales, sobre todo con niñas pequeñas, aunque pueden existir intentos de penetración fallidos. Recomienda, ante la falta de evidencias físicas, que "el médico legista no debería concluir que el intento de violación no ocurrió, sino que la cópula no llegó a consumarse por completo".[30]

Si bien en sus trabajos no aclara cuál es el vínculo entre la víctima y el abusador (siempre se refiere al agresor como "el acusado"), en el artículo citado menciona el caso de un hombre rico acusado de violar a su hijita de dos años y medio, en quien Toulmouche constata una infección venérea; y, en un artículo previo, de 1853, describe otro caso, ocurrido en noviembre de 1838, en el que una niña de cuatro años fue azotada por su padrino durante varios días hasta matarla. Toulmouche destaca que el médico forense no revisó los genitales de la nena, dejando asentada de esta manera su sospecha de que también podría haber sido víctima de ataques sexuales.

Además, este autor registra la primera descripción del comportamiento de un golpeador durante el juicio. Se trata del padrino de la niñita azotada. Dice Toulmouche que no demostraba interés en el proceso que se estaba llevando a cabo, se lo veía impávido la mayor parte del tiempo, entretenido en cortar unos palitos en pedazos bien pequeños. Consultaba sus notas con frecuencia y, cuando le llegó el turno de hablar, "lo hizo de una manera verborrágica, explayándose minuciosamente en las mentiras que contaba la niña". Sólo mostró sus emociones cuando el abogado defensor mencionó que el hombre guardaba un mechón de cabellos de la nena en una billetera que llevaba cerca del corazón. Esto indicaba, según el abogado, el gran cariño que este hombre sentía por la nena. El recuerdo de sus propios sentimientos lo hizo lagrimear por única vez durante el juicio.[31]

En 1860, Ambroise Tardieu publica en Francia un artículo llamado "Un estudio médico legal sobre los tratamientos crueles y brutales infligidos a los niños",[32] en el que describe con lujo de detalles los brutales malos tratos infligidos a los niños por sus cuidadores, por lo general sus padres. El artículo se basa en el estudio de treinta y dos casos que la Justicia le encomendó a Tardieu para que examinara desde un punto de vista médico legal. Destaca que los niños estudiados son con frecuencia muy pequeños; que las lesiones que se les provoca pueden conducir a la muerte y que en veintiuno de los casos, los agresores habían sido los padres. Sólo uno de los casos se refiere a abuso sexual.

Tardieu (1818-1879) fue profesor de Medicina Legal en la Universidad de París, decano de la Facultad de Medicina y presidente de la Academia de Medicina de París, considerado por sus contemporáneos "el representante más eminente de la medicina legal francesa".[33] Escribió varios libros, entre ellos el "Estudio médico legal y clínico sobre envenenamientos",[34] el "Diccionario de higiene pública y salubridad",[35] "Estudio médico legal del infanticidio",[36] y "Estudio médico legal sobre la locura".[37]

En 1857 publica el "Estudio médico legal sobre atentados contra la moral".[38] La expresión "atentados contra la moral" engloba a las exhibiciones indecentes, intentos de violación y violaciones. En la sexta edición de este trabajo –aparecida en 1878– Tardieu presenta las estadísticas francesas entre 1858 y 1869: de 11.576 acusaciones de violación o intento de violación, en 9.125 casos las víctimas habían sido niños menores de dieciseis años, la mayoría mujeres entre cuatro y doce años. Cabe aclarar que la obra está basada en el análisis de 616 casos en los que Tardieu intervino personalmente como experto. De esos casos, 339 correspondían a violaciones o intentos de violación de niños menores de once años. El estudio contiene también un capítulo referido a las simulaciones ya que –aunque en esa época no se pensaba que se trataban de fantasías infantiles– las autoridades solían sospechar que las víctimas mentían deliberadamente para extorsionar económicamente a los acusados o para obtener algún beneficio material. Sin embargo, Tardieu afirma que la gran mayoría de los casos investigados no habían sido simulados: había signos físicos que no eran producto de la imaginación, los niños se mostraban temerosos y reticentes al acusar a los adultos pero aportaban detalles concluyentes y, con frecuencia, padecían las consecuencias fisiológicas de los contactos sexuales que llegaban a provocarles la muerte.

Comenta los casos de dos niñas de cuatro y cinco años violadas anal y vaginalmente:

"De la información que aportó la niña en medio de dudas y lágrimas, se infiere que el acusado incurrió en ataques violentos contra ella. Notoriamente el 10 de enero la atrajo hacia su dormitorio y, después de arrojarla sobre su cama, se acostó encima de ella. Le introdujo entonces, entre los glúteos, un pedazo de madera muy dura y permaneció en esta posición durante aproximadamente quince minutos. Finalmente la niña sintió algo mojado en sus partes sexuales. Agregó que había sufrido tanto que llegó a gritar de dolor."[39]

En el prólogo de la sexta y última edición en 1878 explicita:

"Lo más triste es comprobar que los lazos de sangre, lejos de constituir una barrera contra estas imperdonables fascinaciones, sirven con mayor frecuencia para provocarlas. Los padres abusan de sus hijas, los hermanos de sus hermanas. Estos hechos han concitado mi atención en números crecientes. Puedo contabilizar doce casos más desde la anteúltima edición de este libro."[40]

A partir de estos trabajos, surge una corriente dentro de la medicina legal francesa, que alienta la investigación de los abusos sexuales contra niños. Alexandre Lacassagne (1834-1924), titular de Medicina Legal en la Universidad de Lyon, fundó en

1886 los "Archivos de antropología criminal y de las ciencias penales".[41] Ya en el primer número –que data de 1886– escribe un artículo sobre "Los ataques contra el pudor de las niñas"[42] en el que señala que un tercio de los casos tratados en los juzgados penales correspondía a este delito y que más de dos tercios de los casos por ataques a la virtud se producían contra niñas pequeñas. Al igual que Tardieu, destaca que muchas veces no existen signos físicos de los abusos aun cuando hayan ocurrido de manera reiterada.

En ese mismo año, 1886, Paul Bernard publica su libro "Los ataques al pudor contra las niñas pequeñas",[43] donde nuevamente aparecen datos estadísticos franceses entre los años 1827 y 1870. Bernard informa que en dicho período se denunciaron 36.176 casos de "violaciones y ataques a la moral" de niños menores de quince años. Se sorprende de que, contrariamente a lo que se suponía, los ataques no provenían de hombres solteros sino que "la influencia de la familia parece no hacerse sentir en grado significativo, parecería más bien que los niños que están dentro del hogar constituyen un estímulo para estos actos malvados. En nuestras observaciones, hemos sido sorprendidos por la gran cantidad de casos de incesto con que nos hemos encontrado.(…) Lo más sorprendente es que el número de individuos con un alto grado de educación que han sido acusados de atacar sexualmente a niños se incrementa regularmente hasta llegar a su pico máximo en 1880".[44]

Bernard, como su maestro Lacassagne y como Tardieu, enfatiza la necesidad de creer lo que los niños relatan, aun en las ocasiones en que no se encuentran signos físicos. Recomienda: "El examinador médico no debe olvidar los acertados consejos de Tardieu. En los casos en que el examen no resulte concluyente, el médico no deberá contentarse con señalar los signos negativos si existiera la posibilidad de que el acto hubiera ocurrido sin dejar marcas; para no faltar a la verdad debería indicar por lo menos la posibilidad de que haya ocurrido el acto aun en ausencia de signos positivos".[45]

Para la misma época, otro médico legista, Paul Camille Hippolyte Brouardel (1837-1906), sucesor de Tardieu en la cátedra de Medicina Legal, considerado una "eminencia" de la medicina francesa, aporta sus observaciones producto de una vasta práctica en la morgue parisina. Su libro sobre la violación de niños se publica después de su muerte, en 1909 y contiene una compilación, hecha en 1905, de conferencias anteriores.[46]

Brouardel define a los "atentados contra el pudor" como violaciones sin penetración. Sostiene que es una ofensa dirigida principalmente contra mujeres, en su mayoría muy jóvenes. Afirma: "Los ataques sexuales son delitos del hogar". Se interesa no sólo por las víctimas sino también por los abusadores. Señala que muchos de ellos son con frecuencia "excelentes padres de familia". En su obra se trasluce cierto interés por la enfermedad mental, ausente en otros médicos legistas de la época, y admite que estos crímenes suelen ser causados por "problemas mentales".[47]

Los autores franceses del siglo XIX ya mencionados –los legistas Toulmouche, Tardieu, Bernard– se limitaron a describir sus observaciones sobre hechos que estaban desde hacía bastante tiempo a la vista de quien quisiera verlos. Sin embargo, revelar la existencia de los incidentes nunca resulta suficiente; los científicos procuran, en general, ofrecer una explicación lo más objetiva posible. Se considera explicación objetiva al conjunto de razones no contaminadas por las esperanzas, ideas y creencias del observador. Determinar si esta premisa tiene alguna posibilidad de cumplirse es una cuestión muy espinosa, que suele ser abordada por la filosofía de la ciencia y por la epistemología.

Decía al principio de este capítulo que todo depende del cristal con que se mire. Rupert Sheldrake –naturalista y filósofo inglés contemporáneo, graduado en Cambridge y Harvard– lo explica bastante mejor cuando dice que "los científicos forman parte de sistemas sociales, económicos y políticos de mayor envergadura; constituyen grupos profesionales con sus propios medios iniciáticos, presiones de compañeros, estructuras de poder y sistemas de recompensa. Trabajan, por lo general, en el contexto de paradigmas o modelos de la realidad establecidos. E, incluso, dentro de los límites impuestos por el sistema de creencias científicas prevaleciente; no se dedican a buscar los hechos puros y desnudos por su propio atractivo: hacen conjeturas o hipótesis sobre el modo de ser de las cosas, y después las someten a experimentación. Normalmente, esos experimentos están motivados por el deseo de apoyar una hipótesis de su gusto o para refutar una hipótesis rival. El objeto e inclusive los hallazgos de la investigación que se practica, se ve muy influido por las expectativas conscientes o inconscientes de los investigadores."[48]

Un buen ejemplo de cómo la observación de un hecho puede teñirse de matices subjetivos es la anécdota de Cristóbal Colón en su tercer viaje a América. En esa oportunidad Colón llega por primera vez al norte de Sudamérica y le llama poderosamente la atención encontrar, cerca de tierra firme, una enorme cantidad de agua dulce –proveniente del Orinoco– mezclándose con el agua del mar. La geografía medieval sostenía que la montaña del Purgatorio, con el Paraíso Terrenal en su cima, estaba ubicada en las proximidades del Polo Sur y por sus laderas descendían cuatro ríos que se dirigían a los distintos puntos cardinales. Fue así que Colón supuso que el agua dulce provenía de los ríos del Paraíso en su descenso por la montaña del Purgatorio. Más adelante, al regresar hacia el norte la travesía se realizó de manera más rápida que el viaje hacia el sur. Este hecho fue la prueba que, a los ojos de Colón, confirmó su hipótesis: estaba navegando hacia abajo por la ladera de la montaña.

Si un fenómeno aparentemente tan alejado de las pasiones como un accidente geográfico está sujeto a estos avatares, podemos imaginar qué sucede con acontecimientos que, a pesar de ser condenados socialmente, ocurren en la intimidad de los hogares, muchas veces a manos de personas respetables para la comunidad. La pregunta que uno se hace es si nuestras sociedades estarán alguna vez preparadas para aceptar la realidad del abuso sexual y para encarar su estudio y abordaje aun en sus aristas más descarnadas.

Lo que resulta evidente es que la sociedad europea de fines del siglo XIX y la comunidad científica que marcaba los rumbos de investigación de la época preferían mirar para otro lado.

Mientras que a Brouardel le preocupaba que muchos de los hombres acusados de los "ataques a la moral" fueran "excelentes padres de familia", Bernard se sorprendía de que los agresores no fueran todos analfabetos sino, con frecuencia, personas de elevada educación y que no llevaran vidas marginales sino que hubieran podido constituir y mantener sus propias familias. Es posible que la instalación de una profunda controversia científica sobre el tema se viera fortalecida por una identificación de los académicos con los acusados honorables y educados unida al rechazo que provoca el horror frente a estos hechos y a la probabilidad de que algunos de los profesionales involucrados en estas cuestiones pudieran abusar de niños.[49] En las discusiones no se ponía abiertamente en duda la realidad del abuso sino que se intentaba neutralizar sus consecuencias cuestionando las intenciones de las víctimas al formular las acusaciones. De esta manera, el eje del debate comenzó a girar alrededor de la mentira y la simulación de las víctimas obviamente, no de los victimarios.

Afamados profesionales de la época como Alfred Fournier (1832-1914) –médico distinguido de activa participación en la vida académica parisina–, hacían públicas sus posturas, divulgando casos en los que –según sus puntos de vista– quedaba claramente establecida la mendacidad de las víctimas. Fournier, por ejemplo, presenta a una niña de 8 años que concurrió a la consulta "literalmente empapada en pus amarillento que manaba de su vagina" acusando a un hombre de haberla molestado. Fournier comenta cómo descubrió el engaño. En principio, sospechó de esta acusación e intentó ganar la confianza de la niña mediante dinero, golosinas, palabras dulces. La nena fue finalmente convencida por "una muñeca que movía los ojos" y confesó la mentira: no había sido manoseada por un hombre, sino por su madre que "había cepillado sus partes sexuales en tres ocasiones..., prohibiéndole contar lo sucedido y amenazándola con repetirlo si la niña contaba". Otro caso de Fournier se refiere a "una joven mentirosa" que acusaba a un "hombre excelente y perfectamente honorable, padre de familia, de merecida reputación y absolutamente incapaz (yo mismo [Fournier] lo garantizo) de ninguna acción ignominiosa". La joven pertenecía a una familia humilde de clase baja, con "antecedentes deplorables" aclara el médico, lo que constituía un innegable indicador de su codicia. Por el contrario, el hombre acusado, era rico, de clase alta y, por lo tanto, digno de toda confianza.[50]

Ante la realidad del hecho –la irritación y el flujo vaginales– Tardieu dudaba de que se produjeran espontáneamente y se los adjudicaba a contactos sexuales, mientras que Fournier afirmaba: "por mi parte he encontrado, a lo largo de mi experiencia, un gran número de inflamaciones vaginales que aparecían en las niñas de manera absolutamente espontánea, sin relación alguna con la violencia criminal ni con la posibilidad de un ataque sexual. Las he observado, por ejemplo, en niñas que no escapaban ni por un instante de la mirada vigilante de sus madres".[51] Es así que, a fines del siglo XIX, Fournier deja planteada una pregunta que repiten numerosas madres que concurren a servicios especializados en los umbrales del siglo XXI: "¿en qué momento pasaba si yo no la dejaba sola ni un minuto?" La dolorosa respuesta es que cuando la intención de abusar de los chicos existe, los más breves instantes son suficientes.

Paul Brouardel, decano para la misma época de la Facultad de Medicina de París y autor del ya mencionado "Los atentados a la moral", sostiene en el extenso capítulo dedicado a la simulación, que "las niñas acusan a sus padres de ataques imaginarios contra ellas o contra otros menores para obtener la libertad de entregarse a todo tipo de desenfreno". También explica estas "falsas acusaciones" como intentos de convertirse en centro de atención de los mayores. Compara sus relatos con la mitomanía, mentiras patológicas descritas por Dupré en 1905, ligados, por lo tanto, a "la degeneración mental". Atribuye a la histeria un rol fundamental en la construcción de las acusaciones falsas "ya sea por el tenor de las alucinaciones sexuales arraigadas en la gran neurosis [la histeria] o porque las histéricas no vacilan en inventar historias mendaces con el único objetivo de llamar la atención o de tornarse interesantes para los demás".

Brouardel justifica su estimación de que de cada cien quejas de abuso sexual, entre sesenta y ochenta eran infundadas, aduciendo que muchas habían sido inducidas por madres ignorantes y asustadas: "Puede suceder que los padres actúen de buena fe pero, en su ignorancia de la patología infantil, consideran que las simples inflamaciones de la vulva son el resultado de ataques sexuales delictivos contra sus hijas. La madre, presa de pánico ante estos hallazgos que supone son muy graves y significativos, presiona a la niña con sus preguntas y llega a un punto en el que le sugiere inconscientemente --valga la aclaración-- una descripción de hechos que servirá de base para las futuras acusaciones. Por cierto que uno de los elementos de la calumnia es la ignorancia de las madres, pero la extrema sugestibilidad de las niñas es el otro".

Finaliza el capítulo sobre simulación recomendando a los médicos legistas consultados por los juzgados que alerten a los jueces, "desde el principio, acerca de la peculiar psicología de las *víctimas** y de las personas que las rodean". Aclara que las víctimas son "mentirosas patológicas, histéricas que acusan [a los hombres de violarlas] o simplemente niñas perversas desde la infancia". Sin embargo, aún en los casos en que las acusaciones podían comprobarse, Brouardel sugería que estas mujeres estaban predispuestas de alguna manera y que se hacía necesario investigar, entonces, los antecedentes hereditarios y personales.[52]

Lo cuestionable de la postura de Brouardel es que --al igual que Fournier-- intentaba justificar la falsedad de la mayoría de las acusaciones de abuso sexual cuestionando la salud mental o la integridad moral de las víctimas, como si el hecho de que la joven padeciera una neurosis histérica o hubiera crecido en un medio promiscuo excluyeran por completo la posibilidad de haber sido abusadas sexualmente.

Además, ambos autores presentaban ejemplos dudosos acerca de la tergiversación del relato de los niños. Ya mencioné el caso de la niña de 8 años con flujo vaginal purulento presentado por Fournier, que lo invalida porque la nena acusaba a un hombre de haberla manoseado cuando, según la información que el médico logra sonsacar mediante diversos ofrecimientos, había sido la madre que le "había cepillado los genitales". Fournier no tiene en cuenta la influencia que pudo haber ejercido él ofreciéndole regalos a la víctima ni admite la posibilidad de que la niña hubiera sido abusada por ambos.

Jeffrey Masson cita otra presentación de Brouardel y Paul Garnier en donde comentan el caso de un "pequeño sátiro" que refería haber participado con adultos en terroríficas orgías. Los

---

* En itálicas en el original.

autores investigaron la historia y descubrieron que era un "invento" ya que los padres del niño le "habían suministrado escenas fabuladas a su caldeada imaginación". Lejos de considerar abusiva la actitud de los adultos, la calificaron de "curiosidad malsana" e incluyeron este caso como ejemplo de simulaciones.

Otro médico, el doctor Claude Etienne Bourdin, escribió un artículo sobre los niños mentirosos[53] que presentó en la Sociedad Médico–Psicológica en noviembre de 1882. Advierte que "los niños son susceptibles a la codicia, al odio, a la venganza, a la enemistad y especialmente, a los celos; dicho con toda crudeza, son susceptibles a todas las pasiones que preocupan al corazón adulto. Por lo tanto, se puede buscar la fuente de sus mentiras en este laberinto de pasiones". Considera que le corresponde a los educadores y, sobre todo, a los médicos "destruir el mito de la infalible sinceridad de los niños, tarea encomiable en todos sus aspectos". Concluye su artículo con "tristes palabras, ya que se hace necesario despojar a la infancia de la aureola de sinceridad con la que ha sido injustamente coronada. Para conocer el alma del niño seguí un viejo consejo: dije 'Habla y actúa'. El niño respondió. Escuché sus palabras y juzgué sus actos. De este doble examen terminé absolutamente convencido de que obtienen un gran placer en mentir y que saben cómo utilizar la mentira con habilidad para el interés de sus malvados instintos y sus desviadas pasiones". Afortunadamente, Bourdin reconoció que los niños eran capaces de experimentar las mismas pasiones que los adultos con lo cual, al menos debería admitir la posibilidad de que la habilidad para mentir y encubrir sus actos podría ser un arte que los niños aprendieran de sus mayores.

Recuerdo una película francesa[54] en la que una niña de 12 años se escapa de su casa. Cuando la encuentran, acusa a su padre ante la Justicia de haber abusado sexualmente de ella. En una conversación que mantiene el hombre, un exitoso empresario de intachable reputación, con la representante legal de la niña, sostiene que todo es una mentira de su hija y se asombra de que una persona de la educación de su interlocutora pudiera creer semejantes cosas. La abogada le responde que si ella tuviera que dudar de la veracidad de lo que le cuentan, la lógica le indicaría que debería dudar de la palabra de los adultos ya que han tenido más tiempo que un niño para aprender a mentir. Hubiera sido interesante conocer la opinión de Bourdin al respecto.

En 1887, el doctor Auguste Motet afirma en un artículo sobre "Los falsos testimonios de los niños ante los juzgados",[55] que las invenciones infantiles se parecen mucho a las mentiras de las histéricas. Este postulado ideológico será crucial en la obstaculización de las investigaciones sobre abuso sexual.

En 1903 se publica un artículo póstumo de Paul Garnier: "Las histéricas que acusan".[56] Este prestigioso médico, nacido en 1819 y fallecido en 1901, llegó a ser el director del hospital situado en la central de la policía. En su trabajo comenta el caso de una bella joven de 22 años, Camille, que acusa de incesto a su padre –"un hombre profundamente honorable"–. Garnier afirma que "la enormidad de la acusación la invalida" y que "resulta obvio que la tendencia incriminadora de la joven es primordial y fundamental". El autor ejemplifica la capacidad fabuladora de Camille con detalles de lo relatado ante una junta de profesionales reunida para estudiarla: "mi hermano es el amante de mi madre, desde que tenía diez o doce años", "mi hermana murió de desnutrición porque nadie se ocupaba de ella; durante dos años no se le permitió salir de la casa". Garnier considera que estos "secretos familiares revelados sin propósito, sin necesidad" constituían otro indicio más de neurosis histérica.

Nuevamente me pregunto qué opinaría un profesional del siglo pasado ante noticias como la que el matutino Clarín de Buenos Aires publica el 8 de julio de 1996. La titula: "Matrimonio detenido en Austria. Maltrataban a su hija adoptiva". La crónica revela que un hombre de 70 años, funcionario del Ministerio de Asuntos Sociales y su esposa, una maestra de 65, durante años trataron "como un animal salvaje a una de sus hijas adoptivas". Durante por lo menos diez años, la joven, que ya tenía 22, había dormido en una caja de madera semejante a un ataúd, cerrada con candados, vivía a la intemperie y le daban sobras para comer que debía lamer de un plato como el que usan los perros. La muchacha había sido adoptada cuando era un bebé. El matrimonio tenía otros hijos adoptivos. Los vecinos comentan que "él [el padre] era siempre amable con la joven por lo que no puedo creer que haya sido tan maltratada". A los 15 años la hija "había sido atendida en un hospital por las fracturas de varios huesos que no habían sido curadas en su momento, y por congelación, pues su cuerpo tenía una temperatura de sólo 29,6 grados". Otros vecinos "aseguran que la esposa era una mujer agradable y con gran corazón". Sin embargo, "los otros hijos adoptivos han declarado que tanto ellos como María *[la joven de 22 años]* recibían duros castigos y golpes con fustas y palos, o con cualquier cosa que la madre tuviera a mano, cada vez que cometían la mínima falta o querían socorrer a su hermana".

Uno llega a creer que frente a hechos de tamaña gravedad, los científicos se han defendido escudándose en opiniones consensuadas. Los autores que se ocuparon de la simulación y las mentiras de los niños parecen querer decir "Las atrocidades que los niños –¿o debería decir las niñas?– relatan no pueden estar ocurriendo. Jamás gente con características sociales y educativas semejantes a las nuestras será capaz de atacar a sus hijos. Por lo tanto, debemos inferir que las acusaciones provienen de criaturas con las facultades mentales alteradas". Aún así, tampoco se interesaron en investigar el origen de las supuestas alteraciones mentales de esos niños indudablemente bien criados.

CAPÍTULO 3

FREUD, LA HISTERIA
Y LA HISTORIA

Para comprender los alcances del debate desatado en torno de la realidad o la fantasía del relato de las víctimas, es necesario ubicar el contexto histórico en el que se desarrollaban los estudios psiquiátricos cuando este tema salta a la palestra.

Las investigaciones y los escritos no revestían el carácter desapasionado y neutral que podríamos esperar, quizás con cierta ingenuidad, de las explicaciones científicas. Más bien estaban teñidos por los prejuicios y la ideología de una época en la que muchas mujeres independientes, librepensadoras, inquietas o simplemente herederas de alguna fortuna interesante eran rotuladas como enfermas mentales –con cuestionables diagnósticos de insania moral– y encerradas durante años en instituciones psiquiátricas.

Jeffrey Masson, en otra de sus obras –"Juicio a la psicoterapia"–,[1] comenta: "De mis lecturas de los registros archivados de pacientes de Bellevue, queda claro que muchas de las mujeres fueron clasificadas como moralmente insanas sólo por el hecho de no ajustarse a lo que sus padres, la sociedad o la medicina esperaban de ellas. Está el caso de la Condesa Ilona E., quien estuvo en Bellevue[2] desde 1893 hasta 1899. Su madre explicó a los médicos que ella 'leía novelas de Zola, tenía un affaire amoroso con su tutor y desea ganarse la vida como profesora de piano'". Masson cita el informe de un especialista que había estudiado a la joven: "La paciente protesta contra el hecho de ser clasificada como enferma diciendo que 'en mi familia, uno no puede evitar ponerse neurótico'. Su defecto ético más acentuado es la total falta de amor por su madre. Otra indicación de su patología moral es su absoluta irreligiosidad y falta de fe en la autoridad... Queda claro de estas reflexiones, resultado de cinco meses de observación de la Condesa, que ella sufre un caso leve de 'insania moral'. En definitiva, no es recomendable permitirle ser independiente".

Ante estos diagnósticos, de nada valían las protestas de las enfermas; por el contrario, se constituían en indicadores que confirmaban el trastorno mental. Un médico llegó a decirle a una paciente internada en una institución psiquiátrica por familiares que codiciaban su herencia: "Su delirio es total, y lo más peligroso e incurable es que usted habla como una persona en plena posesión de su raciocinio".[3]

Los rótulos no sólo se aplicaban a las mujeres: muchos jóvenes talentosos y rebeldes recibían el mismo trato. Masson cita el caso de Herman Hesse, internado por su padre a los 15 años en el Asilo para Epilépticos y Débiles Mentales de Stetten.

La psiquiatría, por lo tanto, no estaba ajena a los prejuicios ni a las luchas de poder entre los distintos estamentos socioeconómicos y entre los géneros. A la luz del contexto histórico se nos hace comprensible, entonces, que en lo que respecta a la investigación sobre el abuso sexual de niños los avances hayan sido obstaculizados aun ante fuertes evidencias y que el estudio de esta realidad haya sido evitado durante tanto tiempo.

Conviene aclarar que la minuciosa indagación y las abundantes referencias bibliográficas de lo sucedido a fines del siglo XIX provienen de la obra de Jeffrey Masson, profesor de sánscrito y psicoanalista formado en Toronto, quien en 1981 dirigió los Archivos Sigmund Freud y los Derechos de Autor de Sigmund Freud. Masson se interesó por investigar los orígenes del psicoanálisis a partir de la relación entre Freud y el médico alemán Wilhelm Fliess. Por este motivo, fue autorizado a analizar la correspondencia personal entre ellos. Gracias a la colaboración de Anna Freud, también tuvo acceso a la biblioteca privada de Freud en su última residencia en Inglaterra, Maresfield Gardens.

En el manejo de estos materiales se enfrentó con ciertos hechos que llamaron poderosamente su atención: las deliberadas omisiones –aparecidas en versiones abreviadas– de la correspondencia Freud–Fliess. Estas omisiones, llevadas a cabo por la hija del psicoanalista, Anna Freud, se referían precisamente a casos clínicos donde se trataba el tema de la seducción sexual de niños. Al ser interrogada por Masson, Anna Freud reconoció que le había parecido apropiado, para evitar confundir al lector, prescindir de aquellos párrafos en los que su padre expresaba dudas y vacilaciones sobre una teoría –la de la veracidad de la seducción– que finalmente abandonaría. Sin embargo, en aquella polémica Masson enfatizó la importancia de este material argumentando que, más allá de las vicisitudes de la decisión final del fundador del psicoanálisis, estas dudas y vacilaciones dejaban entrever lo atrayente que le había resultado esta teoría a Freud a lo largo de toda su vida. Demostraban además lo difícil que había sido para él abandonar esta hipótesis ya que, aparentemente, nunca llegó a considerarla una ligera equivocación de sus primeras investigaciones.

Masson prosiguió sus estudios sobre el tema porque pensaba que la teoría de la seducción era una piedra basal del psicoanálisis. Pero cuando llegó a cuestionar, munido de vasta fundamentación y basándose en sus hallazgos, algunas premisas primordiales, el "establishment" psicoanalítico le dio la espalda y le impidió seguir dirigiendo los Archivos.[4]

Es interesante observar cómo la historia se repite ya que, salvando las diferencias, Freud también fue rechazado y apartado de la comunidad de colegas de su época por las mismas razones. Freud es el primer psiquiatra que escucha atentamente a sus pacientes mujeres, se entera que en el pasado de todas ellas se esconden terribles y violentos acontecimientos y, fundamentalmente, les cree.

Freud había vivido en París entre octubre de 1885 y febrero de 1886. A los veintinueve años, concluida su carrera médica, viajó a Francia para especializarse con el afamado neurólogo francés Jean Martin Charcot, que trabajaba con pacientes histéricas en el Hospital de Salpêtrière. Conocía las investigaciones de Brouardel porque asistió –según consta en la correspondencia con quien más tarde sería su esposa– a las autopsias que el legista realizaba en la morgue parisina. Por otro lado, poseía en su biblioteca personal las obras de los forenses franceses –ya mencionados en el capítulo 2– Tardieu, Bernard y Brouardel.

De esta manera se confirma que estaba enterado de sus hallazgos y que se interesó por informarse en profundidad acerca de sus investigaciones.

En abril de 1896, Freud dicta una conferencia ante la Sociedad de Psiquiatría y Neurología de Viena donde hace públicas sus conclusiones sobre las causas de la histeria. En esa presentación propone una explicación sobre las enfermedades mentales totalmente novedosa para su tiempo. Por un lado, respalda los hallazgos de su maestro Josef Breuer: los síntomas de la histeria derivan su determinismo de ciertas vivencias traumáticamente eficientes sufridas por el enfermo. Por otro, afirma que "la reconducción de un síntoma histérico a una escena traumática sólo conlleva una ganancia para nuestro entendimiento si esa escena satisface dos condiciones: que posea la pertinente *idoneidad determinadora* y que se reconozca la necesaria *fuerza traumática**".[5] La originalidad de su aporte reside en aceptar que episodios reales de seducción sexual acaecidos en la infancia de las pacientes –invariablemente provocados por adultos– constituían tales factores determinantes con fuerza traumática.

A pesar de lo brillante de su exposición no recibe ningún comentario de sus colegas. En el mismo trabajo, Freud había previsto esta reacción: "Yo puedo prever, por experiencias anteriores, que a esta tesis, o a su validez universal, señores, irá dirigida la contradicción de ustedes. Acaso debería decir mejor: su *inclinación*** a contradecir, pues ninguno de ustedes dispone todavía de indagaciones que, realizadas con el mismo procedimiento, hubieran arrojado diverso resultado. Sobre el asunto litigioso como tal, sólo señalaré que la singularización del factor sexual dentro de la etiología de la histeria en modo alguno proviene en mi caso de una opinión preconcebida. Los dos investigadores con quienes yo inicié como discípulo mis trabajos sobre la histeria, Charcot y Breuer", –aclara– "estaban lejos de una premisa así; más aún, le tenían una aversión personal de la que yo participaba al comienzo. Sólo las más laboriosas indagacio-

---

* En itálicas en el original.
** En itálicas en el original.

nes de detalle me han llevado –con mucha lentitud– a abrazar la opinión que hoy sustento."[6]

Las publicaciones médicas que reseñaban periódicamente los trabajos presentados por los profesionales de la época, sólo mencionan el título de la conferencia de Freud,[7] sin siquiera resumirla.

Cinco días después de la presentación, Freud le escribe a Fliess:[8] "La conferencia sobre la etiología de la histeria en la Sociedad Psiquiátrica tuvo un gélido recibimiento por parte de los asnos y de Kraft–Ebing[9] –recibió este extraño comentario–: 'Suena como un cuento de hadas científico'. Y esto después de haberles aportado la solución a un problema de más de mil años de antigüedad, una 'fuente del Nilo'". Esa carta concluye con un "Pueden irse todos al infierno", que diplomáticamente fue suprimido de todas las publicaciones.

Desoyendo los consejos para que no publicara su disertación, "La etiología de la histeria" aparece apenas algunas semanas más tarde, el 31 de mayo, en el "Wiener klinische Rundschau".

Es posible que, llevado por el gran entusiasmo que este descubrimiento le había despertado, Freud desafiara al saber oficial con ímpetus que hoy podrían considerarse juveniles. Y las represalias no tardaron en llegar. El 4 de mayo, aún antes de la publicación de su ensayo, le escribe a Fliess: "Estoy más solo de lo que te puedes imaginar: se corrió la voz para que me abandonaran y un vacío se está gestando a mi alrededor".[95]

Es conveniente en este punto remitirnos al texto freudiano para poder evaluar lo escandalosa que sonaba su propuesta para la comunidad médica de fines de siglo. La postura oficial en esa época, sostenida por prestigiosos científicos como Karl Abraham e Iwan Bloch –dermatólogo que tuvo una importante participación en la reforma de las leyes relativas a las perversiones sexuales, ya mencionado en otro capítulo–, reconocía que la seducción, por lo general, no ocurría pero, en caso de que sucediera, no tenía consecuencias severas para las víctimas y que los responsables de estos hechos eran los sirvientes. Por otro lado, estaba totalmente aceptado que los niños inventaban estas historias.

Fue en este contexto que Freud afirmó: "si tenemos la perseverancia de llegar con el análisis hasta la niñez temprana, hasta el máximo donde llegue la capacidad de recordar de un ser humano, en todos los casos moveremos a los enfermos a reproducir unas vivencias que por sus particularidades, así como por sus vínculos con los posteriores síntomas patológicos, deberán considerarse la etiología de la neurosis. Estas vivencias *infantiles** son a su vez de contenido *sexual*, pero de índole mucho más uniforme que las escenas de pubertad anteriormente halladas; en ellas ya no se trata del despertar del tema sexual por una impresión sensorial cualquiera, sino de unas experiencias sexuales en el cuerpo propio, de un *comercio sexual* (en sentido lato). Me concederán ustedes que la *sustantividad* de estas escenas no ha menester de ulterior fundamentación; agreguen todavía que en el detalle de ellas todas las veces pueden descubrir los factores *determinadores* que acaso echarían de menos en las otras escenas, ocurridas después y reproducidas antes.

"Formulo entonces esta tesis: en la base de todo caso de histeria se encuentran *una o varias vivencias* –reproducibles por el trabajo analítico, no obstante que el intervalo pueda alcanzar decenios– *de experiencia sexual prematura,*** y pertenecientes a la tempranísima niñez."[10]

Más adelante detalla esas experiencias sexuales de la infancia, "…consistentes en estimulaciones de los genitales, acciones semejantes al coito, etcétera, [en las] que deben reconocerse en último análisis aquellos traumas de los cuales arrancan tanto la reacción histérica frente a unas vivencias de la pubertad como el desarrollo de síntomas histéricos".[11]

Un simple ejercicio de nuestra imaginación nos permitirá conjeturar cómo habrá impactado esta tesis en un medio científico en el que destacados profesionales proponían todo lo contrario. Eduard von Hofmann –profesor de medicina legal en la Universidad de Viena entre 1875 y 1897– sostenía: "en el caso de la neurosis conocida como histeria (que se presenta bajo diversas formas) es bien sabido que con frecuencia se vincula con

---

  * En itálicas en el original.
 ** En itálicas en el original.

una tendencia patológica a mentir y a exagerar aunada a una incapacidad para relatar [un hecho] de manera confiable. Esto se revela en la parcialidad de las acusaciones sexuales".[12]

Freud, además, se ocupaba de aportar los detalles que apuntalaban la realidad de lo que sus pacientes relataban: "existe, además toda una serie de otras garantías sobre la realidad objetiva de las escenas sexuales infantiles. Primero, su uniformidad en ciertos detalles, resultado forzoso de ser recurrentes y homogéneas las premisas de esas vivencias, y en la otra hipótesis habría que creer que entre los diversos enfermos hay unos secretos convenios. Segundo, que en ocasiones los enfermos describen como inocentes unos procesos cuyo significado evidentemente no comprenden, pues de lo contrario por fuerza los espantarían; o bien tocan, sin atribuirles valor, detalles que sólo alguien experimentado en la vida conoce y sabe apreciar como sutiles rasgos de carácter de lo real–objetivo".[13]

De allí a suponer que Freud sugestionaba a sus pacientes para provocar la aparición de tales escenas hay un solo paso. Sin embargo, Freud también enfrentó este reclamo. "Yo nunca he conseguido imponer a un enfermo cierta escena que yo esperaba, de tal suerte que él pareciera revivirla con todas las sensaciones a ella correspondiente; puede que otros tengan más éxito en ello. (…)En primer lugar, el comportamiento de los enfermos mientras reproducen estas vivencias infantiles es en todos sus aspectos inconciliable con el supuesto de que las escenas serían algo diverso de una realidad que se siente penosa y se recuerda muy a disgusto. Antes de la aplicación del psicoanálisis, los enfermos nada saben de estas escenas; suelen indignarse si uno les anuncia el afloramiento de ellas, y sólo en virtud de la más intensa compulsión del tratamiento pueden ser movidos a embarcarse en su reproducción, padecen las más violentas sensaciones, que los avergüenzan y procuran ocultar, mientras evocan a la conciencia estas vivencias infantiles, y aun después que tornaron a recorrerlas de tan convincente modo, intentan denegarles creencia, insistiendo en que, respecto de ellas, no les sobrevino un sentimiento mnémico, como sí les ocurriera respecto de otras partes de lo olvidado."[14]

En apreciaciones que bien podrían corresponder a estudios

de nuestros días, afirma: "Paréceme cierto que nuestros niños están expuestos a ataques sexuales mucho más a menudo de lo que uno supondría por los escasos desvelos que ello causa a los padres. (…) En los dieciocho casos sin excepción (de histeria pura, y de histeria combinada con representaciones obsesivas, seis hombres y doce mujeres), tomé noticia, como ya he consignado, de tales vivencias sexuales de la infancia".[15]

Más adelante describe las características del vínculo abusivo y las consecuencias de esta distorsión en el desarrollo emocional de los niños: "… el adulto, que no puede sustraerse de participar en la recíproca dependencia que necesariamente surge de un vínculo sexual, pese a lo cual sigue armado de toda su autoridad y su derecho de reprimenda, y para la satisfacción desinhibida de sus caprichos permuta un papel por el otro; el niño, librado en su desvalimiento a esa voluntad arbitraria, despertado prematuramente a toda clase de sensibilidades y expuesto a todos los desengaños, a menudo interrumpido en el ejercicio de las operaciones sexuales a él impuestas por su imperfecto dominio sobre las necesidades naturales…"[16] Es en este punto donde se refiere a un tema con el cual el psicoanálisis ha quedado en deuda: "todas estas desproporciones grotescas, y al mismo tiempo trágicas, se imprimen sobre el futuro desarrollo del individuo y de su neurosis en un sinnúmero de efectos duraderos que merecerían el más exhaustivo estudio".

Cualquiera que leyera solamente estos textos de Freud no entendería qué sucedió para que actualmente tantos especialistas se apoyen en el psicoanálisis freudiano para invalidar los relatos de los niños tildándolos de fantasías infantiles características de los diferentes estadios evolutivos. Queda claro que en esta etapa, Freud no dudó de la veracidad de lo que escuchaba.

"¿Qué te han hecho pobre criatura?"[17]

Aunque las investigaciones de Masson demuestran que a Freud le llevó mucho tiempo abandonar por completo la teoría de la seducción, la historia oficial del psicoanálisis sostiene que el interés freudiano por la veracidad de la seducción finalizó bruscamente el 21 de setiembre de 1897, cuando le escribe a Fliess para confiarle "el gran secreto de algo que en los últimos meses está alumbrando gradualmente en mí. Ya no creo en mi *neurótica* [teoría de las neurosis]". Y procede a enumerar las razones de su descreimiento: en primer lugar, "la continua contrariedad de mis esfuerzos para poder concluir un análisis, la deserción de las personas que durante algún tiempo han estado fuertemente aferradas [al análisis], la ausencia de los éxitos completos que esperaba y la posibilidad de explicarme los éxitos parciales de otras maneras". Además "el reconocimiento de la frecuencia inusitada de la histeria con condiciones prevalecientes muy similares entre sí, que me hace suponer que seguramente la difusión de tales perversiones contra los niños no puede ser tan probable. (…) Y, en tercer lugar, el haberme dado cuenta con certeza de que no existen indicios de realidad en el inconsciente de manera tal que no se puede distinguir entre la verdad y la ficción catectizada con afectos.(…) En cuarto lugar, considero que, ni en la psicosis más profunda, la memoria inconciente puede abrirse paso, por lo cual ni en el delirio más confuso se devela el secreto de las experiencias infantiles".

Freud, en esa misma carta, sostiene que no considera estas dudas como indicadores de debilidad ya que no se siente "deprimido, confundido ni exhausto" sino que las interpreta como "resultado del trabajo intelectual honesto y enérgico y me enorgullezco de mi capacidad crítica después de haber profundizado tanto".

Las abundantes referencias citadas por Jeffrey Masson hacen pensar que la decisión de abandonar la veracidad de la seducción no fue terminante ni permanente sino que, por el contrario, durante varios años Freud siguió considerando creíbles los relatos de sus pacientes. Tomemos por ejemplo, la correspondencia con Fliess:

• el 3 de octubre de 1897 –días después de la supuesta pérdida de interés en la veracidad de los relatos de sus pacientes– envía otra carta en la que relata un recuerdo de seducción real en su infancia a manos de una niñera.

• el 12 de diciembre del mismo año –en una carta nunca publicada– comenta "mi confianza en la etiología paterna ha

crecido en gran manera. Eckstein trató a su paciente deliberadamente de modo tal de no darle ninguna pista acerca de lo
que podría surgir de su inconciente; y en el proceso obtuvo, entre otras cosas, escenas idénticas con el padre".

• el 22 de diciembre envía a Fliess la crónica de un caso
clínico en el que menciona una escena que su paciente refiere
haber presenciado a los tres años: un ataque sexual del padre
hacia la madre. Freud desmenuza los detalles que aporta la enferma y llega a la conclusión de que se trata de una escena real.
Dice "ella [la paciente] tiene razones para identificarse con esa
madre. El padre pertenece a la categoría de hombres que corta-
jea a la mujeres, para quien las heridas sangrantes constituyen
una necesidad erótica. Cuando ella tenía dos años la defloró
con brutalidad y la infectó con gonorrea, de tal manera que su
vida estuvo en peligro a consecuencia de la pérdida de sangre y
de la vaginitis". Después de analizar la manera deformada en
que aparece el recuerdo, sugiere la siguiente comparación
"¿Has visto alguna vez un periódico extranjero que atravesó la
censura rusa en la frontera? Hay palabras, frases enteras y ora-
ciones obliteradas con negro, de tal modo que el resto se torna
ininteligible. Esta censura rusa aparece en la psicosis y produce
los delirios aparentemente sin sentido". Concluye esa carta diciendo "Un nuevo lema [para el psicoanálisis]: ¿Qué te han hecho, pobre criatura?" y se despide "Pero ahora, punto final a mis
sucias historias".[18]

A esta altura debemos admitir que la amistad con el médico alemán Wilhelm Fliess –entre 1894 y 1900– tampoco consti-
tuyó un firme apoyo para sostener sus observaciones: los aspectos psicológicos de las neurosis no le importaban a Fliess sino
que su interés se limitaba a los trastornos físicos de causa orgánica. La influencia de las concepciones del médico alemán sobre el desarrollo de la sexualidad humana y los síntomas neu-
róticos, basadas fundamentalmente en la presencia de factores
genéticos, biológicos, se hace notar en la importancia que
Freud comienza a adjudicar a estos factores en la etiología de
las enfermedades nerviosas, desplazando en gran medida a las
escenas de seducción en la infancia.

Los primeros indicios del cambio de rumbo freudiano aparecen publicados en 1905, en una colaboración que escribe para el libro de un amigo –el psiquiatra alemán Leopold Löwenfeld– que trata de la "Vida sexual y neurosis". En el capítulo titulado "Mis consideraciones acerca del papel que desempeña la sexualidad en la etiología de la neurosis", explica: "Para esa época mi material era aún escaso y, por casualidad, incluía una cantidad desproporcionadamente grande de casos en los que la seducción sexual por parte de un adulto o de otro niño jugaba un papel preponderante en la historia infantil del paciente. Fue así que sobreestimé la frecuencia de tales episodios (aunque en otros aspectos no dudo de ellos). Además, en esos tiempos no era capaz de distinguir con certeza entre las falsificaciones que las histéricas aportaban en sus recuerdos infantiles y las huellas de sucesos reales."[19]

Freud plantea sus nuevos puntos de vista en "Tres ensayos sobre una teoría sexual" aparecidos en 1905 en los que queda plasmada la diferencia con lo que sostenía en 1896. En la primera etapa, las experiencias de la pubertad resultaban nocivas porque repetían o derivaban de recuerdos inconscientes de episodios traumáticos de la niñez. Estas experiencias adolescentes se reprimían inconscientemente o se suprimían conscientemente porque remitían a otras más tempranas y mucho más dolorosas. Por el contrario, en 1905 afirma que los sucesos traumáticos de la infancia constituyen una defensa para evitar vivenciar plenamente los sucesos de la adolescencia. La adolescente neurótica elude reconocer sus propios deseos sexuales y los encubre "inventando" relatos sobre seducciones sexuales en la infancia. Freud atribuye este mecanismo a la "disposición constitucional", a la "excesiva intensidad de la pulsión sexual" y al "vigor innato de la tendencia a la perversión".

Si se tratara de una obra literaria, llamaría la atención el cambio operado en el punto de vista: en 1896 se nos mostraba la escena desde la mirada de las víctimas, en estrecho contacto con sus sentimientos; en 1905, los mismos hechos son observados por ojos de adultos incrédulos, deseosos de acallar o justificar lo que los niños relatan. Es así que la poca verdad tolerada en los relatos se considera causada por "un exceso de amor pa-

rental [que] es perjudicial ya que produce una precoz maduración sexual y porque, al mal acostumbrar al niño, lo vuelve incapaz en su vida futura para vivir temporariamente sin amor o para conformarse con proporciones menores de afecto. Uno de
los más claros indicadores de que un niño se convertirá en un
neurótico es observarlo en insaciables demandas de afecto parental. Por otro lado, los progenitores neuropáticos, inclinados
por regla general a demostrar excesivo cariño, son aquellos cuyas caricias provocarán, casi con seguridad, el surgimiento de la
disposición infantil a contraer la enfermedad neurótica".[20]

De la profusa documentación que presenta Masson, se puede inferir que la renuncia freudiana a la realidad de la teoría de
la seducción se produjo después de un proceso largo y doloroso, en el que intentó compatibilizar sus hallazgos con las presiones que recibía de la comunidad científica de su tiempo. Resulta evidente que la versión de que Freud abandonó total y defini-
tivamente sus hipótesis en 1897, fue construida por sus seguido-
res, quienes postulan que sostener la realidad de la seducción
hubiera frenado el avance de la teoría psicoanalítica.[21]

Anna Freud le escribe a Masson el 10 de setiembre de 1981:
"Sostener la teoría de la seducción hubiera significado abandonar el complejo de Edipo, y con él toda la importancia de las
fantasías conscientes o inconscientes. De hecho creo que posteriormente no hubiera existido el psicoanálisis".

El trabajo de Masson también permite seguir los malabaris-
mos intelectuales que necesitó hacer Freud para arrimar dos po-
siciones tan opuestas: la realidad del mundo externo versus las
fantasías del mundo interno. Ejercicios intelectuales que aco-
metió presionado por su interés y su objetividad científicas que
resultaban absolutamente incompatibles con lo que el orden establecido estaba dispuesto a tolerar. Por un lado, estaban sus observaciones, lo que escuchaba de sus pacientes; por el otro una
sociedad poco dispuesta a admitir la magnitud del doble discurso moral que se imponía. No era solamente la comunidad científica la que reclamaba explicaciones. Es posible que Freud estuviera dispuesto a desafiar los conocimientos consensuados de su
tiempo –como se puede inferir de sus comentarios frente al "gélido recibimiento" de sus hipótesis en 1896– pero seguramente

que tanto el aislamiento al que se lo condenaba como la presión del factor económico pesaron en la decisión de desdecirse.[22]

Lo que muchos psicoanalistas ignoran es que desembarazarse con tanta celeridad de la dimensión real de los relatos de los pacientes no sólo dificulta las investigaciones sobre estos hechos traumáticos sino que, además, crea un sistema de explicaciones poco consistentes debido a la circularidad, que se utilizó en aquel momento y se sigue utilizando, para invalidar los alegatos de los niños. La cualidad circular de estas explicaciones se advierte cuando lo relatado por los pacientes, con frecuencia las víctimas, es siempre adjudicado a sus propios deseos incestuosos –en los casos de episodios de acercamientos sexuales– o a su propia impulsividad y hostilidad hacia los padres –en las manifestaciones de malos tratos o agresiones de otra índole.

¿Discusión bizantina?

Dilucidar la cuestión del momento en que Freud abandonó la realidad de las escenas de seducción infantiles puede parecer una disquisición para entendidos o un buen tema para investigadores de la historia del psicoanálisis ya que, a simple vista, no tendría mayor relevancia en la temática del abuso sexual de niños. Sin embargo, se trata de una cuestión central para las personas que han sido victimizadas y para aquellos que las escuchan. Muy diferente hubiera sido el desenlace de casos de abuso sexual de aceptarse que, aun Freud, durante mucho tiempo no estuvo totalmente convencido de haber actuado correctamente al abandonar la teoría de la seducción. Quizá muchos relatos de abusos sexuales en la infancia no se desecharían escudándose en las fantasías infantiles y en la capacidad de fabulación de las histéricas.

Vale la pena comentar la historia de Roxana, una adolescente de 15, hija menor de un matrimonio de clase media. Su madre denuncia ante un Juzgado de Menores que desde hace unos meses, su hija es víctima de inadecuado comportamiento sexual por parte de su padre. La mujer se entera de la situación cuando Roxana le pide que no la deje sola con el padre porque éste la manosea. Frente a las autoridades judiciales la joven se muestra renuente a relatar los detalles de lo sucedido y manifiesta que no quiere que le pase nada a su papá pero que ella preferiría no convivir con él, aunque no se opone a visitarlo. A pedido del juzgado se realizan estudios psicológicos a ambos padres y a Roxana a través del cuerpo médico forense.

El informe psicológico de Roxana dice: "Aunque la joven prestó suficiente colaboración para efectuar el estudio, lo hizo con esfuerzo mostrándose apática, desinteresada, abúlica y ansiosa. (…) No habló espontáneamente sobre su vida sino que fue necesario preguntarle, respondiendo rápidamente con frases cortas. En relación a los hechos que dieron lugar a las presentes actuaciones, sólo dijo: 'papá abusó de mí', no deseando agregar nada más porque 'ya me lo preguntaron en el juzgado'. (…) En el Psicodiagnóstico de Rorscharch se ponen de manifiesto elementos traumáticos asociados con la sexualidad con vivencias de desagrado y rechazo frente a la misma. En el Test de Frases Incompletas escribe que nunca tendría relaciones sexuales; en el mismo agrega que lo peor que ha hecho es contar lo que le pasa, refiriéndose a la situación actual con sentimientos de culpa al respecto". La síntesis de la pericia es la siguiente: "…posee una problemática familiar que la angustia y la deprime [*se refiere a la violencia de la pareja de padres entre sí y a un mal vínculo entre Roxana y su madre*] y le impide interesarse por lo que la rodea. Necesita protección y apoyo que ni sus padres ni sus hermanos parecen poder brindarle. En relación a las vivencias traumáticas con la sexualidad que se observan en el material, no puede afirmarse ni negarse su exclusiva relación con los hechos que se investigan, dado que en la etapa adolescente pueden también observarse problemáticas similares respecto de la sexualidad". Recomienda a su vez tratamiento psicológico para la joven ya que además tenía serias dificultades en la escolaridad e intentos de suicidio desde los 10 años.

Después del sobreseimiento del padre por falta de pruebas, Roxana es derivada para tratamiento a un centro especializado en maltrato infantil. En las primeras entrevistas individuales comenta que el padre acostumbraba a maltratar físicamente a todos los integrantes de la familia aunque con ella era más indulgente. En la cuarta sesión accede a relatar qué le sucedía con el padre. "La primera vez yo estaba mirando la tele en la cama de él. Mi mamá dormía la siesta en otra habitación. El se acostó a leer el diario. Se dio vuelta. Se empezó a apoyar en mí, yo lo sentía en la parte de atrás. Se movía. Yo me levanté y me fui. Pensé que yo había entendido mal. (…) Otra vez, yo estaba en el comedor mirando la tele. Se puso arriba mío, a caballito y me empezó a tocar. Me abrió la camisa y metió la mano. (…) Yo estaba en la habitación y me abrazó. Me tocó la espalda. Me bajó la mano y quería que yo se la toque *[se refiere al pene]*. Me negué y él me agarró la mano. Yo me fui."

Si bien estos relatos son suficientemente elocuentes de lo que pasó, su padre siguió viviendo con ella, acusando a la madre de enferma mental y obstaculizando la psicoterapia hasta que Roxana terminó abandonando el tratamiento. El juzgado afirma que no puede obligar a la adolescente a continuarlo. Al día de hoy uno se pregunta qué será de la vida de Roxana.

Al rechazar la teoría de la seducción, Freud abre una exclusa –¿o una excusa?– que permite a los profesionales intervinientes evitar el contacto con los intensos sentimientos que genera creer la veracidad del abuso. ¿Qué nos mueve a observar los hechos desde el punto de vista del niño o desde le punto de vista del abusador? Sostener que los deseos incestuosos nunca concretados de los mismos pacientes, las fantasías principalmente edípicas, son responsables del carácter traumático que revisten las escenas relatadas, impide considerar los aspectos ideológicos de la toma de posición. Resulta interesante observar cómo cuestiones ligadas a creencias y prejuicios, a valores que se suponen inmutables e inherentes al ser humano (lo femenino, la maternidad, lo masculino, la paternidad, la etapa edípica, la adolescencia, etcétera) opacan la capacidad de intervención de profesionales experimentados que se manejan con gran pericia en otras situaciones de crisis.

Los marcos teóricos rígidos constituyen un impedimento para sortear las barreras ideológicas y observar de la manera más despojada posible un hecho --el abuso sexual– que resulta traumático aún para el psiquismo del observador. Un ejemplo de este tipo de dificultad es la intervención de un psicoterapeuta de guardia de un hospital de niños de Buenos Aires[23] que vale la pena citar porque lejos de ser un caso aislado, coincide con lo que habitualmente sucede o se piensa ante este tipo de problemas.

Un niño de cuatro años –Adrián– concurre acompañado por su madre a la guardia del hospital. Es atendido por una pediatra que interconsulta con un cirujano y con el terapeuta. El motivo de la consulta es que el nene había sido atacado sexualmente ("violado" decían los consultantes) por un vecino. El trabajo citado no aclara la edad del perpetrador ni cuánto tiempo hacía que había sucedido el hecho, aunque da a entender que habían transcurrido unos pocos días.

El terapeuta, en la entrevista individual con Adrián, le pregunta por qué vino al hospital. Adrián le responde "porque a mí me violó un chico". Cuando se le pregunta qué es violar, contesta: "Matar" y relata el episodio: "Me dijo: '¿Querés ganarte unas moneditas?' Y ahí me dijo malas palabras. Me dio un juguito. Después me dijo: 'Andá a tu casa'. Se llama Tato".

Cuando en la entrevista individual con la madre el mismo terapeuta, tras ver al niño, le pregunta por qué viene, ella responde: "Vine porque el 22 sufrió una violación. Al individuo éste lo tuvieron veinticuatro horas porque dicen que no fue una violación, que fue intento de violación y no lo pueden detener. Tengo siempre presente esto. No me olvido y me acuerdo. (…) La abogada dijo: '¿Tiene que estar destrozado para encarcelarlo?' Estaba haciendo caquita y me dijo: 'Mamita, despacito que me duele'. El juez dijo: '¡Urgente a revisación antes que cicatrice!' Él [el abusador] pasa lo más pancho, burlándose. Yo lo veo enchastrado de semen. [El abusador] Es una bestia inmensa. Si lo agarra [a Adrián] lo revienta. A lo mejor metió un poquito…[el pene]. (…) Me decía [Adrián]: 'Mami, no llores'. Hablo con usted y lo tengo presente. Tenía el calzoncillo con semen. En la policía decían si no sería agua. Les dije: 'Tengo ocho criaturas, sé lo que es semen y lo que es agua. Huela esto', le dije al policía. 'Yo no tengo por qué oler', me dijo. El calzoncillo iba para pericia. El médico forense me dijo que no había rastro de semen. Pero, ¡si estaba la criatura empapada!

"Fue el 22. Yo estaba lavando. A las tres y media me dijo

[Adrián]: 'Mami, quiero comprar un chicle'. Lo mandé al almacén, que es la quinta casa, con una moneda. Vino el nenito y me dijo: 'Tato me hizo hacer pis'. (Es el hijo del dueño del almacén.) 'Me bajó el pantalón y me hizo hacer pis.' Yo no estaba conforme. Mi marido lo llevó al hospital de San Miguel. Le dijeron que penetrado no fue.

"Yo le pregunto: 'Papi, ¿te dolió?'

"Intervengo *[el terapeuta]*: ¿Por qué le hizo esa pregunta?

"Me responde: Es que quiero saber. Y continúa. ¿Papá te limpió la colita? Se me hacía que tenía sangre.

"Yo estoy parada, estoy viva por las dos criaturas más chiquitas. Mi mamá le preguntó: '¿Te llevó a la cama?'

"No puedo estar con mi marido porque lo estoy viendo al desgraciado ése con la criatura. El que estuvo ahí fue él *[Adrián]* pero me destruyó la vida ese desgraciado.

"Intervengo *[el terapeuta]*: ¿Fue a usted a quien violaron?

"No. ¿Por qué me lo pregunta? Voy a volver a ir a Luján. Había ido hace poco. La Virgen lo protegió. Si no, no sé qué hubiera pasado. Sé que voy a llorar mucho. Yo esto no lo voy a poder olvidar nunca. Nada me lo va a sacar de la cabeza."

El autor prosigue: "Era el mediodía. La entrevista con la mamá había durado dos horas aproximadamente. Adrián interrumpía con frecuencia y decía tener hambre. Mientras tanto, yo sabía que con esta mamá mi tarea había sido infructuosa en tanto no había podido hacerla hablar de esas otras escenas sin que siguiera involucrando al niño y me preguntaba qué podía hacer para pararla.

"Decidí citarlos a primera hora de la tarde y evaluar nuevamente la situación.

"Al reencontrarnos, la madre insistía con la presencia imborrable de aquellas imágenes. Efectivamente, nada se había modificado en ella.

"Agregaba: Es que yo quiero saber cómo fue. En este momento ya no me acuerdo qué me dijo el cirujano *[el del hospital]* que lo revisó. Lo revisó bien, no como el de la policía. Me dijo que no había... Es que quizás por afuera no se ve nada, pero adentro sí. Me dijeron que hay un aparato que le meten y pueden ver. ¿Acá tienen ese aparato?

"Intervengo [el terapeuta]: Pero, señora, ¿usted qué mierda está buscando?

"…Sí, no sé qué quiero…." Se queda en silencio.

"Adrián volvía a interrumpir: 'Mamá ¿cuando nos vamos?'

"Los cito otro día para seguir atendiéndolos por consultorio externo de Psicopatología. No concurren."

Uno se pregunta qué hubiera pasado si esta madre y su hijo hubieran sido atendidos por un profesional a quien el abuso sexual de un niño no le despertara tantas resistencias. En la descripción de la entrevista con la madre, aparecen numerosos indicadores del síndrome de stress post-traumático –cuadro que la mayoría de los psicoterapeutas conocen y con el que supuestamente están más familiarizados quienes trabajan en guardias hospitalarias– que el profesional no abordó. Resulta llamativa la polémica en la que se enfrasca con la madre en un intento de que se haga responsable… ¿de qué? ¿De la angustia y la desesperación que la invaden cuando piensa en lo que le sucedió a su hijo? ¿De la indiferencia de las instituciones frente a este tipo de hechos? ¿De hacer todo lo posible para que el verdadero responsable responda ante la Justicia? ¿De haberlo llevado a un hospital de niños para recibir atención especializada? ¿O quizás haya sido responsable de haberlo mandado al almacén? Afortunadamente la salud mental –y el sentido común– del niño y de su madre se impusieron: Adrián se quería ir; la madre no volvió al hospital.

En los comentarios que el autor hace acerca de su intervención nuevamente se demuestra cómo, muchas veces, ciertos sistemas de creencias se ocultan detrás de lo que se supone es una teoría científica o una técnica terapéutica.

"La intervención consistió básicamente en escuchar a los pacientes. Pero Adrián y su mamá hablaban de modos diferentes.

"Mientras que Adrián hablaba frente a otro que lo escuchaba, también él se escuchaba y esto le producía alivio a su padecimiento.

"Su madre, en cambio, no registraba a nadie y su hablar se asemejaba más al vómito que al discurso. Imposibilitada de escucharse, hablaba todo el tiempo de su goce y semejante nivel de goce era difícil de parar.

"Fue necesaria una intervención diferente para frenar ese fluir incesante de fantasías intensamente martirizantes que abarcaban todos los aspectos de la vida de la madre. Pero, sobre todo, se imponía una intervención que apuntara a parar la intrusión de esta madre en el cuerpo de su hijo. La intervención no fue ingenua [*"Pero, señora, ¿usted qué mierda está buscando?"*], hacía alusión a lo anal y a los contenidos intestinales como objetos de goce efectivamente buscados por ella, como así también a la intromisión amparada en una supuesta búsqueda de la verdad.

"La intervención fue adecuada pero insuficiente. El no haber vuelto confirmaría que esta madre no quería ser parada, sólo pretendía llevar este hecho por los hospitales e instituciones."

Otra vez la inquietante pregunta: ¿ciencia o ideología?

El autor concluye su artículo: "La atención en la guardia plantea la difícil tarea de trabajar con aquello que queda fuera de lo simbólico.

"En este caso nos encontramos con un niño que ha vivido un hecho violento al que se suma un exceso de violencia por parte de su madre. De tal modo que cabe la pregunta: ¿cuál es la verdadera violación? ¿La que vivió con el vecino o la que le ocasionó la madre con su discurso y el padre con su ausencia?

"El estar de guardia requiere la atención necesaria para evitar que los sucesos reales invadan nuestra posibilidad de escuchar la subjetividad y que la pantalla que constituye el hecho real no obstaculice el despliegue de lo previo, de lo subyacente. En la superficie un hecho traumático, por debajo un encuentro de historias o subjetividades múltiples que pueden propiciar o no hechos traumáticos.

"Estar de guardia fue entonces, con esta madre, '*estar en guardia*',* intentando evitar que se perpetúe una violación sobre otra violación."

Pareciera estar todo dicho: "Silencio, hospital".

* Resaltado por el autor.

103

CAPÍTULO 4

LA REALIDAD Y SUS MÁSCARAS:
PERFIL DEL ABUSADOR

El hombre se acomoda con parsimonia en la silla. Me mira en silencio durante interminables minutos. El clima se torna intolerablemente tenso. Él se decide a hablar. Se le llenan los ojos de lágrimas y pide: "Doctora, tráteme pero no me acuse".

Néstor llevaba varios meses de psicoterapia individual. Había sido derivado por el Juzgado Civil y la Asesoría de Menores que intervenían en un juicio de divorcio de curso rutinario hasta que el único hijo del matrimonio, de 7 años, relató episodios de manoseos durante las salidas con el padre. Éste los justificó argumentando que su intención había sido higienizar al niño correctamente. El juzgado, después de validar el relato del menor, interrumpe el régimen de visitas y recomienda el tratamiento psicológico de Néstor.

Comunicarse con él resultaba muy difícil. Las sesiones parecían un campo de batalla: el silencio y la ironía cruel y despectiva eran sus armas; las mías, sólo la confrontación con el relato de Diego, su hijo. Néstor, siempre a la defensiva, como si estuviera declarando en una comisaría, se cuidaba mucho de admitir los contactos sexuales inadecuados.

Trasgresor a su manera, aquel pedido que Néstor formuló en la sesión, dejaba al desnudo una de las dificultades más comunes para entender el fenómeno del abuso infantil en general y de la dinámica del perpetrador en particular: la disociación, mecanismo por el cual facetas diferentes, aun contradictorias, de personalidad, pueden coexistir y ser desplegadas por una misma persona con la única condición de que esos aspectos incompatibles no contacten entre sí. Cuando la disociación es exitosa, la consecuencia inexorable es la fragmentación de la personalidad. A partir de ahí, todos los recursos se ponen en marcha para sostener esta situación que evita el dolor –o la sensación de aniquilamiento– que surgiría si el individuo tuviera que aceptar que, detrás de su fachada pacífica y colaboradora, subyacen profundos impulsos destructivos y asesinos de la subjetividad ajena.

Cuando Néstor y los otros hombres que tienen el mismo problema que él salen a la calle y comparten nuestra vida diaria, nada los diferencia del resto de las personas. Muchos están aceptablemente integrados a la comunidad, tienen sus familias, un trabajo, hacen deportes, miran la televisión, van al cine. Pueden estar sentados al lado nuestro en un viaje en colectivo, en la mesa de al lado en un café o haber animado esa reunión social en la que tanto nos divertimos. Pueden, también, ser profesionales y dirigir grupos de personas e incluso desempeñar actividades en las que tienen niños a su cargo.

Estas características, junto con la consternación que sentimos con sólo pensar en acercamientos sexuales de un adulto hacia un niño, hacen que muchas veces nos resulte increíble o inaceptable el relato de la víctima. Con frecuencia se escucha de boca del profesional involucrado en un caso de abuso: "El padre no puede ser. Acompañó a la esposa a la consulta y era el más interesado en que se descubriera la verdad". O a algún familiar: "No voy a permitir que se calumnie a este hombre. El es un excelente docente" (o abogado, médico, ingeniero, contador, etcétera).

Ninguna de estas circunstancias, de manera aislada, impide que una persona tienda a abusar de chicos. Por lo cual una sospecha de abuso no se invalida por la ocupación, la posición socioeconómica, el nivel educativo ni por el ascendiente social que detente el adulto.

Sin embargo, esta realidad inquietante –la atracción sexual que un adulto puede sentir por un niño, sumada a las similitudes que solemos compartir con los abusadores– puede facilitar en la comunidad la aparición de mecanismos defensivos, que ayudan a tolerar los sentimientos negativos que estos hechos producen. Es así que resulta más tentador para el imaginario popular pensar que sólo abusan sexualmente de los niños los "viejos verdes", los desconocidos, las personas con retardos mentales, los alcohólicos y/o los drogadictos, los individuos que padecen frustraciones sexuales, los alienados o la gente abiertamente violenta.[1]

Muchas veces, la identificación con los aspectos no ocultos del adulto perpetrador puede llevarnos por un lado a minimizar, racionalizar e incluso a negar los contactos abusivos y, por el otro, a compadecernos por el sufrimiento –que también nosotros sentiríamos– ante las medidas destinadas a proteger a los niños: la exclusión del abusador de su hogar, su pérdida de contacto con la familia, la separación conyugal, los procedimientos legales.

Lo que inquieta del abuso sexual de niños es la forma en que esta realidad repercute en nuestro universo de certidumbres cotidianas; sería más tranquilizador encontrar evidencias exteriores de monstruosidad en sus autores. Deberían ser francamente diferentes a nosotros. Y si no lo son, deberíamos deshacernos rápidamente de ellos. Es así que solemos escuchar un amplio espectro de sugerencias, desde las más drásticas ("hay que matarlos a todos") hasta las más moderadas ("que se pudran en la cárcel", aunque sin tratamiento, por supuesto). No faltan las propuestas quirúrgicas para las cuales se reclama la contratación de Lorena Bobbit.*

Dejando la ironía de lado, lo cierto es que raramente estamos dispuestos a investigar por qué ciertas personas de apariencia normal cometen este tipo de acciones. Hacerlo implicaría aceptar la complejidad de los factores que intervienen. Sin menoscabar la responsabilidad del perpetrador, esta complejidad hace que, en cierto punto, se confundan victimarios y víctimas.

A pesar de que las estadísticas sobre los antecedentes de abuso sexual en las infancias de los perpetradores no son coincidentes, los porcentajes no son para nada desdeñables: oscilan entre el 22% y el 82%,[2] cifras que exceden ampliamente la frecuencia esperable en la población general.

---

* Lorena Bobbit se hizo conocida por la opinión pública mundial a raíz de haberle cortado el pene a su marido después de que él la forzara a mantener relaciones sexuales. El hombre, además, era un golpeador crónico.

En los comienzos, las poblaciones de abusadores sexuales descritas provenían de las cárceles. Es así que, por ejemplo, en un sondeo de 1965 entre los hombres encarcelados por abusar de niñas se encontró que el 34% había sido victimizado en la infancia, 9,6% por mujeres y 24,4% por varones; entre los que habían abusado de varones la victimización previa ascendía al 39,8%, 7,7% por parte de mujeres y 32,1% por varones.[3] Un estudio de 1984, con una población similar, señaló un 29,8% de antecedentes de abuso sexual entre los abusadores de niñas –15,8% por mujeres y 14% por hombres– y un 40,6% entre los abusadores de varones –6% por mujeres y 34,6% por varones.[4] Encuestas menos pormenorizadas describen una incidencia del 46% en paidofílicos fijados[5] y del 59% en abusadores encarcelados.[6]

Se suele criticar que este tipo de trabajos llevados a cabo entre población carcelaria no refleja las características de la totalidad de los abusadores. Sin embargo, otras investigaciones centradas en las víctimas de abuso sexual en la infancia afirman que tienen entre cinco[7] y diez[8] veces más probabilidades de victimizar a un niño que una persona que no vivió tal experiencia.

Resulta interesante citar los hallazgos de otro informe en el que se rastrearon los antecedentes de 196 hombres abusadores que cumplían funciones paternas como: a) padres biológicos convivientes; b) padres biológicos no convivientes y c) padrastros o compañeros de las madres.[9] En aproximadamente la cuarta parte del total de casos de los tres grupos, no existían antecedentes de abuso sexual en los hombres ni en las madres y, entre el 10 y el 15%, también de los tres grupos, admitía antecedentes en ambos progenitores. En los casos en que el perpetrador era el padre biológico conviviente, los antecedentes de abuso de los padres o de las madres eran bastante parejos. Cuando los responsables eran los padrastros, los antecedentes de victimización eran predominantemente maternos: 70%; pero, cuando los victimarios eran los padres no convivientes, un 68% de ellos presentaba historia de traumatización sexual.

También hay trabajos que tienen en cuenta la asociación de antecedentes de abuso sexual con otras formas de maltrato infantil padecidas por los perpetradores. Uno de estos trabajos realizado en EE.UU. y publicado en 1990, correlaciona ambos tipos de maltrato en la infancia con la gravedad de la victimización y el empleo de la violencia.[10] De un total de 383 abusadores (de los cuales 97,9% eran varones), el 53,5% había sufrido abuso sexual y el 52% maltrato físico. Sin embargo, surgían diferencias entre abusadores institucionalizados en cárceles o clínicas psiquiátricas, por considerárselos peligrosos para la sociedad y aquellos en tratamientos ambulatorios menos violentos. Las cifran mostraban que entre los abusadores institucionalizados, del 61% al 65,1% había sufrido abuso y, del 61% al 66,7%, maltrato físico, mientras que los ambulatorios entre el 48,7% y el 50%, había padecido abuso y, entre el 41% y 48,3%, maltrato físico.

En mi experiencia personal, todos los abusadores sexuales que traté revelaron episodios de traumatización sexual en la infancia por parte de hombres y/o mujeres. En este sentido, pienso que la presencia de porcentajes menores en la bibliografía internacional podría deberse a que los datos se recaban en las primeras entrevistas –muchas veces en entrevistas de admisión y mediante cuestionarios auto–administrados–, mientras que la mayoría de los relatos de episodios abusivos en la infancia a los que me refiero, fueron surgiendo bastante tiempo después de comenzados los tratamientos psicológicos.

Asimismo es importante destacar que como no hay información adecuada acerca de la cantidad de niños victimizados sexualmente que se transforman en adultos no abusadores, cabe la posibilidad de que nos estemos ocupando de sólo una pequeña parte del total, sin tener en cuenta a la mayoría que no victimiza niños.

¿Quiénes son?

En la mayor parte de los casos –del 90% al 95%– los abusadores son varones. Aunque debemos admitir que ignoramos la verdadera magnitud del abuso perpetrado por mujeres, difícil de develar para las víctimas y subregistrado por las estadísticas.

Habitualmente, cuando no queda más remedio que aceptar la incontestable veracidad de ciertas crónicas sobre el abuso sexual de niños, tendemos a pensar que son hechos cometidos por degenerados, que se aprovechan de la ingenuidad infantil. Por lo tanto, solemos aconsejar a nuestros hijos que desconfíen de los extraños, que no hablen con quien no conocen, que no acepten regalos, golosinas ni dinero de nadie. Lamentablemente, la realidad es otra y –al igual que los adultos– nuestros chicos no están advertidos. "El enemigo está en casa" fue el título de una investigación sobre abuso sexual y maltrato infantil realizada por el noticiero de un canal de televisión porteño en mayo de 1994. Título absolutamente veraz y descriptivo de lo que ocurre con este problema.

Contra lo que quisiéramos creer, otra vez más nos toman por sorpresa las estadísticas internacionales que señalan a los padres biológicos como los principales responsables de los abusos. Estaríamos tentados a argumentar que eso corresponde a otras culturas, otras idiosincracias, otros estilos de crianza. Recurramos al estudio llevado a cabo en Buenos Aires entre 1989 y 1992 sobre 138 casos.[11] Los datos son incuestionables: el 42,5% de los abusadores son los padres biológicos. En segundo lugar aparecen los familiares cercanos –incluyendo tíos, abuelos, hermanos, primos, etcétera– que representan el 23,7%. El tercer lugar corresponde a los conocidos no familiares, con el 17,5%. Sólo en el último lugar entre los perpetradores identificados están quienes la opinión general supone son los abusadores más frecuentes: los padrastros, responsables de estos hechos en el 13,8% de los casos.

Paul Mones afirma que "sin tener en cuenta la edad, es seis veces más probable que una mujer sea atacada física o sexualmente por un varón de su propia familia o un amigo, que por un desconocido".[12]

Un especialista en el tratamiento de ofensores sexuales, con más de treinta años de experiencia –William E. Prendergast–, comenta: "La mayoría de los abusadores que conocí tanto en mi práctica privada como en mi experiencia institucional eran personas agradables: educados, caballeros, cooperadores, de buen comportamiento y muy trabajadores. Hacen todo lo posible para agradar y ser aceptados. Es bastante común que hagan del terapeuta el progenitor positivo que nunca tuvieron e intenten establecer una relación personal entre ellos y su terapeuta".[13]

Un poco de historia

Como ya se mencionó, las primeras descripciones de las características de personalidad de los abusadores sexuales se basaron en estudios llevados a cabo en cárceles de varones. Y fueron precisamente estos estudios los que dieron pie a la clasificación que estuvo vigente durante más de una década y media.

Teniendo en cuenta las *inclinaciones sexuales* de los abusadores, se los clasificó en dos grupos. Por un lado, los abusadores *extrafamiliares* o *paidofílicos* cuyos impulsos, intereses y fantasías sexuales están centrados en prepúberes (por lo general menores de 13 años). A los individuos sólo atraídos sexualmente por niños, se los consideró *paidofílicos exclusivos,* mientras que los que también se sentían atraídos por adultos constituían el subgrupo de los *paidofílicos no exclusivos.* Cabe aclarar que esta atracción podía ser tanto selectiva hacia varones o niñas por separado como indiscriminada, es decir que cualquier menor podía ser objeto del impulso sexual.

Los paidofílicos, por un lado, no manifiestan haber mantenido relaciones sexuales adultas exitosas; por el otro, pierden sus trabajos con facilidad aunque se muestran sumisos y sometidos tanto en sus lugares de trabajo como en sus hogares y no intentan controlar a los adultos con los que están en contacto. Si bien no poseen metas claras y realistas en sus vidas, albergan fuertes sentimientos de fracaso que con frecuencia no condicen con la realidad. Son solitarios con tendencia a aislarse de las interacciones sociales, temen expresar su enojo y tienden a caerle bien a los demás, en especial a los niños. La motivación de los acercamientos sexuales a los menores es la seducción, donde la víctima representa al abusador cuando era niño o a una idealización de sí mismo. Por eso se preocupa de que los contactos sexuales resulten placenteros para los niños tanto como para ellos mismos. La Asociación Americana de Psiquiatría observa que, por lo general, si para la satisfacción sexual del individuo no re-

sulta necesario ejercer violencia ni provocar dolor, el paidofílico "puede ser generoso y estar muy atento a todas las necesidades del niño que no estén relacionadas con la victimización sexual, de manera tal que logra ganar su cariño, interés y lealtad
y se asegura que la víctima mantenga el secreto acerca de la actividad sexual".[14]

El otro grupo estudiado es el de los abusadores *intrafamiliares, endogámicos* o *incestuosos* que dirigen sus intereses sexuales
preferentemente hacia las niñas de sus familias. Suelen haber
tenido relaciones sexuales exitosas con parejas adultas. Se muestran mejor adaptados a la comunidad y resuelven adecuadamente sus problemas cotidianos. El desempeño laboral es satis-
factorio, llegando muchos de estos individuos a sobresalir en los
negocios o en sus profesiones y a ser considerados ciudadanos
modelo. Desde el punto de vista social, logran mantener una fachada intachable aunque sean tiránicos en sus hogares, dirigiendo y controlando las vidas de sus cónyuges e hijos. No temen manifestar la ira y pueden tornarse abiertamente violentos.
El motivo principal del abuso es precisamente la ira y las víctimas representan sustitutos de sus esposas o parejas. Las conductas sexuales están dirigidas a satisfacer sus propias necesidades,
sin tener en cuenta las de las víctimas.

Cuando se toma como parámetro clasificatorio *la edad de
las víctimas,* se puede subdividir a los perpetradores en *paidofílicos propiamente dichos* y *hebefílicos.* Los *paidofílicos* eligen niños prepúberes sin capacidad orgásmica, sin hacer distinción en cuanto al género. Se afirma que, como regla general, la preferencia
por niños más pequeños indica un mayor grado de patología
del adulto, aunque la característica de este subgrupo es el estilo
fijado de abuso, que será descrito en este mismo apartado. Se-
leccionan niños que acepten amoldarse a los rituales sexuales
que satisfacen sus necesidades a la vez que resulten fáciles de
controlar sin representar una amenaza de agresión física. La excusa que emplean para justificar sus actos es la de la "educación
sexual" y, como necesitan complacer a sus víctimas para sentirse
aceptados, suelen ser los que estimulan a los niños sin solicitar
reciprocidad. Presentan importantes rasgos de inmadurez e inadecuación. El desempeño laboral está por debajo de sus poten-

cialidades ya que prefieren los puestos donde cumplen tareas pasivas y de servidumbre. Se muestran temerosos tanto de sus pares como de otros adultos y sólo se sienten cómodos interactuando con niños o con otros adultos que tengan las mismas dificultades que ellos. El pronóstico –aún con psicoterapia– es malo, ya que se han observado muy pocos cambios, inclusive con tratamientos prolongados.

Los *hebefílicos* prefieren púberes o adolescentes, capaces de experimentar orgasmos. Por lo general, la elección de la edad de las víctimas coincide con la edad que ellos tenían cuando lograron disfrutar más plenamente de su sexualidad, lo que puede considerarse un indicador del período de fijación sexual. El mecanismo de abuso es regresivo y en este subgrupo pueden incluirse algunos padres incestuosos. El objetivo de los acercamientos sexuales es mantener una relación sexual, por lo cual catalogan sus comportamientos como "romances" y, por lo tanto, necesitan la participación y la reciprocidad del menor. Eligen jóvenes a los que pueden influenciar y controlar fácilmente sin que representen una amenaza física, los tratan como si fueran sus parejas aunque por las características de los menores, se aseguran que la convivencia sea imposible, evitando de esta manera la posibilidad de fracasar en la relación. Tienen mejor adaptación social que el subgrupo anterior y pueden alcanzar éxito y notoriedad en sus ocupaciones. Se relacionan de manera adecuada con la gente de su edad en todos los aspectos menos en el sexual. En los '70 se decía que el pronóstico era bueno ya que bajo tratamiento se observaban cambios rápidos.[15]

Veamos ahora otra de las clasificaciones: según el *estilo de la conducta abusiva* se encasilló a estos hombres en *fijados* y *regresivos*.[16] Los primeros tienen preferencias sexuales casi exclusivas hacia los niños, instaladas desde la adolescencia, y sus acercamientos sexuales hacia los menores no están precipitados por situaciones especiales de la vida. Antes bien estos acercamientos son compulsivos, planificados y premeditados y no generan sentimientos displacenteros en el abusador. Con frecuencia, estos individuos son solteros, tienen escasos contactos sexuales con sus pares y su interés está fundamentalmente dirigido hacia varones. Suelen identificarse con los niños y preferir su compañía a la de los adultos. No presentan antecedentes de adicciones aunque poseen rasgos de inmadurez y de inadecuación de la personalidad.

Por el contrario, los abusadores *regresivos* se muestran básicamente orientados hacia compañeros sexuales de la misma edad. Sin embargo, ante situaciones de stress esta orientación se modifica de manera transitoria y episódica llevándolos a involucrarse en actividades sexuales con menores, sobre todo con niñas. La atracción hacia las nenas comienza en la adultez y coexiste con una actividad sexual aparentemente normal con parejas de su edad. En general, el acercamiento inicial hacia la niña es más bien impulsivo, no premeditado. No es raro que estos hombres tengan problemas con el alcohol. Admiten que lo que han hecho es incorrecto y manifiestan sentimientos de culpa.

Podemos resumir, entonces, las clasificaciones en las que desembocaron los estudios de la primera época de investigación sobre el tema, de la siguiente manera:

- según las inclinaciones sexuales
  - extrafamiliares, paidofílicos
  - intrafamiliares, endogámicos, incestuosos

- según la exclusividad de la atracción por niños
  - paidofílicos exclusivos
  - paidofílicos no exclusivos

- según la edad de las víctimas
  - paidofílicos propiamente dichos
  - hebefílicos

- según el estilo abusivo
  - fijados
  - regresivos

Asociando la primera clasificación con la última, se dijo que entre los paidofílicos predominaba la personalidad fijada mientras entre los endogámicos lo más común era la personalidad regresiva ya que, a pesar de haber abusado de menores, la mayoría mantenía relaciones con parejas heterosexuales adultas.

A partir de estos modelos explicativos se extrajeron conclusiones que orientaban las estrategias terapéuticas y las medidas de protección hacia los niños. Por ejemplo, se afirmaba que el individuo que abusaba de niños de su familia de manera incidental –el abusador endogámico regresivo– no representaba un peligro para otros niños y que superada la situación desencadenante de los episodios abusivos, el riesgo disminuía drásticamente. El paidofílico fijado, por el contrario, siempre representaba una amenaza y debía impedírsele el contacto con niños, aunque podía considerarse que no se interesaba por aquellos que integraban su grupo familiar.

Principio de realidad

Estas concepciones orientaron el trabajo desde finales de los '70 hasta comienzos de los '80. Hasta que, lenta pero inexorablemente, los datos de la experiencia clínica desdibujaron los casilleros que resultaban tan tranquilizadores.

En primer lugar, comenzó a hacerse evidente que el número de criaturas victimizadas por cada abusador era mayor que lo que hasta ese momento se pensaba: una investigación de 1981 estableció que un grupo de paidofílicos heterosexuales había victimizado un promedio de 62,4 niños cada uno.[17] Más aún, según un estudio realizado por el Instituto Psiquiátrico del Estado de Nueva York, 232 abusadores sexuales a quienes se les garantizó absoluta confidencialidad, admitieron que intentaron cometer 55.250 actos abusivos de los cuales llegaron a completar 38.727.[18] Nuevos trabajos revelaron, por un lado, que 53 perpetradores habían cometido 25.757 delitos sexuales[19] y, por el otro, que de 65 padres biológicos que habían abusado de sus hijas, el 80% lo había hecho con más de un niño y, alrededor de un 30% lo hacía con menores ajenos al grupo familiar.[20]

A su vez, la prolija clasificación de las inclinaciones sexuales también comenzó a estar jaqueada por los datos clínicos: en una muestra de 159 abusadores incestuosos, el 12% había abusado, además, de varones de fuera del grupo familiar; el 49%, de niñas con las que no estaban emparentados y el 19% había violado a mujeres adultas.[21] Por si fuera poco, otro estudio señalaba que el 59% de los paidofílicos mayores de 20 años que habían abusado de niñas y el 37% de los que habían abusado de varones, estaban casados. Estos porcentajes se incrementaban si se tenía en cuenta que, en la misma muestra, un 32% de los que habían tenido contacto con niñas y un 16% de los que habían tenido contacto con varones habían estado casados.[22] Es decir que el 91% de los paidofílicos atraídos por niñas y el 53% de los atraídos por varones se interesaban y habían logrado mantener una relación heterosexual con una persona de su edad. Otro investigador[23] informó, en 1976, que el 59% de abusadores de niños estaban casados. Este porcentaje englobaba al 43% que había abusado de varones, al 72% que lo había hecho de niñas y al 62% que abusaba de niños sin distinción de género.

Para agregar elementos a la complejidad, otras cifras señalaban que era difícil sostener la división tajante entre abusadores intra y extrafamiliares: en una muestra de abusadores sexuales se encontró[24] que el 44% de los que habían abusado de sus hijas, en sus hogares, también habían abusado de niñas fuera del hogar y un 11% habían molestado a varones no emparentados.

A partir de estos datos innegables, hacia finales de los '80 y principios de los '90, la conclusión generalizada era que "estos hombres *[los perpetradores de incesto]* no constituyen un grupo homogéneo"[25] y que los datos que permitían clasificarlos en diferentes categorías no resultaban confiables ya que eran suministrados por los mismos abusadores, quienes podían falsear la información por los motivos más diversos.

Para poder comprender por qué los datos suministrados por estas personas son poco confiables, es preciso tener en cuenta que el paidofílico es adicto a su comportamiento del mismo modo que lo es el alcohólico. Es así que, por lo general, dice algo esperable para protegerse a sí mismo y proteger su adicción. Cuando la negación no puede sostenerse, siempre queda el recurso de minimizar los hechos, con lo cual le resulta preferible describirse como un abusador regresivo –que sólo tiene acercamientos sexuales con niños en situaciones de stress, pero que puede mantener relaciones sexuales con parejas de su edad– antes que admitir la cronicidad de la atracción sexual hacia menores.

El abusador sexual, como todo transgresor, tiene facilidad y experiencia para manipular las percepciones, emociones y juicios de los demás, logrando así distorsionar la realidad de la manera que le resulte más conveniente. Por lo tanto no es de extrañar que también manipule al investigador que lo interroga acerca de sus intereses sexuales y de sus antecedentes sexuales y sociales. Hay autores[26] que reconocen que, desafortunadamente, es difícil conocer cuáles son las verdaderas preferencias sexuales de un abusador de menores. Es bien sabido que los abusadores que están institucionalizados generalmente informan tener inclinaciones adecuadas con el fin de obtener la libertad condicional.

Todos los especialistas que se han ocupado del tema coinciden en que los ofensores sexuales son manipuladores y tienen fuertes tendencias a utilizar la negación, la proyección, la racionalización, la minimización, la parcialización, como mecanismos de defensa que les permiten contar fragmentos de las situaciones abusivas que no resultan tan comprometedoras para su autoimagen, sin llegar a sentir que mienten. Roger Wolfe, miembro de un centro especializado en el tratamiento de estas personas –el Northwest Treatment Associates de EE.UU.–, afirmó que sería un placer para él poder tratar a un abusador incestuoso que hubiera sido derivado después del primer episodio abusivo y que no tuviera una historia previa de desviaciones sexuales, ya que nunca en sus diez años de experiencia, había conocido a ninguno.[27]

Ante esta realidad, es muy difícil diferenciar si estamos ante un abusador fijado o regresivo o si enfrentamos personas más o menos honestas acerca de sus inclinaciones. No hay que olvidar que un abusador regresivo puede en realidad ser un abusador fijado que minimiza su conducta, dado que las características de los regresivos resultan más aceptables socialmente.

Estamos viendo, por un lado, que las clasificaciones dependen de la veracidad de aquello que los mismos involucrados dicen acerca de sí mismos. Por el otro, la clínica ha demostrado que, en muchos casos, no se puede tener la certeza de que el abuso es exclusivamente intra o extrafamiliar y que, en todos los casos, estas personas tienen un patrón repetitivo de acercamientos abusivos y una historia crónica con este tema para el momento en que se los detecta. Es así que algunos especialistas consideran que se puede clasificar de manera más realista a estas personas si se tienen en cuenta sus patrones de excitación sexual. También sostienen que ante la ambigüedad obtenida en los interrogatorios, debería prestarse especial atención a las respuestas de excitación medidas por un pletismógrafo peneano –que registra los cambios fisiológicos de calor, presión y temperaura que ocurren en el pene como respuesta a la excitación sexual– frente a diferentes tipos de estímulos audiovisuales, entre ellos niños de diversas edades.

Descripciones operativas

En los últimos años, a partir de estos nuevos hallazgos, declina el interés por catalogar a los abusadores teniendo en cuenta sus perfiles de personalidad y se adopta un punto de vista más descriptivo comparando los rasgos en común que presentan estos individuos.

Se define con descarnada sencillez a los abusadores sexuales como personas que tienen el deseo y, además, la oportunidad de acercarse sexualmente a un niño. Se relegan a segundo plano detalles accesorios como que el abuso sea habitual u ocasional, que la pareja conyugal resulte conflictiva, que la esposa presente alteraciones mentales o físicas o que facilite con sus actitudes los acercamientos entre el perpetrador y la niña.

Anna Salter –autora mencionada en capítulos anteriores, profesora de Psiquiatría Clínica, de Salud Materno–Infantil en la Facultad de Medicina de Dartmouth, EE.UU., y Directora Asistente del Programa de Niños en Riesgo en el Dartmouth Medical Center– enumera una serie de características relacionadas con el entorno familiar, que la bibliografía especializada asocia al abuso de menores. Menciona el aislamiento social, las relaciones sexuales insatisfactorias de la pareja conyugal, la discordia conyugal, la inversión de roles (familias en las que los hijos cumplen funciones parentales y se encargan de cuidar y proteger a los padres), a las esposas colusivas*, pasivas, impotentes o dependientes, a las esposas con enfermedades mentales, físicas o con trastornos psicosomáticos, a las madres punitivas en lo sexual, a las madres ausentes, a las disfunciones familiares, al alcoholismo, a los niños seductores.[28]

Con todo, Salter se pregunta cuál es el valor explicativo que tienen estos hallazgos y en qué grado disminuyen la responsabilidad del abusador. Convengamos que abundan los hombres con problemas conyugales y/o familiares y la mayoría no reacciona abusando de sus hijas.

Es cierto que las condiciones familiares pueden facilitar oportunidades a personas predispuestas a satisfacer sus impulsos sexuales de esta manera. Por eso, a menos que los allegados participen activamente en el abuso del niño, se puede comparar el grado de responsabilidad de los familiares con las condiciones que ofrece una casa deshabitada a los ladrones. Madres con problemas físicos, mentales o directamente ausentes representan la coyuntura ideal para quienes ya han elegido victimizar niños.

El deseo puede estar arraigado en una fuerte atracción por niños desde etapas muy tempranas o, por el contrario, en el caso de aquellos hombres que reconocen que abusar de niños sólo ocasionalmente, esta atracción surge –según lo informan los mismos involucrados– en tiempos que ellos consideran difíciles, lo que constituye un indicador de la dificultad que tienen para enfrentar situaciones de crisis, transformando sus problemas no sexuales en comportamientos sexuales.

Nuevamente nos topamos con una explicación poco satisfactoria –que las conductas abusivas estarían íntimamente ligadas a problemas no relacionados con lo sexual que gatillan respuestas sexualizadas en algunos individuos– ya que resulta lla-

---

* Colusivo: que pacta en daños de terceros.

119

mativamente coincidente con las excusas –o racionalizaciones– de los alcohólicos. Muchos aducen que beben para escapar de las dificultades que tienen en sus hogares o en sus trabajos. Sin embargo, cuando se encara un tratamiento responsable de los alcohólicos no se piensa que la solución sea evitarle los sinsabores sino enseñarles a convivir con ellos, tolerarlos y, dentro de sus posibilidades intentar resolverlos sin recurrir a la bebida. En las estrategias que utilizan muchos programas de tratamiento de alcoholismo, además, se alienta a los familiares de los alcohólicos a evitar hacerse cargo de las conductas del alcohólico. Solamente el abusador es responsable de sus actos, al igual que aquel que elige beber es responsable de su alcoholismo.

Otra vez más hay que reconocer que lo que caracteriza a un abusador es un tipo específico de deseo sexual dirigido hacia los niños, junto con la disposición a atacarlos –sin que este término implique necesariamente violencia física– para obtener gratificación sexual. Es decir que, tanto en las situaciones de atracción habitual como en las esporádicas, la motivación de las acciones proviene de los perpetradores.

Cuando comencé a entrevistar y a tratar abusadores sexuales a fines de 1989, encontré las mismas realidades que señalaban los especialistas extranjeros. Si bien las pormenorizadas descripciones de los rasgos de personalidad y de los estilos de presentación resultaban de suma utilidad, no me resultaba sencillo encuadrar a los hombres que entrevistaba dentro de rígidos casilleros. Con demasiada frecuencia, debido al temor, a la vergüenza o a severos trastornos de personalidad, la información que aportaban resultaba muy poco confiable.

Me encontraba con hombres –desde 1989 hasta fines de 1996 entrevisté sólo a una mujer– de aspecto absolutamente corriente, de diferentes estratos sociales y diversos niveles educativos. Algunos estaban casados y convivían con sus esposas, otros estaban separados desde antes de conocerse el abuso, o sus compañeras habían decidido dejarlos cuando se enteraban de lo ocurrido. Las edades variaban entre los 17 y los 68 años.

A pesar de sus diferencias, en el momento de ser confrontados con el motivo de la consulta, estos hombres coincidían.

Con distintos argumentos, su respuesta era la misma: lo que los niños relataban no había sucedido.

Había quienes simplemente negaban, aduciendo que eran hechos incompatibles con su condición social o con el estilo de vida que llevaban. Otros pensaban que ser padre –o abuelo de otros niños– los eximía de realizar tales actos.

Un abuelo de aspecto distinguido vino a la consulta a pedido de su hija que, unas semanas antes, le había prohibido el contacto con su única nieta de menos de 3 años. La nena quedaba al cuidado del abuelo, jubilado, mientras los padres y la abuela trabajaban. Un día, cuando la madre le higienizaba con papel higiénico después de orinar, Laurita le pidió a la mamá que la limpiara sin papel, con la mano, como hacía el abuelito Bruno. La madre la interrogó angustiada y la nena contó con ingenuidad otros episodios de manoseos.

Bruno, con mucho respeto, se presentó: "Estoy a sus órdenes, a su entera disposición para que vea cuál es la realidad. Yo soy una persona coherente y no voy a hacer semejantes barbaridades. Soy un hombre de trabajo. Cumplí con mis obligaciones de padre, de trabajo y de familia. Soy muy de mi familia… No me gustan los cafés, no soy trasnochador. Soy de la casa. Adonde voy, voy con mi familia". Le pregunté qué explicación le encontraba a lo relatado por Laurita y respondió: "No me explico por qué contó eso. Es muy difícil que yo manosee a una chiquita de esa edad. Yo bañaba e higienizaba a mis tres hijas cuando eran chicas… Si algo de eso hubiera pasado, le hubieran contado a la madre". Le señalé que es bastante común que los niños no cuenten este tipo de cosas o que no se les crea. La actitud de Bruno cambió radicalmente. Dejó su amabilidad de lado y con mucha vehemencia me dijo: "Mire, yo en mi trabajo [*fue un fotógrafo de fama*] conocí mucha gente: mujeres y chicos. También a chicas jóvenes que se desvestían delante de mí. Ni se me ocurría rozar a las chicas en los desfiles. Jamás se me pasó por la mente. Y a los chicos tampoco". Como el clima había dejado de ser cordial, me permití reflexionar en voz alta: "Creo, Sr N., que si lo hubiera hecho, habría tenido un grave problema en su trabajo". En tono de confesión, reconoció: "No hubiera durado ni un día. Aunque conozco compañeros que han to-

121

cado… No los echaron… Les hicieron una advertencia y no pasó nada". Saque el lector sus propias conclusiones acerca de los deseos de Bruno.

Entre mis consultantes tampoco faltó quien pidiera –a veces con actitudes abiertamente desafiantes y quizá bajo la influencia de tanto policial americano– el detector de mentiras para comprobar, por supuesto, que él no estaba mintiendo. Los más sofisticados se mostraban muy interesados en someterse a cualquier tipo de tests psicológicos para demostrar que eran incapaces de abusar de niños. (Mientras escribo estas líneas, me resulta llamativo que ninguno de ellos exigiera el detector de mentiras o los tests para probar que sus hijas mentían).

Muchos hablaban utilizando los verbos en modo condicional, aunque no de manera casual: "Si lo que usted dice que Lorena contó, hubiera pasado…", "En la Asesoría me dijeron que si supuestamente lo que ella contó hubiera sido real…"

Otros parecían sufrir severas amnesias selectivas poco tiempo después de haberse descubierto los hechos. Orlando, viudo de 34 años, había sido derivado por una Asesoría de Menores. Era un trabajador independiente con una situación económica aceptable. Estaba separado de Cinthia, su hija de 12 años, por orden de la Asesoría, mientras un juzgado penal investigaba las acusaciones. Su hija había contado que la hacía dormir con él, la manoseaba y la obligaba a practicarle sexo oral. Ella había quedado bajo la guarda de sus padrinos.

En la primera entrevista indago acerca de la derivación y responde: "Tuve un problema con mi hija. Dice que le falté el respeto. No es así…Si le falté el respeto cuando estaba dormido… no me acuerdo. Siempre jugábamos de manos con ella, pero nunca me comentó que le molestara".

 Muy pocos llegan a admitir lo sucedido. Generalmente lo hacen cuando los hechos no pueden ser negados; por ejemplo, cuando embarazan a las hijas.

Jorge es mecánico. Abusó de la hija de 12 años y la embarazó. Es bastante probable que le haya pagado un aborto ilegal ya que, a los 4 meses de embarazo, la madre de la niña concurre a la consulta médica para informar que "Andrea lo perdió" sin que hubiera recibido atención profesional. En la primera entrevista, este hombre callado, buen trabajador, un tanto irritable en el hogar, me pide que lo trate, "a ver si podemos salir de esto". Confiesa que no quisiera estar siempre pensando en lo que le pasó. Desea estar más tranquilo. Me aclara que le había pedido perdón a su hija "un montón de veces" y ella le había dicho que se quedara tranquilo, que tanto ella como la esposa iban a tratar de ayudarlo. Por lo visto, admitir lo que se ha hecho no implica necesariamente conmoverse o condolerse por las consecuencias que puede acarrearle a los niños. Jorge insistía: "Le voy a pedir que me trate, a ver si podemos salir de esto… Cada vez que tocamos este tema, me hace mal. Cuando esto pasaba yo quedaba mal, me tenía bronca a mí mismo. No sé cómo explicarle, ella se iba para mi cama. Fue un par de veces. No la manoseaba, era la relación nada más".

Estos testimonios dispares, intentos inverosímiles de justificar lo injustificable tienen, sin embargo, ciertos denominadores comunes. Aunque aceptemos que no hay un perfil de personalidad exclusivo o típico del abusador sexual, es posible describir ciertos rasgos de personalidad hallados en el trabajo clínico.

Jon Conte –prestigioso especialista estadounidense, ex presidente de la Sociedad Profesional Americana de Abuso Infantil y director–fundador del *Journal of Interpersonal Violence*– aconseja que hasta no contar con los resultados de investigaciones más profundas, se dejen de lado los diagnósticos sobre perfiles de personalidad de los abusadores y se opere con una visión más funcional.[29] Recomienda prestar atención y rastrear en las entrevistas diagnósticas las siguientes características de personalidad que aparecen con frecuencia asociados con la problemática:

- la negación,
- la excitación sexual con niños,
- las fantasías sexuales con niños,
- las distorsiones cognitivas que sirven para justificar y/o autorizar los acercamientos sexuales.

Por ejemplo, las racionalizaciones que permiten a los ofensores afirmar: "Lo que hice no tiene nada de malo. Lo único es que es ilegal. Pero no tiene nada de malo".[30] O "No resulta dañino. Si ella hace todo lo que le pido quiere decir que le gusta".

O, como dijo el citado Orlando, "siempre jugábamos de mano con ella, pero nunca me comentó que le molestara".

• ciertas deficiencias en el desempeño social que se comprueban al evaluar, por un lado, la capacidad de interacción social (la percepción de lo inadecuado de la conducta abusiva, la habilidad para comunicarse verbalmente, la aptitud para desempeñarse en diferentes situaciones sociales) y, por el otro, la capacidad de empatizar con las víctimas. Los trastornos en esta área no siempre resultan de fácil detección y muchas veces sólo se evidencian por cierto aislamiento social del individuo que se contacta con los demás de una manera muy superficial y focalizada –por ejemplo, tiene una buena reputación en el trabajo pero sus compañeros de tareas desconocen cómo es su vida privada y familiar.

• algunos trastornos mentales asociados: adicciones y depresión, aunque excepcionalmente cuadros psicóticos. Lo que significa que la mayoría de los abusadores sexuales tienen plena conciencia de sus actos en el momento que los ejecutan.

Esta preocupación por afinar la capacidad diagnóstica se asienta en la premisa de que para ofrecer tratamientos apropiados, hay que comprender qué sucede con los pacientes tanto desde el punto de vista dinámico como descriptivo.

Mujeres que abusan

Habitualmente en las estadísticas sobre quienes abusan de niños, el mayor porcentaje está representado por varones: según los estudios, las cifras varían entre el 90% y el 95%. Es decir que la cifra de mujeres que abusan oscila entre el 5% y el 10%. Estos números se modifican si se distingue entre la victimización de niñas y la de varones. Según las investigaciones de Finkelhor y Russell,[31] el 5% de las niñas son abusadas por mujeres adultas o adolescentes mientras que el 20% del abuso de varones es perpetrado por mujeres.

124

La especialista Michele Elliot –psicóloga, fundadora y directora de un programa de protección de la infancia en Inglaterra, llamado Kidscape– comienza el primer capítulo de un libro dedicado al abuso femenino de niños con una anécdota interesante frente a lo que uno supone raro o infrecuente. Comenta que recibió su primer caso de abuso sexual en 1968 sin haber tenido ninguna preparación previa para enfrentar este tipo de consulta. Una nena de 11 años le confesó que estaba siendo abusada sexualmente por el padrastro, que resultó ser el gerente del banco con el que operaba la psicóloga. Elliot recuerda que la única mención que se había hecho sobre el tema a lo largo de su carrera, era un artículo de 1955 donde el autor afirmaba que la frecuencia de incesto entre personas de habla inglesa era de uno en un millón. En este punto vale la pena escuchar las cavilaciones de la psicóloga: "Es así que mi primera reacción tuvo que ver, por un lado, con que yo conocía al padrastro (y por supuesto que los gerentes de banco no hacían ese tipo de cosas) y, por el otro, me preguntaba por qué ese caso en un millón estaba en *mi* consultorio".[32]

Con el tiempo, la realidad mostró la verdadera magnitud del abuso sexual de niños en todas las culturas. Mientras escribía la frase anterior, pensé corregir la palabra "realidad" y cambiarla por "el relato de las víctimas" porque fueron precisamente los niños, quienes, como la famosa gota, horadaron la piedra al reiterar relatos de acontecimientos que no admitían la posibilidad de haber sido inventados. Esa piedra de la tranquilidad de conciencia del "no puede ser y menos entre gente como uno".

En el trabajo argentino sobre 138 casos comprobados,[33] el 100% de los abusadores pertenecía al género masculino. Personalmente, desde 1987 hasta el presente, intervine en dos casos donde se validó el abuso femenino –materno– y otros dos casos de alta probabilidad pero no totalmente confirmado –en uno, por parte de la madre y en el otro, una tía paterna con quien el nene convivía.

Al final de ese mismo capítulo, Elliot reflexiona: "En 1968 una niñita me contó lo que le pasaba con el padrastro. Pensé que era un caso en un millón. Ahora [*frente al abuso sexual perpetrado por mujeres*], no cometamos el mismo error".

Hay autores detallistas[34] que se ocuparon de calcular el número real de niños que representan esos supuestos bajos porcentajes en una población como, por ejemplo, la de EE.UU. Las conclusiones son realmente preocupantes. Se parte de considerar la frecuencia entre el abuso de niñas y de varones establecida por dos encuestas nacionales (por cada 5 nenas victimizadas hay un varón abusado) y por ocho estudios realizados al azar en muestras comunitarias (por cada 2,5 nenas hay un varón victimizado). Se calcula la prevalencia de abuso en la población femenina general en un 23%, siguiendo una revisión realizada en 1986.[35] Teniendo en cuenta que la población americana al 1º de julio de 1988 era de 126.000.000 de mujeres y 120.000.000 de varones, el 23% representa a 29.000.000 de mujeres victimizadas, de las cuales 1.500.000 –el 5% aceptado en los estudios ya mencionados– han sido abusadas por mujeres. Si se tiene en cuenta la proporción de una víctima varón por cada 5 mujeres, la tasa de prevalencia es del 4,5% en la población masculina en general –120.000.000–, lo que representa un total de 5.400.000 varones abusados, de los cuales 1.100.000 –el 20%– lo son por mujeres. Si en cambio, se considera la otra proporción de un varón cada 2,5 nenas, el abuso de varones perpetrado por mujeres se duplica. Es decir, que sumando a las nenas y a los varones victimizados por mujeres, los casos llegan a los 3.700.000.

Un cálculo semejante realizado por un investigador canadiense[36] no resulta más tranquilizador. Basándose en que uno de cada 7 varones y una de cada 4 mujeres en Canadá han padecido abusos sexuales en la infancia, y teniendo en cuenta que el 10% es perpetrado por mujeres, llega a la conclusión de que este índice representa a 500.000 personas victimizadas –sobre un total de 5.000.000 de casos.

Un hombre de 60 años –citado por Michele Elliot– dice: "Intenté contarle a mi terapeuta, cuando tenía 35 años. Me respondió que estaba teniendo fantasías con mi madre y que necesitaba más terapia para poder trabajar sobre ellas. En realidad mi madre había abusado física y sexualmente de mí desde que tengo memoria. El abuso era horripilante, incluyendo palizas y escenas sexuales sadomasoquistas. Tuve que juntar mucho coraje para contarlo. Cuando ella [*la terapeuta*] no me dio respuesta, abandoné la terapia y los 15 años siguientes fueron un infierno para mí. Empecé a pensar que podía haberme imaginado todo. Pero ¿por qué los recuerdos eran tan vívidos y detallados? Enterarme ahora que esto también le pasó a otros tal vez me ayude con mi salud mental. Quizás encuentre a alguien que me escuche y me crea. Sin embargo, sesenta años fue demasiado tiempo para esperar".

Una mujer atestigua: "mi mente sabe que no fue mi culpa, que fue su suciedad, su inmundicia...que también son mías. Crecí con esto como si fuera parte de mi cuerpo, me vestí con eso, comí con eso, lloré con eso, dormí con eso. Parecía que nunca conseguía separarme de ella. Y, sin embargo, me sentí y me siento absolutamente sola…. y malvada a más no poder. Saber cómo me utilizó duele más allá de todo dolor físico. Representa la muerte de la esperanza de que era realmente querida por mi madre".

Otra persona confiesa: "Soy conferenciante universitaria. Mi hermana melliza y yo fuimos abusadas por nuestra madre hasta que conseguimos huir a la Universidad. Nadie se enteró nunca. Es el día de hoy que mi hermana y yo nos encontramos con nuestra mamá y hacemos de cuenta que tuvimos una familia feliz sin problemas. Pero ahora, mi hermana y yo tenemos problemas que no son sorprendentes: ninguna pudo establecer una relación de pareja, tener nuestros propios hijos ni encontrar paz. A pesar de que hemos tenido éxito en nuestras profesiones, nuestras vidas personales son desastrosas".

Cuesta creer que estos testimonios sean verdaderos ya que estamos condicionados –desde cierta concepción cultural que idealiza la maternidad y sostiene que las mujeres son seres pasivos que raramente ejercen violencia– para que nos resulte increíble que una mujer abuse de niños.

Durante mucho tiempo se creyó que el abuso sexual de niños por parte de mujeres era una rareza –"un caso en un millón"– y fue necesario que muchas víctimas hablaran acerca de sus experiencias para que los investigadores se pusieran en marcha y exploraran esta posibilidad que se abría.

Variadas son las razones por las cuales se demoró tanto tiempo en prestar atención a esta dimensión del problema.

Convengamos, en primer lugar, que aceptar la existencia de perpetradoras femeninas resulta una amenaza a ciertas creencias fuertemente arraigadas en nuestra vida cultural. Por un lado, cuestiona seriamente al "instinto materno" y a todas sus implicancias en cuanto a la naturalidad y a la sabiduría biológica con que las mujeres se relacionan con los niños. Por el otro, tampoco deja bien parada a la convicción –científicamente poco fundamentada– de que sólo los hombres pueden ser sexualmente agresivos a partir de la imperiosa necesidad fisiológica de descarga que gobernaría su vida sexual de manera casi animal. Esta convicción funciona simultáneamente como una justificación de la violencia sexual masculina y como un impedimento para aceptar dichas conductas por parte de mujeres. Se supone que las mujeres son sexualmente inofensivas ya que no se les adjudica la posibilidad de manifestar activamente sus impulsos y deseos sexuales.

A esto debe sumarse el desconcierto que provoca pensar de qué manera puede abusar una mujer. Ya comenté la confusión que suele existir entre abuso y violación. En general, la gente considera a los dos términos como sinónimos. Es así que resulta difícil imaginar a una persona que no tiene pene abusando de niños. Sin embargo, si escuchamos los relatos de las víctimas, debemos admitir que una mujer puede someter a un niño a la misma gama de conductas abusivas que un hombre.

Las explicaciones del abuso sexual de niños basadas en el modelo tradicional de socialización de niñas y varones fue otro obstáculo que se interpuso en la detección. Según esta línea, el abuso sexual infantil sería la consecuencia directa de procesos de socialización vastamente arraigados en nuestra cultura que determinan la dominación por parte del varón y la explotación sexual de mujeres y niños. De esta manera, mientras se prepara a los hombres para ser sexualmente agresivos y para procurarse parejas sexuales más jóvenes, más inocentes y débiles, a las mujeres se las socializa para que se conviertan en recipientes de encuentros sexuales y, por lo menos al comienzo, para sentirse atraídas por compañeros mayores y más poderosos. La premisa errónea que esta concepción generó –y que aún se encuentra vigente condicionando la capacidad de observación de muchos profesionales– es que las mujeres son criadas para convertirse en víctimas de abusos sexuales y no en ofensoras.

También varias son las razones por las que se afirmó durante tanto tiempo que el abuso sexual por parte de mujeres era poco frecuente. En primer lugar, estos acercamientos sexuales inadecuados suelen enmascararse o justificarse, sobre todo al principio, como parte de los cuidados maternos y/o higiénicos propios de la crianza normal. Las mujeres cuentan con mayor permisividad para manipular el cuerpo de los niños y mejor acceso a su intimidad. Junto con la responsabilidad inherente a la crianza, se les otorga a las mujeres amplias facultades de control sobre los niños.

Es así que pocas veces se le cree a un niño que relata abusos por parte de su madre o de una cuidadora. Lo primero que se tiende a pensar, en el caso de que el adulto crea que dichos contactos existieron, es que el niño malinterpretó los cuidados corporales suministrados por esta mujer. Cuando el adulto descree hasta de la realidad de los acercamientos, puede atribuir el relato a fantasías incestuosas. Finkelhor y Russell[37] afirman que es "extremadamente improbable" que un niño no registre las actividades sexuales de las mujeres, aunque pasen desapercibidas para los demás.

Ya en 1980, Kempe y Helfer, dos pioneros en las investigaciones sobre maltrato infantil, afirmaban que "la sociedad tiende a preocuparse más por los padres que duermen con o manosean a sus hijas e hijos que por las madres que hacen lo mismo con sus hijos y, más raramente, con sus hijas. Este modo diferente de considerar los hechos se basa aparentemente en la creencia de que la madre protectora está prolongando, de una manera quizás inusual pero de ningún modo criminal, el rol nutricio esperado".[38]

Otro estudioso del tema –Craig Allen– cita a un juez norteamericano que recientemente sobreseyó a una mujer acusada de abusar sexualmente de sus hijos, aduciendo que "las mujeres no hacen este tipo de cosas, especialmente en esta comunidad. Además, los niños precisan a su madre".[39]

Otra razón por la que se sigue sosteniendo que las mujeres casi no abusan de niños reside en que estos incidentes no se informan con facilidad ya que, por un lado, suelen involucrar relaciones incestuosas[40] y, por el otro, se trata de acercamientos a varones.

Los varones son más reacios a contar episodios de victimización, influidos por los estereotipos de masculinidad. Se espera que un varón sea fuerte y se sepa defender: por lo tanto, estas cosas no deberían pasarle. Y, por otra parte, se supone que un varón –no importa su edad– debe sentirse orgulloso de despertar el deseo sexual de una mujer y debe satisfacerla. También se sostiene que la sexualidad para el varón nunca es traumática sino placentera.

La tradición de que una mujer mayor inicie sexualmente a un joven sigue siendo habitual en nuestra sociedad. Es natural y poco cuestionado que los varones de la familia decidan la edad en la que el muchacho deberá debutar sexualmente y se lo lleve con una prostituta. Sin embargo, se presta poca atención a las frecuentes reacciones de los adolescentes que recuerdan haberse sentido coercionados por la expectativa de los adultos, haber experimentado miedo e inseguridad y, a veces, no haber podido mantener la relación sexual o no haberla experimentado como placentera. Tampoco se registra cuántas dificultades sexuales ocasiona, en el mediano y en el largo plazo, esta costumbre.

En una encuesta realizada en 1991 entre estudiantes universitarios[41] –180 varones y 180 mujeres– se constató que los encuestados tendían a considerar menos representativos de abuso sexual infantil a las interacciones entre un perpetrador femenino y una víctima masculina, a la vez que juzgaban menos dañinas a las consecuencias de dichos contactos.

En otro estudio llevado a cabo en 1990,[42] en el que se encuestó a las mismas víctimas, los resultados fueron similares: los hombres que en la infancia habían sido victimizados por mujeres manifestaban haber disfrutado los contactos y sostenían que no les había ocasionado ningún trastorno ni problema emocional. Cabe señalar que los encuestados admitían consecuencias más severas si se trataba de un abuso homosexual.

Sin embargo, es interesante destacar que el aumento en el reconocimiento de la magnitud de este tipo de abuso sexual surgió de informes clínicos y de investigaciones sobre victimización masculina, pero también de los antecedentes de ofensores sexuales adultos y adolescentes. En diferentes estudios entre violadores, se comprobó que entre el 40%[43] y el 59%[44] de ellos habían sido abusados en la infancia por mujeres. En una de las investigaciones, además, se puntualiza que "ninguno lo recordaba como una experiencia placentera".

Las mismas dificultades que ya señalé para referirse a un perfil típico del varón abusador existen en el caso de las perpetradoras mujeres. Aunque se pueden describir ciertas características frecuentes:

- la edad promedio es de 26 años (según los estudios oscila entre los 16 y los 36). Los hombres, por el contrario, comienzan las conductas abusivas a una edad más temprana y prosiguen más tardíamente.

- suelen conocer a las víctimas. En el caso de que no sean sus propios hijos, eligen vecinos, amigos de la familia o niños o adolescentes dejados a su cuidado.

- el tipo de actividad sexual es variada, incluye manoseos, masturbación mutua, sexo oral, anal y genital, pornografía y juegos sexuales.

- presentan altos porcentajes de antecedentes de abuso sexual en la infancia. En dos estudios, entre el 50%[45] y el 58%[46] de las abusadoras presentaron estos antecedentes, mientras en otros dos[47] prácticamente el 100% los tenía.

- utilizan la violencia con menos frecuencia que los hombres y cuando lo hacen son menos violentas.

- amenazan menos a las víctimas para que mantengan el secreto.

- no buscan coercionar a otras personas para que se conviertan en cómplices.

También se ha intentado clasificar los estilos abusivos de las mujeres abusadoras. En 1989, R. Mathews propone una clasificación basada en el tipo de abuso perpetrado, la manera en que las mujeres consideran a sus víctimas, la presencia o no de coofensores y las diferencias y semejanzas entre las mujeres. El primer tipo es el de la *maestra/amante* en el que la mujer no considera abusivo su comportamiento y considera a la víctima como a una pareja adecuada –por lo general, se trata de adolescentes varones– lo que la lleva a creer que la experiencia sexual será positiva para ambos. El segundo tipo es el de la abusadora *predispuesta/intergeneracional* que suele actuar sola y abusar de niños de su propia familia. La mayoría ha sido víctima de abuso en la infancia. El tercer tipo corresponde a la *coercionada por un varón*, mujeres muy pasivas y sometidas en sus relaciones interpersonales, pertenecen a familias donde el hombre es el que trae el dinero y controla lo que sucede en la casa. Ante el temor de ser abandonadas o golpeadas, aceptan participar en el abuso de niños propuesto por el varón. Otras veces, manifiestan haber participado ante amenazas de que las víctimas serían golpeadas o lastimadas si ellas se oponían.[48]

De cualquier modo, en estos casos es importante tener en cuenta que "a pesar de que las expectativas de género y los factores de socialización pueden explicar las diferencias entre el abuso perpetrado por hombres y el perpetrado por mujeres, el potencial de daño para la víctima es el mismo. Las personas obligadas a informar y los investigadores deben estar capacitados para no minimizar la seriedad de las ofensas cometidas por mujeres y tenerlas presente".[49]

Los ofensores juveniles

Pablo, de 15 años, es el hijo mayor de Luisa, una mujer de humilde condición social que trabaja en servico doméstico para mantener a la familia, compuesta por una hija y un hijito más. El marido la había abandonado unos cinco años antes de llegar a la consulta, después de una convivencia caracterizada por severos episodios de violencia para con ella y los hijos. Pablo parecía ser el blanco preferido del padre, aunque la madre también lo trataba con brutalidad. Lo castigaban con lo que tuvieran a mano, sin medir demasiado las consecuencias. Luisa permanecía fuera de la casa 10 horas por día. Asimismo maltrataba –con menor fiereza– a sus otros hijos; era una madre bastante negligente que tendía a ignorar o minimizar los riesgos que corrían los hijos de corta edad cuando quedaban solos. Por otro lado, el estado de salud y la escolaridad de los tres estaban desatendidos. Luisa consultaba, derivada por un juzgado de menores, porque la hija de 12 años le había contado a su maestra que Pablo abusaba sexualmente de ella. ¿Otro caso en un millón?

Parecería que, una vez más, la realidad nos conmina a no olvidar la necesidad de estudiar el problema del abuso de niños desde un punto de vista descriptivo y con actitud flexible. De nuevo, las estadísticas nos deparan sobresaltos. En el prestigioso estudio llevado a cabo por David Finkelhor en EE.UU.,[50] el 13% de los encuestados manifestó haber tenido acercamientos sexuales con hermanos. Aproximadamente el 20% de los delitos sexuales registrados también en EE.UU., son cometidos por jóvenes menores de 18 años y este porcentaje trepa a una cifra que va del 48% al 56 % cuando las víctimas son niños menores de 12 años.[51] Se calcula que, en ese país, entre 195.000 y 450.000 adolescentes por año cometen delitos sexuales.[52]

Por otro lado, las investigaciones acerca de abusadores adultos revelan que el comienzo de las conductas abusivas ocurre en la adolescencia. El 57% de una población de perpetradores reconoció que estos comportamientos se habían iniciado antes de los 19 años de edad.[53]

Aun en nuestros días se acostumbra justificar estos comportamientos atribuyéndoselos al surgimiento de impulsos sexuales propios de la edad, al descontrol que se supone caracteriza a la sexualidad del varón, a juegos exploratorios o de reconocimiento del cuerpo de otros, a la desprolijidad de los primeros escarceos amorosos. Sin embargo, pienso que estas explicaciones sólo son posibles a partir de nuestro desconocimiento de la sexualidad en general y de la tendencia a apoyar ciegamente creencias nunca demostradas acerca de la sexualidad masculina en particular (por ejemplo que el instinto biológico sexual –sobre todo el de los varones– es similar al hambre o a la necesidad de evacuar los intestinos y debe aliviarse imperiosamente o que la búsqueda masculina de satisfacción sexual es naturalmente agresiva, impulsiva y descontrolada).

El resultado –lamentable– de estas concepciones erróneas es la minimización de las conductas sexualmente agresivas, que suelen ser eludidas a menos que tengan consecuencias muy severas. No es raro que si un niño de 12 años manosea a un amiguito de 6, los padres de ambos decidan retarlos y, eventualmente, suspender las visitas durante un tiempo, sin llegar a preocuparse demasiado ya que "son juegos normales para la edad".

Raramente nos preguntamos cómo se diferencian los "juegos normales para la edad" de las conductas abusivas, en qué casos los toqueteos entre niños son indicativos de abuso sexual o por qué un niño o un joven hace este tipo de cosas.

Para distinguir los juegos sexuales infantiles propios de cualquier período evolutivo, de las conductas abusivas, es necesario identificar dos factores distintivos de los acercamientos inadecuados: el empleo de algún tipo de coerción y la participación de niños de diferentes etapas madurativas. Estas características pueden presentarse de manera conjunta o separadamente. Por ejemplo, cuando sucede que en el baño de un colegio, un alumno de 12 años manosea bajo amenzas a un nene de 6, están presentes la coerción y la diferencia evolutiva. Puede ocurrir también que un adolescente de 14 años maltrate física o emocionalmente a su hermana de 13 para que acceda a desnudarse o practicar sexo oral con él. En este caso está ausente la diferencia evolutiva pero el contacto sexual es producto del terror a que es sometida la víctima. Una tercera posibilidad sería la del varón de 14 años que abusa de un nene de 4 ó 5 años sin amenazarlo, haciendo valer la presión emocional que representa su autoridad o la diferencia de tamaño sobre el pequeño.

Conviene destacar que la coerción no se limita a lo físico sino que, en el caso de niños muy pequeños, el victimario puede ejercer presión, maltrato emocional o control mediante amenazas. Muchas veces bastan la diferencia jerárquica entre los niños o la desigualdad de tamaño corporal para amedrentar y dominar a los más chicos.

Las consultas más frecuentes por esta forma de abuso las efectúan los padres de las víctimas que, por lo general, son niños de muy corta edad –entre los 3 y los 6 años. Lo que sucede es que estos padres han sorprendido al púber o al adolescente in fraganti o han escuchado el relato de las pequeñas víctimas y les han creído. Los consultantes se muestran fundamentalmente preocupados por las secuelas de los hechos. No tienen demasiado interés en denunciar a la Justicia lo ocurrido y se conforman con impedir el contacto entre los menores.

Los psicoterapeutas o pediatras consultados examinan al niño victimizado y, en caso de no encontrar lesiones físicas y si el abuso fue limitado en el tiempo, aconsejan dejar el episodio en el olvido y mantener una actitud alerta. El niño suele recuperarse rápidamente sin tratamiento o requerir una breve intervención terapéutica en caso de presentar temores o angustia persistentes. En estos casos es bastante común que, en el transcurso de la psicoterapia y en la medida en que se le permita hablar del tema, la víctima revele otros episodios abusivos.

Lo que no es una práctica habitual –pero debería serlo– es conocer y evaluar al niño o al adolescente abusador. Citar al perpetrador es de fundamental importancia para la prevención. Por un lado, porque cuando un joven victimiza a una criatura es altamente probable que esté reproduciendo episodios abusivos que padeció o continúa padeciendo en manos de alguien mayor que él, por lo cual resulta imprescindible rastrear qué ha sucedido y, en caso de que el abuso siga ocurriendo, lograr interrumpirlo. Por otro lado, es imperioso que este menor –además de ser alejado de otros niños– comience algún tipo de tratamiento para evitar que se fije un estilo de interacción sexual abusivo que seguramente se complejizará con el paso del tiempo. Me permito afirmar que lo ideal sería que una intervención legal garantizara la posibilidad de iniciar una psicoterapia o, en el caso de que el joven o su familia se negaran, hubiera algún tipo de registro de los hechos ocurridos para proceder a un seguimiento periódico de las conductas sexuales.

La mayoría de los especialistas que trabajan con perpetradores de delitos sexuales –violentos o no– destacan que muchos de estos actos podrían haberse evitado si se hubiera prestado mayor atención a los antecedentes juveniles de estos hombres.

Es verdad que no resulta sencillo especificar la cantidad de ofensores juveniles, debido a la falta de denuncia a las autoridades. Sin embargo, desde 1982 existen registros de que un cuarto a un quinto de las violaciones denunciadas en EE.UU. son cometidas por menores de 18 años,[34] de los cuales el 23% son perpetradas por menores de 14 años.

Las conductas abusivas más frecuentes consisten en manoseos, sexo oral, intento de penetración, penetración vaginal, penetración anal y exhibicionismo. Aunque, para muchos de estos jóvenes, el sexo representa algo más que la mera gratificación genital. Por un lado, pone de manifiesto una necesidad compulsiva de dominar, controlar y dañar a otro, tal vez de la misma manera en que se los dominó, controló y dañó. Y, por el otro, el mantener relaciones sexuales con pares se convierte en un medio sobrevalorado para dar y recibir atención. Así, la satisfacción sexual se vuelve secundaria, y lo que aparentemente se busca y obtiene es intimidad, cuidado y la sensación de ser importante. Un muchacho de 17 años, que trato actualmente, por abusar de su hermana de 13 y de su hermano de 10, hace el siguiente comentario acerca de las relaciones sexuales que mantiene con distintas chicas: "A mí no me importa si siento algo o no mientras lo hago. Yo lo hago para tener a alguien con quien estar".

En diversos trabajos se describen ciertas características observadas con mayor frecuencia: la mayoría son varones –entre el 95 y el 97%–; por lo general, los primogénitos o los mayores de su género, que se muestran solitarios, aislados, con dificultades para manejarse socialmente, trastornos en la escolaridad y tendencias agresivas. La utilización de la fuerza física muchas veces no se limita al episodio abusivo sino que también pueden manifestarse comportamientos violentos dentro de la familia, en el grupo de pares o en otro tipo de interacción social (trabajo, escuela, etcétera). La mayoría de ellos tienen antecedentes de haber sido abusados sexualmente –en una investigación sobre 43 ofensores juveniles incestuosos, el 43% había sido victimizado por un familiar y el 5% por otras personas, mientras que el 11% había estado expuesto a conductas sexuales inadecuadas–,[55] además de haber padecido maltrato físico y negligencia –en el estudio citado, los porcentajes correspondían al 63% y al 70% respectivamente. A su vez, suelen provenir de familias con serios problemas de funcionamiento debido a trastornos físicos o mentales, adicciones o conductas delictivas de los padres.

Supongo que el lector se habrá dado cuenta, a esta altura, que uno de los grandes obstáculos que se oponen a la comprensión del abuso sexual infantil es la tendencia a encarar la temática desde una posición poco flexible. Después de adentrarse en las conclusiones de investigaciones tan diversas como las citadas, resulta innegable que es muy difícil enfrentar este problema si uno no está dispuesto a cuestionar supuestos que han funcionado como verdades inamovibles, tanto en lo que hace a la psicología individual o familiar como a valores sociales más básicos. Adentrarse en el abuso sexual es semejante a introducirse en un laberinto de espejos: nada es lo que parece, nuevos interrogantes y problemas surgen cuando creemos que ya hemos encontrado la solución y donde lo crucial es tener en cuenta los hallazgos y las pistas que dejan los que han transitado el lugar antes que nosotros.

CAPÍTULO 5

VÍCTIMAS: LA OTRA CARA
DE LA MONEDA

Las cosas por su nombre

Los investigadores, los médicos, los legisladores y los abogados, entre otros, hemos desarrollado un amplio léxico que por su asepsia contribuye a minimizar la naturaleza verdaderamente brutal de algunos actos. Aunque esta terminología aséptica nos permite referirnos a ciertos hechos con comodidad, sin necesidad de evocar las imágenes reales de aquello que estamos nombrando, no está demás jugar con nuestra imaginación a situarnos en el lugar de nuestros pacientes. La experiencia resulta aterradora cuando se trata de víctimas de abuso sexual en la infancia.

Supongo que a esta altura todos coincidimos con Paul Mones cuando dice que la palabra "abuso" no es lo suficientemente desagradable como para describir lo que algunos adultos hacen a los niños. Se puede considerar a la expresión "abuso sexual" como una expresión desagradable pero, por cierto, no refleja la sordidez de los actos en sí mismos.[1]

Donna Montegna, en su libro *"Prisoner of Innocence"*[2] ("Prisionera de la inocencia"), relata su victimización a manos del abuelo materno, desde los seis hasta los trece años. Los siguientes párrafos –acerca de sus vacaciones en un campamento de verano a los ocho años– quizá puedan dar una idea aproximada de lo que siente un niño abusado.

"… El verano transcurría muy lentamente. No podía ya permitirme estar con mis amigas. Cada minuto que pasaba con ellas a la fuerza, encerraba la posibilidad de que descubrieran mi horrible secreto. Permanecía sola todo el tiempo que la tía

139

Susana* me dejaba. Muchas veces caminaba por el campo para poder pensar y esconderme de la fealdad que estaba descubriendo en mi vida y en mí. Sentada bajo la sombra protectora de un gran olmo, rumiaba obsesivamente acerca de la forma en que mi abuelito me quería. ¿Por qué me hacía cosas que sólo se suponía que hacía la gente casada? ¿Por qué me producía sensaciones agradables si era algo tan malo?

"Debía ser la peor persona del mundo. Todo era culpa mía, yo había dejado que me tocara de una manera inadecuada. Seguramente Dios me castigaría y me enviaría al infierno. Deseaba y necesitaba esconderme de mí misma y del resto de la gente pero, a pesar de todo lo que hacía, no conseguía liberarme de la prisión de mis recuerdos. Lo entendía. El abuelito Juan me quería, ¿no es cierto? ¿Los otros abuelos también querían a sus nietos del mismo modo que el mío? ¿Por qué mis amigas decían que su amor era malvado? Me iba tornando cada vez más apática e introvertida. Nada me resultaba divertido. A la comida la encontraba asquerosa; a las personas, amenazantes y terribles.

"La vergüenza que experimentaba diariamente hacía que me retrajera todavía más. Me sentía sola pero, además, quería estarlo. No quería que nadie se me acercara. Estaba aterrorizada de que llegasen a descubrir mis malignos pecados. Era tanto el temor que sentía que casi no hablaba. Temía que se me escapara algo y se dieran cuenta de mi secreto. Mantenía la mirada fija en el piso y mis hombros siempre encorvados y desgarbados. Me atormentaban los pensamientos sobre la ira de Dios. Me imaginaba quemándome eternamente en el infierno.

"La tía Susana trataba de acercarse, andaba detrás de mí intentando comprender por qué, de repente, me había vuelto tan callada y resentida. Ansiaba acurrucarme en sus brazos y contarle mis secretos, pero sabía que no era posible. Estaba atrapada por mi propio temor y mi culpa. La mantenía alejada con excusas tontas que ella parecía creer.

"[…] Como si estuviera sentada en una nube que flotara sobre el lago, observaba pasar en cámara lenta la condena de mi

* No se trata de la tía biológica, sino del nombre de la coordinadora del campamento.

verano. Sin embargo, el aire comenzó a enfriarse demasiado pronto y las valijas empezaron a prepararse para volver a casa. No quería ver a mi mamá pero, sobre todo, estaba aterrorizada ante la idea de ver a mi abuelito nuevamente. A medida que se acercaba el día en que mi madre vendría a buscarme, fantaseaba con la forma de escaparme y no volver nunca más a la avenida Columbus y al abuelito Juan."

A pesar de todo, Donna regresa con su madre y el abuso prosigue otros cinco años, hasta que:

"… Mi madre está parada en la puerta, con sus brazos apoyados en el marco. Su cara es una máscara desfigurada por la angustia; sus ojos marrones, velados como para protegerla de aquello que no puede permitirse ver. El peso del cuerpo de mi abuelito me sofoca, dejando mis pulmones sin aire. Sus rodillas empujan las mías viciosamente. Percibo su aliento cálido y maloliente en mi cuello. Mi madre está congelada en la puerta, sus uñas se clavan en la madera, su pecho se agita al respirar.

"'¡Mamá! ¡Mamá! ¡Ayúdame, mamá!' Las lágrimas bañan mi rostro desencajado. Mamá parece no escuchar mis súplicas histéricas. Mira a través de mí como si estuviera metida en una pesadilla que sabe que no puede ser real. Mis gritos quiebran la ensordecedora quietud del momento encapsulado. '¡Mamá! ¡Mamá! ¡Por favor, mamá!' Lo golpeo con manotazos incoordinados y débiles. Mi garganta se aferra a inútiles gritos de ayuda, dejando sólo escapar gemidos de terror y sufrimiento.

"Mi abuelito gira la cabeza hacia la puerta, ve a su hija y me libera de su violencia. Mi madre está gritando, con un aullido de dolor salvaje y primitivo que surge de sus entrañas. Mi abuelito se le acerca, presuroso, poniéndose los pantalones mientras intenta explicarle la violación de su hijita.

"No es lo que tú piensas, Suzanne, realmente. ¡Oh, por Dios, Suzanne! ¡Escúchame, maldición! Estaba intentando enseñarle algo. Suzanne, ¿me escuchas? Suzanne, ¡por favor!'

"Las mentiras tropiezan en su boca y revolotean alrededor de mi madre. Ella sale corriendo de la habitación, sus gemidos agónicos llenan mis oídos, ahogando las exigencias de la traición de su padre."

¿Quiénes son las víctimas?

Todos los estudios coinciden en que las víctimas, mayoritariamente, pertenecen al género femenino. Tan es así, que el investigador David Finkelhor considera que una de cada tres mujeres ha sido o será abusada sexualmente por un miembro de su familia o algún allegado antes de cumplir los dieciocho años.

En un estudio realizado sobre 138 casos de niños abusados en la ciudad de Buenos Aires, entre abril de 1989 y diciembre de 1992, se encontró que el 76,8% (106 casos) correspondía a victimización de nenas y el 23,2 % (32 casos), a varones.[3]

Conviene destacar que, en los últimos cinco años, el número de varones que declara haber sido víctima de abuso sexual ha aumentado significativamente. Ya en 1983, una investigadora norteamericana[4] señalaba que los varones configuraban un 25% a un 35% del total de casos tratados en centros especializados en abuso sexual, porcentaje que coincide con lo hallado en Buenos Aires en 1992.

Vale la pena aclarar que este incremento en las denuncias no es un indicador de que existe un aumento real en el número de varones abusados, sino a que el tema se mantuvo encubierto debido, posiblemente, a razones culturales. A los niños, jóvenes y adultos del género masculino, les ha resultado más difícil hablar de su victimización presionados, por un lado, por un modelo de masculinidad relacionado con la fuerza física y, por el otro, por la expectativa social de que un varón debe saber cuidar de sí mismo y defenderse. El abuso no sólo atenta contra la autoconfianza masculina, sino que, además, lleva implícito el estigma de la homosexualidad. Los estudiosos del abuso sexual de varones señalan que "estos estereotipos y los mensajes de socialización colaboran para que los profesionales y los padres fracasen en identificar las señales de alarma, aun cuando éstas están presentes".[5]

Tener en cuenta que el grado de riesgo de victimización sexual de niñas y niños es semejante, no sólo es muy importante para una adecuada detección, sino también para poder trabajar efectivamente en la prevención. Un estudio de 1956,[6] corrobora la creencia generalizada de que la posibilidad de victimización de varones es más baja: en una muestra de víctimas de abuso sexual, el 44,1% de los padres de niñas había conversado con ellas acerca del riesgo de abuso sexual, mientras que sólo el 26,8% de los padres había alertado a sus hijos sobre el peligro. Es probable que estas cifras se hayan modificado en nuestros días por la difusión que se le da al problema. Sin embargo, sigue siendo habitual que los varones abusados tengan mayor dificultad para buscar ayuda y protección.

Los estudios de Finkelhor constatan que el riesgo es mayor para las niñas, con un promedio de 2,5 a 4 niñas victimizadas por cada varón. Recordemos que considerando los datos obtenidos en investigaciones realizadas entre la población general, se estima que entre menores de 18 años, una de cada cuatro niñas y uno de cada seis a ocho varones han padecido abusos sexuales. Por supuesto que la proporción de abusos que las víctimas revelan, es muy pequeña[7] y, además, los familiares sólo requieren la intervención judicial en porcentajes todavía más bajos.[8] Los investigadores coinciden en señalar que se denuncian más los casos de victimización por personas ajenas al grupo familiar. Nuevamente, es Finkelhor[9] quien detecta que, entre 48 padres de niños víctimas de abuso sexual en Boston, el 73% de los que habían sido abusados por desconocidos había hecho la denuncia; contraponiéndose al 23% de los abusados por allegados y a ningún tipo de denuncia cuando el ofensor había sido un pariente. En el estudio de Diana Russell, que detecta que sólo el 5% (30 casos) de un total de 647 abusos sexuales se informa a las autoridades, se obtienen los siguientes datos: de los 30 casos denunciados, 26 corresponden a abusos extrafamiliares y sólo 4 a intrafamiliares.

Edad de las víctimas

Los detalles de la realidad del abuso sexual desafían una y otra vez la lógica y el sentido común. Si bien a muchos no nos resulta agradable admitir que haya adultos que tengan acercamientos sexuales con adolescentes, sabemos que es parte del mundo que nos toca vivir y que hubo momentos en la historia de nuestras culturas en las que constituía una práctica común (tanto la utilización de adolescentes como prostitutas como la elección de jóvenes de la misma edad pero de "buenas familias" como esposas). A algunos no se nos hace tan sencillo pensar que la adolescente de nuestros tiempos tiene capacidad de elegir libremente este tipo de pareja. Personalmente, me cuesta pensar que una joven acepta este vínculo sin alguna coerción o fascinación previa en donde el adulto se aprovecha de su inmadurez. Sin embargo, nadie puede digerir fácilmente que una persona adulta busque deliberadamente establecer contactos sexuales con niñas y niños prepúberes. Y aunque sea doloroso admitirlo, esa es la realidad del abuso sexual.

En una conversación casual, un hombre ajeno a la psicología, a quien recién conocía, se interesó por mi actividad. Yo le comenté que acababa de asistir a un congreso sobre prostitución y explotación sexual de menores que se había realizado en Suecia. Insisto en que era un hombre absolutamente desvinculado de estos temas, aunque de buen nivel educativo. Me miró socarronamente, pensando quizás que se encontraba frente a una mujer mojigata, rígida y conservadora, y me preguntó: "Menores, ¿de cuánto? ¿Quince, dieciséis años?" Con inocencia, pues yo no había captado aún su intención de demostrarme que las jovencitas no eran ya tan menores, le respondí: "No, mucho más chicas: siete, ocho, nueve años". Sin salir del asombro, indignado, me disparó una pregunta que es difícil de responder: "Pero, ¿y qué sienten esos hombres?" Y agregó: "Porque con una muchacha de quince o dieciséis, que parece de dieciocho, vaya y pase… pero…"

Nuevamente es Finkelhor quien nos confirma las crudas evidencias: los niños son vulnerables a cualquier edad. Asegura que "a pesar de la amplia gama de edades en que ocurren estos hechos [el abuso sexual], con frecuencia se asume que en las niñas se da durante el comienzo de la pubertad, al volverse más atractivas para los adultos. En el análisis del incesto, por ejemplo, mucho se ha dicho sobre lo difícil que resulta para algunos padres y parientes, manejar las sensaciones sexuales que se les despiertan cuando sus hijas, hermanas y sobrinas empiezan a desarrollarse. En otras palabras, se estima que la vulnerabilidad de la niña frente a las proposiciones sexuales aumenta a medida que adquiere características sexuales adultas. Esta suposición, sin embargo, es errónea. (…) En general, las experiencias, para los niños y las niñas por igual, se concentran en el período de la preadolescencia. La edad media de comienzo para las niñas [*encontrada en su estudio de 1979*] es a la temprana edad de 10,2 años. Si se procede a analizar los datos con intervalos de un año, se ve que los 8 años es la edad pico, además de los otros períodos importantes que se dan entre los 10 y los 12 años."[10]

Detengámonos en los resultados obtenidos en la prestigiosa encuesta de este investigador, en la que se recabó información de 796 estudiantes universitarios de seis universidades de la región de Nueva Inglaterra, en EE.UU. De las 119 mujeres que informaron haber sido victimizadas en la infancia, el 14% admitió que los episodios habían ocurrido entre los 4 y los 6 años; el 23%, entre los 7 y los 9; el 47%, entre los 10 y los 12 y el 16%, entre los 13 y los 16. La edad promedio de comienzo era a los 10,2 años. De los 23 varones que padecieron abuso sexual en la infancia, el 18% había comenzado entre los 4 y los 6 años; el 9%, entre los 7 y los 9; el 41%, entre los 10 y los 12 y el 32%, entre los 13 y los 16. La edad promedio de comienzo fue 11,2 años. (Véase *Cuadro I*).

CUADRO I: EDAD PROMEDIO DE COMIENZO DE VICTIMIZACIÓN

Edad en años	Mujeres (N=119)	Varones (N=23)
4–6	14%	18%
7–9	23%	9%
10–12	47%	41%
13–16	16%	32%

(Fuente: D. Finkelhor "Abuso sexual al menor"–Ed. Pax México– 1980)

La edad promedio de inicio de la victimización coincide con datos estadísticos obtenidos a través de fuentes muy diversas: encuestas a la población en general, estadísticas de servicios especializados y testimonios de los propios ofensores, tanto en estudios realizados en EE.UU. como en los llevados a cabo en nuestro país.

Si nos atenemos a encuestas realizadas en la población en general, obtenemos los siguientes datos sobre las edades promedio de comienzo:

- los 10,4 años en una muestra de 531 niñas victimizadas y los 15,4 años en la muestra de 215 varones.[11]
- los 9,9 años en una muestra de 400 mujeres adultas victimizadas en la infancia.[12]
- los 10,3 años en una muestra de 60 víctimas de incesto femeninas.[13]

En otros estudios, basados en las denuncias hechas por las víctimas o sus familias a agencias especializadas, los episodios comenzaron:

- a los 8,8 años en un total de 44 casos de niñas abusadas registrados en un.hospital general.[14]
- a los 8,7 años en un total de 89 casos de niñas y
- a los 8,5 años en un total de 42 varones victimizados, según registros policiales.[15]
- a los 7,9 años sobre 64 casos de niños victimizados de ambos sexos registrados en un servicio de guardia pediátrica.[16]
- a los 9,9 años sobre 73 casos de niñas abusadas derivadas para atención psiquiátrica por una instancia judicial.[17]
- a los 11,6 años sobre 250 casos de niños victimizados de ambos sexos registrados por agencias de protección a la infancia.[18]

En otras investigaciones basadas en los testimonios de ofensores sexuales de niños, encarcelados, se registraron las siguientes edades promedio de comienzo:

- los 9 años en un total de 158 varones abusados;[19]
- los 11,3 años sobre 634 niñas y

- los 12,8 años sobre 291 varones abusados;[20]
- los 9,4 años en un total de 33 niñas y
- los 12,2 años en un total de 25 varones abusados;[21]
- los 8,8 años sobre 594 niñas y
- los 12,4 años sobre 271 varones abusados.[22]

Finalmente, en el estudio de 138 casos atendidos en un servicio especializado de Buenos Aires,[23] las edades de detección son las siguientes:

- entre los 0 y los 5 años: 23,2% de las víctimas (32 casos);
- entre los 6 y los 11 años: 48,5% (67 casos), y
- mayores de 12 años: 28,2% (39 casos).

Si bien en este último trabajo no se especifica la edad promedio de comienzo del abuso, se advierte que la edad de detección raramente coincide con el primer episodio abusivo. Los datos que se obtienen cuando se considera la duración del abuso al momento de ser detectado, son los siguientes:

- de los 32 casos detectados antes de los cinco años,
  13% manifestó que se trataba del primer episodio;
  31,35% era víctima desde aproximadamente un año antes y
  11,75% lo padecía desde hacía más de un año pero menos de tres.
  (Se carecía de datos del porcentaje restante.)

- de los 67 casos descubiertos entre los 6 y los 11 años,
  1,7% informó que se trataba del primer incidente;
  29,1% sufría la situación desde hacía un año;
  36,25% era victimizado desde hacía más de un año pero menos de tres y
  20% había sido victimizado por más de tres años.
  (Se carecía de datos del porcentaje restante.)

- de los 39 casos correspondientes a mayores de 12 años,
  3,8% manifestó que era el primer episodio;
  10,7% padecía el abuso desde hacía un año;

26,5% desde hacía más de un año pero menos de tres; 23% había sido victimizado durante más de tres años. (Se carecía de datos del porcentaje restante.)

Al analizar estos hallazgos podemos notar otro aspecto característico del abuso sexual: las víctimas callan durante bastante tiempo y, en contra de cierta lógica, no se defienden ni piden ayuda. Sólo en el grupo de los más pequeños, hay un número significativo de casos que se registran cuando se produce el primer incidente, aunque el 43,1% de los abusos venía ocurriendo entre uno y tres años antes de su detección. En el resto de los grupos, más del 80% de las detecciones también se concretó tardíamente.

Para muestra basta un botón

Elba consulta al Programa de Asistencia del Maltrato Infantil a los pocos días de haberse separado de su esposo. Proviene de una familia de clase media que hasta entonces había convivido en una casa suburbana. El padre, de 52 años, es un comerciante con marcados altibajos económicos. La señora, de 44 años, es ama de casa y se las había ingeniado siempre para mantener algunos ahorros con los que solucionaba las dificultades que periódicamente provocaban los malos negocios de su marido. Tienen cinco hijos: tres mujeres de 25, 22 y 13 años y dos varones de 19 y 5. Las dos hijas mayores viven fuera del hogar. La mayor está casada y tiene dos hijos. La menor comparte un departamento en la ciudad con una prima, debido a que trabaja y estudia en la zona céntrica.

Elba está profundamente alterada en el momento de la consulta. Pocos días antes había dejado la casa junto con sus hijos tras haberse enterado de que el padre manoseaba a Julio, el hijo mayor. El joven presentaba, desde los doce años, severos trastornos de conducta que se habían exacerbado en los últimos tiempos con episodios de agresividad y violencia dirigidos contra sus familiares y contra desconocidos. A lo largo de todos estos años, Julio había realizado diversos tratamientos neurológicos y psicológicos sin que se observara una mejoría. Retrospectivamente, sería posible pensar que los trastornos de conducta habían comenzado junto con el abuso.

Sorprendentemente, ésta no era la primera noticia que Elba tenía acerca del comportamiento de su marido: la hija mayor le había contado, a los diecisiete años, que el padre acostumbraba a manosearlas, a ella y a la hermana que le seguía. En esa época, la mujer resuelve la situación de la manera que consideró más conveniente: envía a ambas jóvenes a vivir a la casa de un familiar y deja de compartir la habitación con el esposo. Argumenta que no podía tomar decisiones más drásticas porque en ese momento dependía económicamente de él.

Para validar lo relatado por Elba, cito a los hijos a entrevistas individuales. Los tres mayores confirman lo sucedido. El varón de cinco años comenta haber presenciado situaciones de abuso del hermano mayor. Hasta ese momento parecía que sólo ellos tres habían sido victimizados, pero otra sorpresa nos aguardaba a todos (inclusive a mí).

En la última entrevista –en la que participan la madre con los cinco hijos– Diego, el menor, se dirige a Elba y le dice: "Mamá, yo quiero contarte algo... A mí también papá me tocaba". Y comienza a relatar un episodio cuyo final todos recordaban. Había sucedido en la cocina de la casa familiar, cuando todos los hijos compartían un juego de cartas con el padre. Diego estaba sentado en su falda. Con mucha vergüenza, sin mirar a nadie, Diego cuenta lo que nadie sabe: el padre, delante de sus hermanos aunque con gran disimulo, le tocaba los genitales y frotaba los suyos contra el cuerpo del niño. Diego se había retirado de la cocina llorando. Sus hermanos pensaron que reaccionaba de esa manera porque perdía en el juego.

Lo sucedido en esta familia resulta útil para ejemplificar una recomendación que se hace ante cualquier situación abusiva: cuando el abuso ocurre dentro de una familia, *todos* los niños están en situación de riesgo, sin que importe la edad ni el sexo.

El síndrome de acomodación al abuso sexual infantil

Las personas que se acercan a este problema por primera vez se sorprenden ante ciertas conductas que contradicen lo que, desde el sentido común parecería ser lo esperable. La víctima no protesta, no se defiende, no denuncia. Por el contrario, se acomoda a las experiencias traumáticas mediante comportamientos que le permiten sobrevivir en lo inmediato, manteniendo una fachada de seudonormalidad. Sin embargo, esta adaptación es un arma de doble filo en el momento en que se devela el abuso ya que, a la larga, socava la eventual aceptación, la credibilidad y la empatía del resto de la sociedad.

Los familiares piensan: "Debe ser cierto que él/ella lo buscó. Siempre andaban juntos". Las autoridades sospechan: "¿Por qué no lo contó antes? ¿Será que quiere justificar lo mal que le fue en el colegio?" La gente murmura: "Si no decía nada, era porque le gustaba".

Pocos intentan comprender la manera característica en que los niños se acomodan a los abusos repetidos; resulta más sencillo encerrarse en los prejuicios y el rechazo, sobre todo cuando el que revela el secreto familiar es ya adolescente. No es raro que los mayores prefiramos ignorar lo que sucede y nos mantengamos distantes de la desesperanza y del sufrimiento del niño frente a su dilema. Con frecuencia somos incapaces de comprender por qué una criatura no se comporta según lo que nosotros entendemos como autodeterminación y autonomía. Aparentamos desconocer que para realizar elecciones racionales, se necesita de cierta seguridad y confianza que suele llamarse autoestima.

En este punto se torna esencial conocer el síndrome de acomodación al abuso sexual infantil para poder explicar de manera desprejuiciada las conductas destinadas a ocultar lo ocurrido y para comprender la propia estigmatización de las víctimas.

Este síndrome ha sido descrito por Roland Summit –psiquiatra de niños e investigador norteamericano– a partir de estudios clínicos de un amplio número de niños y de padres en situaciones comprobadas de abuso sexual.[24] Hace referencia a una secuencia de comportamientos que se pueden observar habitualmente en los niños victimizados. Menciona y analiza cinco patrones conductuales diferenciados que aparecen en el siguiente orden: 1) el secreto, 2) la desprotección, 3) el atrapamiento y la acomodación, 4) la revelación tardía, conflictiva y poco convincente y 5) la retractación. Los dos primeros son requisitos indispensables para que ocurra el abuso mientras que los tres restantes se constituyen en sus consecuencias. Representan, por un lado, la cruda realidad que viven las víctimas y, por otro, el polo opuesto a las creencias adultas más comunes.

La primera pregunta que nos hacemos es por qué el niño no cuenta qué le sucede. El secreto, vale la pena reiterarlo, es una de las precondiciones del abuso. El ofensor lo necesita para poder mantener el contacto con la niña. Por lo tanto, no duda en coercionarla emocional o físicamente ni, llegado el caso, en amenazarla. Debe asegurarse que sus acercamientos sean aceptados por la víctima y hace todo lo posible para hacerle creer que descubrir los hechos provocará una crisis temible y peligrosa. La fuente de temor se transforma así en una promesa de seguridad: si calla, todo saldrá bien.

Aún cuando los pequeños ignoren o no tomen conciencia del carácter sexual de los actos o aunque estas experiencias no provoquen dolor ni vergüenza, el secreto evasivo que se les sugiere guardar, los hace conjeturar que se trata de hechos malvados y peligrosos, de los cuales, además, llegan a sentirse cómplices responsables.

No debemos dejar de lado el hecho de que, con mucha frecuencia, las amenazas con que se atemoriza a las víctimas para garantizar su silencio, se cumplen cuando finalmente se quiebra el secreto: la criatura descubre que los mayores no le creen o la culpabilizan por lo sucedido, e incluso pueden descubrir que el adulto no abusador no se anima a protegerla, enfrentando al ofensor.

Para que los niños no se defiendan ni rechacen de manera activa el contacto sexual, debe instalarse lo que Summit describe como el estadio de la desprotección, que es la razón por la cual se someten dócilmente al adulto en un vínculo autoritario.

Este sometimiento está condicionado, parcialmente, por la

educación que impartimos a nuestros niños. Desde muy pequeños los aleccionamos para que eviten el contacto con desconocidos al tiempo que les enseñamos a ser obedientes y cariñosos
con los adultos de los que dependen. Algo parecido es lo que
transmitimos en cuanto a los contactos corporales: todo lo que
haga una persona mayor es adecuado y correcto, aún cuando
sea displacentero para el niño. La realidad nos señala que debemos modificar con urgencia la transmisión de este tipo de pautas si nos interesa prevenir de manera más efectiva el abuso sexual.

También en este último tiempo, las investigaciones registran que los niños más expuestos al riesgo de victimización sexual crónica, son aquéllos que ya han padecido alguna otra forma de maltrato infantil.[25] Los ofensores parecen contar con un
"radar" para detectar niños y jóvenes con carencias emocionales. Saben que les resultará sencillo aproximarse y ganar su confianza demostrándoles afecto. Además, muchos saben de forma
intuitiva que no será complicado hacer creer a estas criaturas
–ya que sobrellevan una persistente desprotección–, que acepta-
ron voluntariamente participar en los episodios abusivos.

La lógica adulta espera que el pequeño, al igual que las víctimas de violación, se resista, grite o intente escapar. Reacciona-
mos con desconcierto al descubrir que, por el contrario, suelen
quedar paralizados, enmudecidos y, muchas veces, sin poder
asegurar si el hecho ocurrió o se trató de una pesadilla.

Cuando el abuso se produce en su propia cama, el niño sólo atina a hacerse el dormido, a cambiar de posición o a cubrir-
se con las sábanas. La ausencia de autodefensa y el silencio no
significan que la víctima acepta o disfruta del contacto sexual.
Representan sencillamente el mecanismo de defensa más común frente al trauma: creer que la propia percepción dolorosa
es equivocada o negarla por completo.

Cuando la situación abusiva se transforma en algo crónico,
repitiéndose sin que el niño pueda evitarla o protegerse, comienza la fase en que queda atrapado porque comenzarán a
funcionar los mecanismos adaptativos para acomodarse no sólo
a las demandas sexuales crecientes sino al descubrimiento de la
traición, inocultable ya, por parte de alguien a quien normal-

mente se idealiza como una figura parental protectora, altruista y amable.

Algunos autores dicen que el abusador se comporta como si fuera un padre durante el día y otro padre por las noches. La víctima también es un niño durante el día y otro por las noches.

Muchas veces el abuso ocurre cuando la madre está en el hogar. Otras veces sucede antes de que el pequeño salga para la escuela. Los acercamientos sexuales irrumpen en medio de la vida cotidiana, a la que debe regresar cuando el adulto decide dejarlo en paz. Los niños regresan callados a la mesa familiar, retoman sus juegos o se van a sus clases. Para conseguir esta fachada de normalidad se ponen en marcha mecanismos defensivos que se caracterizan por mantener las experiencias traumáticas y los sentimientos asociados con ellas, totalmente separados del resto de las vivencias habituales. Inventan amigos imaginarios para sentirse más seguros. Desarrollan personalidades múltiples y asignan aspectos doloridos y desprotegidos a una de ellas, la maldad y la rabia a otra, el poder sexual a una tercera, el amor y la compasión a una cuarta y así sucesivamente. Pueden descubrir cómo provocarse estados alterados de conciencia para evitar el dolor o disociarse de su cuerpo, refiriendo el abuso como si lo observaran en otra criatura, a cierta distancia. Todos estos mecanismos resultan sumamente útiles para sobrevivir en la infancia. Pero constituyen los mayores obstáculos para el logro de la integración de la personalidad adulta.

Otro desafío a lo esperable: el secreto del abuso raramente se revela, fuera del grupo familiar al menos, de manera espontánea. Cuando sale a la luz se debe al estallido de un conflicto familiar, al descubrimiento accidental por parte de un tercero o a la detección por personal especializado.

Los conflictos familiares que con mayor frecuencia producen el desenmascaramiento se originan en los deseos de autonomía de los jóvenes, que son constantemente interferidos por los padres abusadores (en el caso del abuso intrafamiliar) u ocurren después de alguna paliza o penitencia severa. De esta manera, el relato de las adolescentes se torna menos creíble y suena a una venganza frente al castigo o a una excusa para sus desobediencias.

Es así que la revelación del abuso resulta extemporánea, conflictiva y poco convincente. Si, además, la joven tiene conductas delictivas, hipersexualizadas, tentativas de suicidio o trastornos serios de la personalidad, la mayoría de la gente se inclina a considerarlos como elementos que invalidan lo confesado. Lo mismo sucede cuando el tono del relato es sereno, evasivo o enojado. Siempre preferimos restar importancia a lo manifestado por el niño antes que reconocer que un adulto es capaz de trasgredir con tanta fiereza los tabúes sociales básicos.

La última fase descrita por Summit es la retractación, aspecto bien conocido y temido por los especialistas porque se transforma en otro punto de descrédito para la criatura.

Junto con la rabia y el despecho que motivó la confesión subyacen sentimientos de culpa por acusar a un familiar y por no cumplir con la obligación de mantener unida a la familia. Esto hace que los niños se arrepientan de haber develado el secreto. Con frecuencia, todas las calamidades con que el abusador amenazaba a la víctima suelen cumplirse. Puede suceder que nadie le crea al niño. O que la madre, enojada, lo mande a otra casa o se vaya con todos los hijos, con lo cual, en los hechos, la familia se deshace. Por otro lado, si intervino la justicia, el abusador corre el riesgo de ir a la cárcel. Y de todos estos males, paradójicamente, se responsabiliza a un menor.

En ese momento crítico los niños necesitan el apoyo de personal especializado y de un ambiente contenedor para no flaquear y poder sostener lo que han relatado. Ellos perciben que el mundo adulto prefiere mirar para otro lado.

Si lo que se produce es la retractación, las madres suspiran aliviadas: ya no tendrán que tomar las decisiones drásticas que tanto pánico les producían. Los acusados sonríen, perdonando las tonterías que se dijeron de ellos. Y todos coinciden en que habrá que tomar algún tipo de medidas para encauzar a una personita tan descarriada.

Insisto en que para los adultos resulta más sencillo aceptar la retractación que investigar en profundidad la veracidad de lo relatado. Por otro lado, la retractación confirma ciertas creencias de que no se puede confiar en los niños. Summit afirma que "De esta manera se restaura el precario equilibrio familiar.

Los niños aprenden a no quejarse. Los adultos aprenden a no escuchar. Y las autoridades aprenden a descreer de los niños rebeldes que utilizan su poder sexual para destruir a padres bienintencionados".

Otro caso

Al Servicio de Adolescencia de un hospital municipal consultan una niña de doce años y su mamá: Andrea y Antonia. La joven cursaba séptimo grado y, aunque conservaba todavía su estilo aniñado, había tenido su primera y única menstruación seis meses antes de la consulta. La madre sabía que los atrasos eran normales en las nenas. Sin embargo, prefirió que los médicos se lo confirmaran.

Andrea era una chica delgada, menuda, de expresión sumamente tímida y actitud sumisa, modelo que probablemente, había aprendido de su madre, una mujer del interior, criada en un medio rural bastante hostil. Antonia tuvo a esta hija cuando sólo tenía quince años. La vida no le había resultado fácil. Por mejorar la situación económica de su familia, había aceptado quedarse con sus tres hijos sola, trabajando en el campo mientras Jorge, su marido, se empleaba transitoriamente en la ciudad. Cuando él consiguió un trabajo más estable en un taller mecánico, se vinieron todos a Buenos Aires. De a poco y mediante recomendaciones, Jorge había llegado al puesto que ocupaba desde hacía cuatro años: un mecánico bien reputado de una importante concesionaria de autos. Si bien, por su carácter, no era un hombre de hacerse amigos en el trabajo, los jefes lo apreciaban porque no faltaba ni llegaba tarde. Era tan callado que no tenía problemas con nadie, excepto en su propia casa: era bastante bruto para tratar a los chicos. Cuando él llegaba, tenían que callarse, dejarlo mirar los programas de TV que le gustaban, no molestarlo.

Antonia había trabajado como mucama en una clínica geriátrica desde que se instalaron en Buenos Aires. Entraba a las seis de la mañana. Tenía una hora y media de viaje hasta su trabajo. Se iba muy temprano de la casa. Pero estaba tranquila por-

155

que Jorge se encargaba de despertar a los hijos y mandarlos al colegio. El sacrificio valía la pena: con el sueldo de ella afrontaban los gastos diarios y con el de él pagaban las cuotas del departamento donde vivían, la primera casa propia.

En esa primera consulta, la doctora revisó a Andrea, le palpó el abdomen y le realizó una ecografía, procedimiento habitual en estos casos para evaluar el estado de los órganos genitales internos en pacientes vírgenes. Este examen de rutina terminó con una terrible sorpresa: Andrea estaba embarazada de aproximadamente dos meses. Antes de informárselo a la madre, la médica conversó con la niña. No imaginaba a Andrea teniendo relaciones sexuales con un muchacho. Aparentaba menos edad. No parecía siquiera que hubiera entrado en la adolescencia. La sorpresa se convirtió en horror cuando la nena le contó lo que el padre le hacía casi a diario.

Repuesta de su asombro, la doctora hizo pasar a la madre, que escuchó en silencio el mismo relato: cuando Andrea tenía nueve años, Jorge había empezado a tocarle los genitales y los pechos, cada vez que ella se pasaba a la cama matrimonial, antes de ir a la escuela. Meses más tarde, cuando la nena evitaba esos contactos matinales, él comenzó a obligarla a pasar a la cama ni bien la madre salía para el trabajo. Jorge en un principio, se hacía masturbar por la niña. Al poco tiempo, ya le colocaba el pene entre las piernas sin penetrarla. Las relaciones sexuales completas habían comenzado un tiempo antes de la primera menstruación de Andrea. Jorge supo que su hija había tenido la menarca pero no había tomado ningún recaudo para evitar el embarazo. Antonia escuchaba y lloraba. Delante de la médica juró que lo mataría en cuanto él volviera del trabajo.

El hospital informó la situación al Asesor de Menores de turno.

Tres semanas más tarde, Antonia y Andrea volvieron al consultorio médico. Jorge las acompañaba. La madre le contó a la doctora que la nena había tenido una hemorragia genital hacía unos días, pero que ya estaba bien, que no sangraba pero que había perdido el embarazo. Negó que se le hubiera practicado un aborto. La habían citado de un juzgado penal una semana después de estar en el consultorio y Antonia había decidido no acusar al esposo. El "problema" de Andrea ya estaba resuelto. Además, Jorge había llorado mucho y prometido no "hacerlo" nunca más. Por otro lado, si él iba preso, ¿cómo iban a pagar las últimas cuotas del departamento?

Este caso absolutamente real, donde sólo algunos detalles resguardan la verdadera identidad de la familia, permite señalar con claridad las distintas fases del síndrome de acomodación al abuso sexual. Una nena de doce años guardaba un secreto terrible desde hacía tres. El sistema de creencias de ese grupo familiar colocaba a Andrea en una situación de marcada desprotección: se la había educado para obedecer a su padre y satisfacer sus exigencias. A medida que el abuso se agravaba, la hija quedaba atrapada por la confusión y la culpa: todos sabían que su padre era un buen hombre, trabajador, de su casa; seguramente esto le estaba ocurriendo porque ella lo había provocado pasándose de cama por las mañanas. Sin embargo, la acomodación también se había instalado y, junto con ella, la desesperanza de recibir ayuda. Andrea no presentaba conductas que llamaran la atención de los adultos: en la escuela era una alumna de rendimiento normal, callada e introvertida. Los psicoterapeutas que la conocimos algunas semanas después, observamos una desafectivización y un retraimiento marcados así también como serias dificultades para contactar con los demás (contestaba con monosílabos, se mantenía en silencio aunque la entrevistadora estuviese intentando conversar con ella). Los mecanismos de defensa disociativos se evidenciaban en el modo en que relataba el infierno que había sufrido: hablaba de los abusos paternos como si contara una película.

El develamiento del secreto fue totalmente accidental aunque, con mucha diligencia, la familia se ocupó de "solucionar el problema" de manera tal de hacerle creer a Andrea que el mejor camino para todos era la retractación.

¿Por qué a mí?

Los párrafos de Donna Montegna, citados al comienzo del capítulo, describen de manera exacta cómo se sienten los niños victimizados, al igual que Marita, de 11 años. Finalizaba uno de los primeros encuentros de un grupo de niñas victimizadas sexualmente, cuando ella levanta la mano con timidez. La coordinadora la mira sorprendida porque éste no era un mecanismo habitual para solicitar la palabra. Marita, sin notarlo, dice: "¿Puedo hacer una pregunta?" Nadie la interrumpe y prosigue: "¿Por qué tuvo que pasarme esto a mí?"

Por un lado, los niños se encuentran sumidos en una intensa confusión, intentando decodificar y comprender qué les está sucediendo y por qué. Cuando se plantean esta última pregunta, lo más probable es que crean los argumentos que utiliza el perpetrador para conseguir sus fines: "Lo hago porque sos una persona muy especial para mí", "Es una manera de demostrarte cuánto te quiero", "En esta casa, sos la única que me comprende", "Sos mi princesita". De ahí, hay sólo un paso para sentirse responsable de los acercamientos sexuales.

Es en este punto que la confusión le abre paso a la culpa y la vergüenza. Los abusadores son personas muy hábiles para manipular los sentimientos de los demás. Se las ingenian para estar en estrecho contacto con niños que por diversos motivos sufren alguna carencia afectiva. Y mediante un trato cariñoso y cooperador, consiguen que las víctimas ansíen verlos y compartir su compañía. En el caso de Donna Montegna, ella era la menor de tres hermanos, sus padres acababan de separarse y la madre estaba ausente del hogar la mayor parte del día ya que debía mantener a sus hijos. Los hermanos mayores de Donna eran adolescentes y tenían actividades propias. La pequeña, en cambio, esperaba la llegada de su madre en la casa de los abuelos maternos. La separación coincidió, además, con una mudanza: se trasladaron a una casa próxima a la de los abuelos para que la madre pudiera trabajar con mayor tranquilidad. En ese momento la niña debía enfrentar la separación de sus padres, la pérdida de las amistades del barrio y de la escuela y, fundamentalmente, su soledad.

Los niños, cuando atraviesan situaciones tan traumáticas como las del abuso sexual, construyen sistemas de creencias propias, difíciles de compartir con los demás, en un intento por justificar lo injustificable: la traición del adulto que supuestamente debería haberlos cuidado. De esta manera, siguen manteniendo un registro de los episodios dolorosos y atemorizantes que se los obliga a vivir, mientras garantizan la supervivencia de un ingrediente que aún necesitan: contar con el aspecto protector y afectivo de la misma persona que los explota.

La pregunta que trastorna a las víctimas es "Si él me quiere, ¿por qué me hace cosas que están mal?" Muy pocos niños pueden responder de la manera que nosotros consideraríamos más lógica: "Si me hace cosas que están mal es porque no me quiere". Ya se señaló que, por el contrario, se responsabilizan por lo que les está ocurriendo: "Si él me quiere y me hace cosas que están mal es porque yo lo provoco. Él es bueno. Yo soy culpable. Yo no sirvo para nada". A partir de estas afirmaciones equivocadas, comienza a gestarse la destrucción de la autoestima. Surgen también la desconfianza y el pánico con que estos niños se relacionan con sus cuerpos –vividos como tan peligrosamente atractivos que llevan a los adultos a quebrar todas las reglas. Si observamos las consecuencias a largo plazo de estos sentimientos, nos encontraremos con las adultas sometidas a personajes autoritarios, temerosas de la sexualidad y con tanto miedo a las sensaciones corporales que puede despertar un niño, que muchas veces, evitan estar en contacto con ellos e, incluso, llegan a decidir no tener hijos.

No hay que olvidar que, cuando un abusador manosea a su víctima, estimula deliberadamente áreas del cuerpo llamadas erógenas, que se excitan con facilidad debido al gran número de receptores nerviosos relacionados con la sensibilidad, pues precisamente su función es preparar la respuesta fisiológica para permitir la cópula. Es evidente, entonces, que no sólo se aprovecha de la carencia emocional, sino que saca partido de una disposición biológica, provocando sensaciones placenteras e incitando la curiosidad sexual de los niños.

Queda planteada aquí una cuestión que casi no ha sido abordada en los estudios sobre abuso sexual: qué le sucede a los niños –sobre todo a los más pequeñitos que todavía no tienen capacidad de descarga orgásmica– con ese exceso de estimulación genital. Es decir, cómo hace o qué hace el aparato psíquico para registrar y/o incorporar esa excitación corporal intrusiva y traumática. En las consultas, muchas madres comentan que notaron que algo raro le sucedía a sus hijos porque volvían de ciertas visitas o salían de las habitaciones de algunos adultos y estaban "colorados", transpirados. En el material gráfico de muchos niños victimizados aparecen bombas y explosiones. Son interesantes las reflexiones de Leonard Shengold al respecto: "En general, al comparar la excitación sexual que puede experimentar un niño con la de un adulto deducimos que no resultan equiparables en lo más mínimo. Para el niño es sencillamente, excesiva, ya que su organización psicosexual es incapaz de una descarga adecuada mediante el orgasmo. El deseo y la necesidad de alguna forma de descarga llega a manifestarse, en algunos de ellos, a través de desmayos o de la pérdida del control esfinteriano (con mayor frecuencia, el uretral). Parecería también que ese deseo de descarga puede transformarse en el deseo de una experiencia de penetración, pasiva, con características explosivas o implosivas; quizás como una especie de orgasmo anal. No hay duda de que esto implica una seria amenaza al yo infantil, pero podemos especular con que es una manera mejor que tiene el organismo del niño de aproximarse a la experiencia. Siempre es preferible movilizar el deseo de una penetración explosiva o aún castradora, antes que permanecer atrapado en el tormento prolongado y, de hecho insoportable, de los juegos sexuales preliminares."[26]

No es extraño, por otro lado, que, cuando se descubre la situación abusiva, el perpetrador diga con el mayor desparpajo: "Bueno, pero ¿qué podía hacer yo? Ella (o él) me buscaba". Y ella (o él) tienen ocho o nueve años, e incluso menos. Es posible que algunos niños se acerquen a los adultos con la intención, abierta o disimulada, de tocarles los genitales para satisfacer su curiosidad natural. Es parte de la función protectora de los adultos señalar que estos acercamientos no son convenientes y evitar esos toqueteos.

En el relato de Donna Montegna –al igual que en la vida de tantos otros niños– observamos cómo, a medida que se instalan intensos sentimientos de culpa y de vergüenza, las víctimas tienden a aislarse y a evitar los juegos con sus compañeros y el contacto con el resto de los adultos. En muchas ocasiones desarrollan cuadros de depresión crónica acompañados de una desvaloración personal generalizada y de un arrasamiento de la autoestima. Suelen percibirse como personas sucias, malvadas, merecedoras de los peores castigos.

Una vez que toman conciencia de que el adulto actúa con malas intenciones, surge un estado de alerta constante en un intento ineficaz de controlar la situación de abuso propio o con otros niños. Es común observar estallidos de temor y pánico aparentemente inmotivados, que aparecen en los momentos en que reviven mentalmente el abuso en sí o las amenazas con que el abusador los presiona.

Estas constituyen otra de las fuertes razones por las que un niño no cuenta lo que le están haciendo. Advertencias tales como "Si tu madre se entera, te va a matar", "te van a mandar a algún instituto o con otra familia", "me va a echar de la casa", "nos vamos a separar", "se van a quedar en la calle, no van a tener ni para comer " o "si no te dejás vos, lo hago con tu hermano/a", lo aterrorizan.

Con respecto a este tema me parece adecuado aclarar una consulta que surge con bastante frecuencia. Hace algunas décadas, en ciertos medios socioculturales, se veía bien que los padres, sin importar el sexo, compartieran la ducha o el baño diario con los hijos. La gente pregunta alarmada: ¿también es abuso sexual? Si bien corresponde conocer cada situación antes de emitir un juicio, considero que, en general, la propuesta no proviene de los niños, sino de los adultos que piensan que ese contacto natural es necesario o que conviene que sus hijos tengan un conocimiento desprejuiciado de sus cuerpos. Sin embargo, los adultos no nos damos cuenta que, ante el silencio de los chicos, imponemos aquello que nosotros pensamos que es adecuado. No se trata de un hecho abusivo según las definiciones clínicas y legales; es sólo una invasión a la intimidad de los pequeños, disfrazada de pedagogía progresista. Me parece necesario informar que la exhibición de adultos desnudos o vestidos de manera provocativa (como sucede en muchos programas televisivos y en avisos publicitarios) es otra forma de violentar al niño y enfrentarlo con estímulos que no siempre está en condiciones de elaborar, ya que esto depende del momento evolutivo que atraviese, de la formación e información con que cuente previamente y del tipo de escena que presencie. Cuando una pareja decide que el bebé duerma fuera del dormitorio conyugal, está reconociendo el derecho que ellos tienen a su propia intimidad y el derecho de su hijito a la suya, ejerciendo por lo tanto la función que se espera de los padres.

Es posible que nunca terminemos de conocer –ni de asombrarnos, cuando nos enteramos– los más recónditos detalles del modo en que el abuso sexual afecta a un niño. Lo mejor que podemos hacer cuando se nos presenta la oportunidad de asomarnos a ese mundo caótico y desconocido, es escuchar con atención lo que ese niño nos cuenta y, fundamentalmente, creerle. Creerle aun cuando los pormenores nos inquieten y angustien, aun cuando nos parezcan inverosímiles. También en esos casos, lo más acertado es creerle y consultar a los especialistas.

Mecanismos de la victimización sexual

Para terminar de entender el síndrome de acomodación al abuso sexual infantil es necesario adentrarse en los mecanismos de interacción que conducen y posibilitan los acercamientos sexuales. Comprender este proceso facilitará, por un lado, la detección precoz del abuso y, por el otro, orientará la implementación de programas preventivos. Nuestras intervenciones serán más eficaces si sabemos, por ejemplo, por qué hay relatos de niños victimizados que resultan confusos o cuáles son los grupos de niños que se encuentran en situación de riesgo.

En primer lugar, no todos los niños tienen la misma posibilidad de ser victimizados. Los ofensores –como señalé en párrafos anteriores– suelen elegir a aquellos que no opondrán resistencia ni revelarán los contactos sexuales con facilidad. Generalmente se aproximan a los más vulnerables: puede tratarse de niños de personalidad retraída, o que se muestren solitarios e introvertidos por problemas familiares de larga data, o niños que estén atravesando períodos particularmente difíciles donde esté afectada la posibilidad de acceder a adultos confiables (por ejemplo: la enfermedad o la muerte de alguno de los padres, divorcios, desarraigos). Muchas veces ocurre que, a pesar de que el adulto no abusador tenga una buena relación previa con su hijo, el hecho de estar atravesando las situaciones de crisis ya mencionadas, hace que se pierda de vista transitoriamente lo que le está sucediendo al niño. Y es precisamente ese alejamiento temporario lo que aprovechará la persona dispuesta a abusar sexualmente. Se ha mencionado por otro lado que las víctimas de otras formas de maltrato infantil constituyen una población en riesgo de ser victimizada debido, nuevamente, a la carencia de una figura adulta protectora a quien recurrir.

Otro factor de vulnerabilidad que conviene tener siempre presente es el de los niños que padecen algún tipo de discapacidad, ya sea física o madurativa. En estos casos, el ofensor confía en que podrá controlar fácilmente a la víctima y que, si ésta se atreviera a contar algún episodio abusivo, se cuestionará la veracidad del relato en función de la discapacidad.

Uno se podría preguntar si al afirmar que el ofensor reconoce y elige víctimas vulnerables, no se le están asignando poderes paranormales, rayanos con la videncia. De ninguna manera es así. Ya se dijo también, en el capítulo sobre los ofensores, que en este punto se entremezclan víctimas y victimarios. Estas personas lo único que hacen es reconocer en los demás los indicadores de vulnerabilidad que conocen a la perfección por haber estado sometidos ellos también a diversas formas de violencia y explotación en sus propias infancias. Conocen, además, los mecanismos para manipular las inseguridades de estos niños, involucrándolos de manera gradual en las conductas abusivas, generando al mismo tiempo los sentimientos de desprotección y desesperanza que acorralan a las víctimas, hasta hacerles creer que se trata de situaciones irreversibles.

En un estudio en el que se interrogó a veinte abusadores sexuales adultos acerca de la forma en que seleccionaban a sus víctimas, cómo las seducían y sostenían la situación,[27] se obtuvieron los siguientes testimonios: "Buscaba a alguno que hubiera sido victimizado con anterioridad; alguien tranquilo, retraído, complaciente". "Buscaba al más tranquilo, al más fácil de manipular, el que parecía que no iba a luchar para oponerse, un chico que tolerara las cosas." "Me fijaba en la mirada del chico. Tenía que tener una mirada confiada, expresar que le caías bien. Si un chico desvía la mirada, seguramente opondrá resistencia."[28]

Nadie como Leonard Shengold –psicoanalista norteamericano, profesor de Psiquiatría en la Facultad de Medicina de la Universidad de Nueva York– ha descrito las consecuencias de los mecanismos por los cuales se provoca en los niños lo que, casi asépticamente, llamamos desprotección y desesperanza. Shengold denomina al procedimiento "asesinatos del alma".[29] Afirma que "asesinato del alma no alude a un diagnóstico ni a una condición *[patológica]*. Es un término dramático para designar circunstancias que pueden desencadenar un crimen: el intento deliberado de erradicar o poner en riesgo la identidad separada de otra persona. Las víctimas de asesinatos del alma permanecen, en gran medida, en posesión de otras personas, con sus almas esclavizadas".

Los sobrevivientes de abuso sexual saben que estas descripciones de Shengold son absolutamente acertadas. ¿Cómo, si no, se explican las dificultades sexuales que ocurren 10 ó 20 años después de que el abuso se ha interrumpido, o los ataques de pánico o las crisis de llanto incontrolables en situaciones de intimidad con personas que no son agresivas ni representan ningún peligro?

Shengold enumera entre los hechos que provocan el asesinato del alma, al abuso sexual, a la deprivación emocional y a la tortura física y psicológica. Considera, por otra parte, que los niños son las vícitmas más frecuentes debido a su casi completa dependencia, tanto física como emocional, de los adultos. Esta situación de dependencia hace que los mayores tengan facilitada la posibilidad de tiranizarlos y abusar de ellos, ya que no pueden escapar del tirano-torturador, con lo cual se someten y se identifican con él. Señala Shengold que "estos crímenes son cometidos por progenitores psicóticos o psicopáticos que tratan a los niños como a extensiones de sí mismos o como a objetos para satisfacer sus deseos".

El autor considera que el procedimiento es equiparable a las técnicas de lavado de cerebro –en las que se mezclan la confusión, la negación y la identificación con el agresor: "*[Los asesi-*

nos de almas]...logran sus fines provocando, en forma deliberada, episodios de hiperestimulación crónicos y reiterados, alternándolos con períodos de deprivación emocional". Cita a O'Brien –personaje de la novela *"1984"* de George Orwell– quien le dice al protagonista, Winston Smith: "Te volverás hueco. Te exprimiremos hasta vaciarte y, entonces, te llenaremos con nosotros mismos".[30]

Con respecto a las conductas abusivas en sí, los ofensores raramente abordan a los niños ejerciendo violencia física directa o intentando una penetración desde el comienzo. Más bien van ganando la confianza y el cariño de niños solitarios ávidos de afecto. Repiten a lo largo del tiempo aproximaciones sexuales que se complejizan desde grados de menor intimidad hasta llegar a episodios francamente sexuales.

Es frecuente que los primeros acercamientos del adulto al niño puedan ser interpretados como manifestaciones juguетоnas, quizás como demostraciones afectivas exageradas, muchas veces ambiguas, que no suelen provocar sospechas. Sin embargo, este comportamiento del ofensor puede interpretarse de diversas maneras. Por un lado, puede tratarse de intentos fallidos de mantener bajo control los impulsos sexuales hacia los niños, en donde el abusador se engaña a sí mismo pensando que, al satisfacer dichos impulsos de manera parcial, podrá evitar una escalada abusiva mayor. También pueden representar una estrategia deliberada para tantear la respuesta del niño: si cuenta, el adulto puede aventar las sospechas fácilmente aduciendo una mala interpretación infantil de sus juegos en común. Si no cuenta, podrá avanzar en los acercamientos sexuales sin temores.

No olvidemos, además, que al comienzo la víctima no desconfía del adulto o, si lo hace, no se anima a protestar por la vaguedad de la situación. No es inhabitual que el abusador juegue a hacerle cosquillas a la criatura y, como al pasar, focalice las mismas en los pechos o los genitales o que, a la hora del baño, con el pretexto de higienizar a la víctima, enjabone y manosee sus partes íntimas.

En un estudio en el que se interrogó a 72 prisioneros condenados por abuso sexual, acerca de cuáles eran los niños que seleccionaban, respondieron que preferían a sus propios niños y/o a criaturas tranquilas, pasivas, conflictuadas o solitarias provenientes de hogares desavenidos. Señalaron que elegían a sus víctimas en función de la accesibilidad ya que la mayoría eran sus conocidos o personas de confianza.[31] Admitieron "haber usado mis funciones en el campamento y el hecho de ser entrenador deportivo para tener vía libre con el chico" o "Pude abusar de los niños de mi amigo porque primero me gané su confianza y así me permitió traerlos a mi casa".

A medida que profundizamos nuestros conocimientos sobre cómo son captados los niños, se diluye la creencia de que los ofensores son personas inexpertas y torpes. Por el contrario, suelen ser suficientemente calculadores y pacientes, además de desplegar conductas bastante sofisticadas para lograr sus objetivos. Hay investigadores que señalan que los acercamientos sexuales sólo ocurren después de que el ofensor se toma un tiempo prudencial para manipular al niño hacia una relación abusiva. Durante el proceso de "seducción", el adulto aprende qué cosas le gustan al niño y qué no, conoce sus preocupaciones y temores y utiliza esta información para inducirlo hacia el contacto sexual. También estos datos le resultan útiles para coercionar o amenazar a la víctima cuando el adulto desea perpetuar la situación ya iniciada.[32]

Hacerse amigo, compartir juegos, regalar dinero, juguetes, cerveza, cigarrillos o drogas[33] fueron algunos de los métodos que los perpetradores reconocieron utilizar para ganar la confianza de sus víctimas. Otras técnicas reveladas consistían en ofrecer un trato preferencial, amenazar con el abandono o con provocar daño físico en caso de que no participara y en aprovechar la curiosidad sexual normal de los niños.[34]

Suzanne Sgroi −otra prestigiosa especialista americana en el tema− estableció un patrón predecible de la dinámica de los acercamientos sexuales entre adultos y niños, compuesto por cinco etapas separadas: 1) fase de captación, 2) fase de interacción sexual, 3) fase del secreto, 4) fase del develamiento y 5) fase de la supresión. La primera etapa −la captación− se caracteriza por la creación de un vínculo con la criatura, generalmente desde una función de cuidado y protección, seguida por la inducción de conductas sexualizadas en las que la niña participa. La inducción suele ser sutil, aunque siempre encubra cierto matiz coercitivo como, por ejemplo, cuando se presenta la actividad propuesta como divertida o "especial", o se ofrecen recompensas o sobornos por la participación. Cuando ninguna de estas artimañas dan resultado, el ofensor puede utilizar la fuerza o las amenazas para conseguir la complacencia de la niña para ser captada.[35]

Varios autores coinciden en la descripción de las técnicas utilizadas por los perpetradores no violentos: "El perpetrador procura establecer una relación firme que incluya la actividad sexual pero que no se limite a ella. Es así que primero establece una relación no sexualizada desde una postura de familiaridad con la niña, a la que gradualmente adoctrina para involucrarla en los acercamientos sexuales, que se complejizan con el tiempo".[36]

Resulta evidente, entonces, por qué es tan común que, cualquiera sea la edad del niño, éste admita que el abuso ocurrió una sola vez, condicionado por la vergüenza y el temor que experimenta frente a la posibilidad de que se descubra la "verdadera" situación: que el perpetrador era su "amigo" y que, por lo tanto, ambos tienen la misma responsabilidad en lo sucedido ya que el niño deseaba la compañía de esa persona, aceptaba sus regalos y no se resistía a los hechos. Es fundamental para el bienestar emocional de los niños que los adultos en quienes confiaron para develar este secreto, puedan cuestionar estas explicaciones elucubradas por el perpetrador para culpabilizar a la víctima y perpetuar la situación abusiva. El adulto verdaderamente preocupado por el niño debe investigar cuidadosamente los detalles de sus relatos para rastrear la manera en que se vinculó con el ofensor y cuáles fueron los mecanismos que garantizaron el silencio.

La duración del abuso puede inferirse por la descripción del tipo de contacto que relata el niño. Por ejemplo, un episodio de manoseo puede ser un hecho reciente. Sin embargo, las prácticas de masturbación, sexo oral o penetración hace pensar en un proceso crónico, que viene ocurriendo entre seis meses a un año antes de ser develado.

Una carta

El abuso sexual consiste en incidentes donde sólo hay dos personas presentes, y una de ellas niega por completo que hayan ocurrido. A la otra –los niños–, se les cree con dificultad y se les cuestiona su capacidad de recordar, de relacionar los hechos sin teñirlos con fantasías o, directamente, se los silencia. Casi nunca existen pruebas fehacientes de lo sucedido: me refiero a fotos, videos o películas que permitan corroborar lo relatado por las víctimas. Sin embargo, a veces, los argumentos utilizados por los perpetradores quedan registrados por otros medios: los diarios de los niños o de los abusadores, o en cartas.

En un artículo publicado en el *International Journal of Child Abuse and Neglect,* se transcribe una carta encontrada por la madre, entre la ropa de su hijo de 16 años internado en un servicio psiquiátrico tras un intento de suicidio.[37] El muchacho había recibido una carta cuando tenía 15 años. Un hombre de 38 años, casado con una mujer de 21, se la había enviado. Las autoridades tenían ya noticias de este individuo, porque su casa, ubicada en un barrio residencial, era un lugar frecuentado por los adolescentes de la zona y por otros, escapados de sus hogares, para emborracharse y drogarse. Si bien diversos elementos llevaron al joven al intento de suicidio, los profesionales a cargo consideraron que la carta, junto con la continuada atención de su autor, fueron los principales factores desencadenantes. Los autores señalan que han transcripto textualmente la carta –que traduzco sin omisiones– distorsionando los detalles que facilitarían la identificación de los involucrados.

"Querido Alan:

Hace más de una hora que estoy acá sentado, preguntándome si debo escribirte esta carta o no. Como podrás ver la estoy escribiendo, así que espero que consideres que vale la pena escuchar lo que te quiero decir. Espero que tengas alguna idea de lo que te voy a escribir. No me resulta fácil arrancar, creo que va a ser una de las cartas más duras que haya escrito en mi vida.

Joan *[la esposa]* está durmiendo y estoy solo con mis pensamientos. Te fuiste de acá hace más o menos una hora pero el corto tiempo que estuviste acá fue suficiente para despertar en mí sentimientos que deben ser expresados y esta carta es mi intento de expresarlos.

Creo que ya sabes que te quiero. No permitas que la palabra amor te asuste antes de darme una chance de explicarte qué quiero decir. Para mí, amor significa poder cuidar. Poder cuidar de la persona amada para que sea feliz y esté bien. Significa querer estar con esa persona y compartir la experiencia de una vida juntos. Estar enamorado también genera en mí sentimientos especiales, como por ejemplo cuando la persona que yo amo me sonríe y se me vienen al corazón y a mi mente un montón de sentimientos. Después de todo, el amor es una emoción, un sentimiento.

Pero el amor genera también necesidades y deseos. Y mi mayor deseo y necesidad es que podamos compartir el amor de una manera real y tangible. Que podamos tocarnos, tanto física como mentalmente.

El contacto mental es esa sensación tan especial que te invade cuando miras directamente a los ojos de la persona amada, esa especie de timidez que es también placentera. Y el contacto físico es tocarse, y la forma más profunda de tocar a alguien es a través del contacto sexual.

No sé qué es lo que escuchaste de mí, o qué es lo que crees. Pero de verdad, mi experiencia sexual con otros tipos es muy limitada. Una vez, Joan y yo vivimos con un amigo durante unos seis meses y compartimos algunos contactos sexuales y fue una experiencia hermosa. Pero no, no estoy tratando de revivir eso contigo.

Quiero compartir una experiencia sexual contigo. Quiero proporcionarte el mayor placer físico que una persona le pueda brindar a otra. Y me doy cuenta de los problemas que trae aparejado.

Por un lado, no sé qué es lo que sientes por mí y todo eso. Tu forma de embromar me confunde. Sé que tienes 16 años y estás en el pico máximo de tus necesidades sexuales, y me parece que crees que si me prestas atención, te vas a convertir en gay. ¿Te pasa esto?

Pienso en ti un montón, sueño contigo, lindos sueños. Muchas veces me imagino y deseo que nos emborrachemos juntos, que estemos solos y un poco alegres. Que tus inhibiciones te dejen en paz el tiempo suficiente como para que puedas alejarte de tus miedos y dejarme tener sexo oral con vos. Necesito estar así de cerca aunque sea una sola vez para poder romper con los impulsos y los sentimientos que ahora me dominan. Necesito demostrarte cuánto me importas de una manera que rompa todas las barreras que nos separan y que, al mismo tiempo, genere ese vínculo eterno que sólo una experiencia sexual puede generar.

Alan, en el futuro voy a seguir haciéndote insinuaciones. Lo más probable es que sean chistosas y livianitas. Nunca voy a intentar presionarte para que hagas algo que vaya en contra de lo que te enseñaron que está mal.

Pero, hazme un favor. Si las cosas llegan a un punto en que decides darme una oportunidad, házmelo saber, dame alguna pista, empieza a hablar de cuán malhumorado eres o frótate la entrepierna y yo voy a entender el mensaje. Te prometo que va a ser una experiencia maravillosa y va a pasar de tal manera que no te vas a sentir culpable. Y si después de probar una vez decides que no es algo para ti, yo voy a saber entender. Porque una vez va a ser suficiente, nos va a hacer compartir algo que poca gente comparte en el mundo porque tiene miedo. Eso que nosotros vamos a compartir es amor.

Espero que haberte revelado lo que verdaderamente siento no arruine la relación que tenemos. Esta carta es un intento desesperado de llegar a ti. Sé que en este momento tu vida es un hervidero de confusión. Seguramente te estás empezando a preocupar por tu futuro, el futuro de tu familia y por el resto de tu vida.

Alan, no importa lo que pase, aun si nunca llegamos a compartir nada más que lo que compartimos ahora, yo siempre voy a estar a mano para ayudarte de cualquier manera que pueda. Por lo tanto, no dudes en acercarte con tus problemas o tus sueños. Joan y yo estamos haciendo cosas en este mundo. Trabajamos en esto por bastante tiempo y ya está empezando a rendir sus frutos, y siempre hay lugar para ayudar a un amigo.

Quisiera agregar acá que lo que haya entre tu y Joan es asunto tuyo. Si le tienes ganas, adelante. El amor que Joan y yo compartimos, aunque no se note, es lo suficientemente fuerte y profundo como para sobrevivir a cualquier cosa que nos traiga la vida. Te digo que para mí, tu y Joan son bellísimos juntos.

Confío que lo que te he revelado en esta carta quede entre tu y yo y que nadie se entere. Espero importarte lo suficiente como para que tomes en serio todo lo que te digo y que, a la vez, seas sincero con tus propias emociones.

Quiero estar cerca de ti, quiero estar tan cerca de ti como lo estoy de Joan. Yo no me enamoro con facilidad. Muchas cosas en mi vida me han lastimado profundamente y no acostumbro a entregar mi cariño con facilidad. Pero contigo no lo puedo evitar. Eres una de las mejores personas que conocí y me asusta escribirte y decirte esto. Tengo miedo de que ahora que sabes bien que no hablo en broma cuando hago bromas, no quieras pasar por casa y tengas miedo de quedarte a solas conmigo. Deseo con toda mi alma que no sea así pero, aun si las cosas no se dan como yo quiero, igual vamos a seguir siendo grandes amigos.

Tuve ganas de discutir contigo acerca de qué es lo que sentimos que está bien y qué sentimos que está mal, especialmente en relación a lo sexual. ¿Te parece mal que un tipo le demuestre cariño a otro, dándole placer sexual?

No sé qué tipo de sexo ya tuviste, si te gustó o no. Pero te prometo que si me das la oportunidad, voy a hacer lo imposible para que sea grato para ti, sin pedirte nada a cambio, sólo que lo hayas disfrutado. No veo que mis deseos tengan nada de malo. Dar amor es un don maravilloso y hace falta ser una persona verdaderamente especial para poder aceptarlo. Y sabes que pienso que eres una persona muy especial.

Alan, no me voy a sentir herido si rechazas mi pedido. Voy a estar desilusionado, es cierto, pero no por ti. Voy a poder entenderte, o al menos lo voy a intentar.

Entonces, ¿qué te parece? ¿Quieres que te lo haga hasta que te desmayes? ¿Me vas a dejar darte lo que te quiero dar? Igual, después vas a poder seguir viviendo, lo podrás justificar como una experiencia que querías probar o echarle la culpa a la bebida y al tabaco si no te gusta. Pero si te llega a gustar, vas a estar de acuerdo en que encontraste una descarga sexual descomunal hasta que encuentres a la persona para ti.

Por favor te pido que esta carta no te impida visitarme. Todavía puedo mirarte a la cara y, espero, que también sigas queriéndo verme. Cuidate.

Con cariño,

John

P.D. Como eres menor de 18, esta carta me podría mandar a la cárcel, así que me gustaría que me la devolvieras o que la destruyeras inmediatamente. Ahora, si me odias, mándame a la cárcel (esto último es en chiste)."

CAPÍTULO 6

INDICADORES PSICOLÓGICOS: MIRAR, ESCUCHAR Y DARSE CUENTA

El diagnóstico

Probablemente, a esta altura, quedan pocas dudas de que el abuso sexual infantil constituye uno de los traumas psíquicos más intensos y de que sus consecuencias son sumamente destructivas para la estructuración de la personalidad. Es posible comparar sus efectos al de un balazo en el aparato psíquico: produce heridas de tal magnitud en el tejido emocional, que hacen muy difícil predecir cómo cicatrizará el psiquismo y cuáles serán las secuelas.

Valga un ejemplo: la prevalencia del problema entre las mujeres estadounidenses que necesitan atención psiquiátrica varía entre el 14% y el 46%. Por su parte, la frecuencia de relaciones incestuosas en la historia previa de pacientes internadas en clínicas psiquiátricas, es de un 22% a un 44%, lo que excede ampliamente a lo esperado para la población en general. La desmedida presencia de estos antecedentes se hace más notoria aún, entre pacientes internadas por conductas suicidas, personalidad borderline y trastornos esquizoafectivos. Las cifras más altas de antecedentes de abuso sexual – entre el 75% y el 90%– se dan entre las mujeres que padecen una de las patologías psiquiátricas más severas: los trastornos de personalidad múltiple.[1]

Estas consecuencias tan serias resultan aún más inquietantes cuando nos asomamos a las estimaciones americanas de prevalencia del abuso sexual en la población femenina general: entre el 19% y el 31% –según las fuentes–[2] ha sido victimizada antes de los 18 años.

De ahí que todos los esfuerzos estén dirigidos a detectar e

interrumpir el abuso lo más precoz y eficazmente posible. Sabemos que el pronóstico del niño mejora cuanto menor haya sido el tiempo de exposición. Sin embargo, es muy difícil calibrar la magnitud del daño a largo plazo debido a que los episodios traumáticos impactan –como ya lo señalé– sobre un psiquismo infantil en formación, caracterizado aún por diversos grados de fragilidad. La seriedad del pronóstico no depende –como muchos suponen– del tipo de contacto establecido por el perpetrador. Es decir, no es más leve para el niño haber sido víctima de manoseos que haber sido involucrado en prácticas de sexo oral. Es importante recordar que ante una conducta abusiva limitada a contactos corporales sin intentos de penetración, tenemos dos posibilidades: el abusador no tuvo tiempo de complejizar sus avances o el patrón abusivo de esa persona se limita, justamente, a ese tipo de acercamientos.

Las variables a considerar para evaluar las consecuencias del abuso sexual, están ligadas a: a) el tiempo transcurrido desde el inicio de los acercamientos; b) el tipo de parentesco o de relación con el/los perpetrador/es; c) el tipo de conducta abusiva; d) la reacción del entorno ante estos hechos y e) el sostén familiar y social con que cuente el menor.

El diagnóstico de abuso sexual infantil es complicado por varias razones. Por un lado, como ya se mencionó, son incidentes que suceden en el mayor de los secretos y de los que sólo pueden dar cuenta los involucrados: niños y ofensores.

Sabemos que el adulto implicado por lo general niega firmemente los relatos de los niños o las sospechas de otro adulto. Sin aceptar su responsabilidad, llega a cuestionar, incluso, la salud mental de la víctima, mientras que todo el grupo familiar, influenciado por los aspectos positivos del perpetrador o manipulado directamente por él, se suma al descreimiento.

Es habitual además que las personas que intervienen en estos casos (familiares, maestras, profesionales) se muestren dubitativas y desconfiadas con respecto a los niños, por diversas razones. En primer lugar, carecen de información adecuada y de centros especializados para asesorarse. Pero no todo se explica por esta carencia de orientación confiable. Debemos reconocer también, que solemos teñir la realidad con el color del cristal con el cual la observamos. Este cristal hace que pensemos que los abusos sexuales sólo ocurren en clases sociales muy bajas, con escasos niveles educativos, en las familias de los alcohólicos y drogadictos. O que son "viejos verdes" degenerados, fácilmente detectables por su aspecto, quienes hacen estas cosas a los niños. O que, las víctimas, debido a su edad, están más propensas a mentir que los adultos. Nos resistimos a creer que un hombre pacífico, buen vecino, trabajador, a quien conocemos desde hace bastante tiempo, pueda comportarse de esta manera con un hijo, un sobrino, una nieta, la hija de un vecino o de su mejor amigo. No sorprende, entonces escuchar ciertos comentarios que deberían sonar, al menos, paradójicos. Una mujer cuya hija de 14 años había sido brutalmente abusada por su padre durante varios años, sollozaba cuando se le indicó que debía presentar su caso a la Justicia. Entre lágrimas, llegó a decirme: "No sé si lo voy a poder hacer. Salvo por esto, él siempre fue un buen hombre".

Con todo, son los niños, con sus palabras y sus cuerpos, los que informan detalladamente lo ocurrido. Sólo hay que saber escuchar y mirar. Algunos, los menos, pueden tener marcas en el cuerpo que delaten lo que está pasando, mientras otros se animan e intentan ser escuchados mediante relatos que involucran un gran esfuerzo. Sin embargo, casi siempre, las víctimas cuentan los hechos a través de sus comportamientos, aunque los adultos no llegamos a captar y decodificar estos mensajes.

Fue precisamente eso lo que sucedió con Sara[3] a quien, como a muchas nenitas de preescolar, le gustaba dibujar. Solía reproducir casas, soles, nubes, árboles y personas, aunque todas las personas que dibujaba tenían una característica en común: estaban desnudos y sus genitales aparecían con todos los detalles a pesar de que no todas las figuras humanas representaban a niños. Nadie recordaba ya los pequeños incidentes ocurridos cuando comenzó a ir a la guardería a los quince meses. Concurrió tan sólo unas doce semanas porque sus hermanos mayores se quejaban de la comida y los tres lloraban todas las mañanas antes de ir. Los padres habían notado que, entre el primer y el segundo año, el carácter de Sara había cambiado: se había vuelto menos sociable, estaba más callada y sonreía menos. Además,

175

se escondía de su padre, evitaba sus acercamientos e incluso lloraba las veces que él intentaba cambiarle los pañales. Todos pensaron que eran cosas de la edad. Imaginemos la sorpresa de estos padres cuando la policía –que tenía una lista de los niños que habían asistido a la guardería– los citó para reconocer unas fotos. Se enteraron así que, a partir de las denuncias de algunos padres, se había investigado al matrimonio propietario del establecimiento. Entre el material secuestrado había cinco fotos de Sara. En ellas se veía un pene adulto en erección tocando a la nena de quince meses, desnuda (se la podía reconocer por una marca de nacimiento). A su manera, Sara lo había contado.

Los indicadores

El principal indicador del abuso sexual es el relato que hacen la niña o el niño victimizados. Por la importancia que revisten una recepción y una evaluación adecuadas del mismo, dedicaré un capítulo para detallar sus características. Sin embargo, conviene reiterar que, a pesar de su especificidad, pocas veces es tomado en cuenta tanto por las personas que lo escuchan por primera vez como por las autoridades que intervienen.

Recordemos, además, que los investigadores señalan que menos de la mitad de los adultos que recuerdan haber sido victimizados sexualmente, lo han contado en la infancia y que sólo una quinta parte –el 20%– de los que lo han contado, tuvo algún tipo de intervención por parte de las autoridadaes.[4] En el estudio de Finkelhor de 1979, del total de casos de abusos detectados, el 63% de las mujeres y el 73% de los varones jamás lo habían contado.

Resulta necesario entonces, establecer otros criterios que contribuyan a verificar los relatos infantiles. Los que tenemos experiencia en este tema sabemos que validar un diagnóstico de abuso sexual es una cuestión no sólo complicada sino también delicada por las implicancias legales a corto plazo y las emocionales, a futuro. Por lo tanto, nuestra precisión diagnóstica será mayor en la medida en que reconozcamos la presencia de signos y síntomas –físicos y emocionales– asociados al abuso que corroboren una sospecha. Raramente la confirmación del abuso se basa en la presencia de sólo uno de los indicadores. Por el contrario, la tarea de los profesionales intervinientes se asemeja a la del investigador que va articulando diversas pistas –indicadores– para obtener un panorama lo más cercano posible a lo que verdaderamente sucedió.

Los indicadores, tanto físicos como emocionales, ponen en evidencia las consecuencias que el hecho traumático produce, tanto en el cuerpo como en el psiquismo. Por lo general, los adultos tenemos menos dificultades para detectar los indicadores físicos –fuertemente relacionados con los genitales– y menos resistencia a asociarlos con los episodios abusivos. No sucede lo mismo con los indicadores psicológicos. La comprensión del impacto traumático sobre el aparato psíquico parecería necesitar mayores explicaciones.

Hasta hace pocos años, los psicoterapeutas y los investigadores de la psicología no consideraban necesario diferenciar entre los efectos emocionales que provocaban los conflictos internos y las huellas dejadas por sucesos externos difíciles de manejar, menos aún en el caso de niños. Pero los estudios llevados a cabo desde mediados de la década de los '80 hasta nuestros días, demuestran reacciones específicas y diferenciadas ante cada una de las posibilidades mencionadas (conflicto interno o suceso traumático).

Diversos autores se han dedicado a enumerar los indicadores –signos y síntomas– asociados al abuso sexual infantil. Se consideran signos de cualquier enfermedad física o trastorno psicológico a todos los fenómenos que pueden ser apreciados por el observador; mientras que los síntomas son aquellos datos percibidos y descritos por los pacientes y que, en general están ligados a sensaciones corporales, a sentimientos y pensamientos.

Indicadores psicológicos

Mientras que el registro de los indicadores físicos suele requerir la intervención de profesionales, los indicadores psicológicos pueden ser detectados por cualquier persona que esté en contacto con los niños.

Según la etapa de la experiencia traumática que esté atravesando el niño, estos indicadores psicológicos revestirán diferentes características: en la época en que el abuso está comenzando es más frecuente detectar signos y síntomas relacionados con stress postraumático mientras que, en la fase crónica, se reconocerán conductas asociadas al síndrome de acomodación a la victimización reiterada. Muchas veces, si el niño o su familia recuerdan la aparición de indicadores de stress postraumático –como sucedió en el caso de Sara– es posible inferir la fecha aproximada de comienzo del abuso.

Tanto los indicadores físicos como psicológicos pueden estar estrechamente relacionados con el abuso sexual –y se los considera indicadores específicos– o pueden acompañar, a su vez, a otros trastornos –constituyendo los indicadores inespecíficos.

Indicadores psicológicos inespecíficos

El síndrome de stress postraumático no es una manifestación exclusiva del abuso sexual infantil, sino que representa la reacción emocional habitual ante hechos altamente traumáticos. Puede observarse tanto en los niños como en los adultos, aunque en la infancia presenta ciertas particularidades que le confieren un matiz diferente.

Este trastorno fue estudiado en sobrevivientes de guerras, de desastres naturales (terremotos, inundaciones, huracanes) y en víctimas de crímenes y violencia. Es decir, en situaciones que representaban una amenaza a la integridad del sujeto o de otras personas. El impacto emocional de estos sucesos traumáticos desencadenantes produce alteraciones en el funcionamiento tanto del área corporal como del área psíquica. Las manifestaciones sintomáticas ponen en evidencia el desborde y la incapacidad del psiquismo para elaborar experiencias reales absolutamente inesperadas.

El síndrome puede presentarse de manera aguda, crónica o diferida. En el primer caso, la sintomatología aparece inmediatamente o poco tiempo después del hecho traumático y su duración es menor que tres meses. La forma crónica se diferencia de la anterior en que los trastornos se prolongan por más de tres meses. La variación en la modalidad diferida es que las alteraciones se inician, como mínimo, seis meses después de el suceso desencadenante.[5]

La sintomatología está estrechamente conectada con sensaciones en las que se revive el hecho traumático como si estuviera sucediendo de nuevo. Es característica la irrupción de pantallazos de recuerdos muy vívidos, que invaden el campo perceptual con tal intensidad que escapan al control de la persona que lo padece. Esta reexperimentación del factor desencadenante se diferencia de las alucinaciones por varios detalles. En primer lugar, el sujeto es consciente de que no se trata de experiencias actuales a pesar de no poder sustraerse a ellas. Por otro lado, estos recuerdos poseen una fuerte apoyatura en lo visual mientras que en las alucinaciones lo que suele prevalecer es el componente auditivo.

Además, las personas afectadas por este trastorno evitan de manera persistente los estímulos relacionados con el trauma, eluden los pensamientos y sentimientos asociados, esquivan las conversaciones sobre el tema y rehuyen las actividades, situaciones o personas que puedan hacer aflorar los recuerdos. Este mecanismo desemboca en un estado de rigidez psíquica, con una disminución notable de la reactividad habitual. Se observa indiferencia y distanciamiento con respecto al mundo externo, junto con una actitud sumamente alerta, a la defensiva de posibles ataques o desorganizaciones del medio circundante. A esto se agregan trastornos del sueño (insomnio y pesadillas) y alteraciones de la memoria, junto con dificultades para ejecutar las tareas habituales.

El fondo emocional es netamente depresivo, y se observa ansiedad, irritabilidad y sentimientos de culpa, generalmente por haber sobrevivido a la situación desencadenante o por la creencia de haberla provocado. Otras de las particularidades de este cuadro en el adulto son el temor, la desesperanza y el pánico intenso, en tanto que en el caso de niños hay que tener presente los comportamientos desestructurados y agitados.

El Manual Diagnóstico y Estadístico de los Trastornos Mentales, editado por la Asociación Psiquiátrica Americana, enumera, clasifica y describe los diferentes cuadros psicopatológicos. Su utilización a nivel internacional permite que investigadores de distintas escuelas, marcos teóricos e incluso culturas diferentes, comprendan, compartan y discutan los estudios de sus colegas. Periódicamente se corrige y reedita para actualizar sus contenidos. La última edición con que contamos en español data de 1995.

Con respecto a las causas del trastorno de estrés postraumático, dice: "En los niños, entre los acontecimientos traumáticos de carácter sexual pueden incluirse las experiencias sexuales inadecuadas para la edad aun en ausencia de violencia o daños reales".[6]

Indicadores psicológicos específicos

Uno de los listados más abarcativos de conductas asociadas al abuso sexual infantil es el sugerido por los especialistas norteamericanos Sgroi, Porter y Blick,[7] quienes mencionan los siguientes indicadores:

1) actitudes de abierto sometimiento;
2) conductas agresivas con tendencia a externalizar el conflicto;
3) comportamiento seudomaduro o sobreadaptado;
4) indicios de actividades sexuales;
5) juegos sexuales persistentes e inadecuados con niños de la misma edad, con juguetes o con sus propios cuerpos, o conductas sexualmente agresivas hacia los demás;
6) comprensión detallada e inapropiada para la edad de comportamientos sexuales (sobre todo en niños pequeños);
7) permanencia prolongada en la escuela (llegar antes de hora y retirarse después), sin ausentismo;
8) mala relación con sus pares y dificultades para entablar amistades;
9) desconfianza, en especial hacia figuras significativas;

10) falta de participación en actividades escolares y sociales;

11) dificultades para concentrarse en la escuela;

12) disminución brusca del rendimiento escolar;

13) temor exacerbado hacia los hombres (en los casos en que la víctima es una niña y el perpetrador, un hombre);

14) conductas seductoras con los hombres (en los casos en que la víctima es una niña y el perpetrador, un hombre);

15) fugas del hogar;

16) trastornos del sueño;

17) conductas regresivas;

18) retraímiento;

19) depresión clínica, e

20) ideación suicida.

Al lector puede llamarle la atención que, en medio de la diversidad de estos indicadores, coexistan algunos que son la contracara de otros: por ejemplo, conductas retraídas, regresivas y depresión junto con agresividad y tendencia a la puesta en acto de los conflictos; conductas fóbicas y evitativas hacia los varones junto con conductas seductoras; problemas en el aprendizaje junto con la necesidad de permanecer en la escuela fuera del horario habitual. Es interesante señalar que la complejidad de los trastornos observados refleja las diferentes modalidades de reacción de los niños y permite entrever los intentos de defensa y de adaptación a la traumatización crónica.

Hay niños que tienen mayor facilidad para externalizar el impacto emocional que les produce la situación abusiva y, en consecuencia, presentan comportamientos que llaman la atención de los adultos por el monto de agresividad demostrado o por sus características trasgresoras.

Otros niños, por el contrario, no tienen facilitada la vía de la externalización y revierten el impacto traumático sobre sí mismos. Son criaturas silenciosas, retraídas, hipermaduras o seudoadaptadas, depresivas, con manifestaciones somáticas de distintas clases, sumamente pasivas. Estos niños no despiertan la preocupación de los adultos, que suelen estar conformes y orgullosos de que sean "callados", "tranquilos" o "educaditos".

Por la manera en que se socializan los niños en nuestra cul-

181

tura –alentando las actitudes agresivas de los varones y favoreciendo la pasividad de las nenas–, queda claro que los trastornos asociados a la externalización son más frecuentes entre los niños mientras que aquellos relacionados con la internalización, aparecen habitualmente en niñas. Sin embargo, conviene aclarar que esta apreciación no excluye la posibilidad de que haya varones que presenten dificultades asociadas a la internalización del impacto traumático y niñas abiertamente agresivas o trasgresoras. Además, cualquiera de estos comportamientos puede modificarse con el paso del tiempo. Es decir, puede suceder que una niña que durante la edad escolar, responde con sometimiento y pasividad a la situación abusiva, adopte conductas autoagresivas o trasgresoras al entrar a la adolescencia sin que, en apariencia, se produzcan cambios en el entorno que las justifiquen.

Indicadores psicológicos y estadios evolutivos

En este sentido, también es preciso señalar que los trastornos enumerados deben ser evaluados teniendo en cuenta la edad del niño y su nivel evolutivo.

Entre los niños muy pequeños –menores de tres años– es habitual observar irritabilidad, dificultades en el sueño, trastornos en la alimentación y alteraciones en el nivel de actividad junto con conductas agresivas o regresivas, una comprensión precoz de la sexualidad y despliegue de actividad sexual inadecuada.[8]

Es frecuente que los preescolares se vuelvan a orinar en la cama por la noche después de haber logrado el control esfinteriano, se muestren hiperactivos, presenten alteraciones en el ritmo del sueño, manifiesten temores y fobias intensos, exhiban conductas compulsivas y padezcan trastornos en el aprendizaje. Demuestran explícitamente evidencias de sexualización precoz que incluyen juegos sexuales tempranos acompañados de un grado de curiosidad sobre lo sexual inusual para la edad. En algunos casos, los adultos se preocupan porque los niños se masturban compulsivamente, llegando en algunas ocasiones a utilizar objetos –por lo general, muñecos, ropas o partes del cuerpo de otras personas– o a introducirse elementos en los orificios vaginales y/o anales. En estas ocasiones no es raro que lleguen a producirse lesiones en los genitales. Puede observarse también una intensa ansiedad frente a la separación y conductas seductoras hacia los adultos.[9]

En la latencia, los niños pueden presentar cualquiera de los trastornos ya enumerados aunque el ámbito privilegiado para expresar la complicada situación que están atravesando suele ser la escuela. Es allí donde se detectan dificultades de aprendizaje o alteraciones en el rendimiento de instalación brusca y, muchas veces, inexplicable, acompañados de un llamativo retraímiento o de una agresividad exacerbada hacia los compañeros. Suelen aparecer conflictos con las figuras de autoridad junto con una marcada desconfianza hacia los adultos significativos. Ya se señaló que los niños pueden parecer –tanto en la escuela como en el hogar– sumamente tranquilos o maduros y no despertar sospechas de que les esté sucediendo algo tan grave o, por el contrario, mostrarse abiertamente disruptivos y hostiles. Los adultos deberían tener en cuenta la posibilidad de abuso sexual infantil cuando un niño de esta edad comienza a tentarse con pequeños robos, miente con frecuencia, se muestra cruel con sus pares o con animalitos y manifiesta, además, profundos sentimientos de desesperanza y tristeza.

El fracaso escolar debería resultar sospechoso de una situación de abuso si se instala de manera brusca y sorpresiva en un niño que anteriormente tenía un rendimiento aceptable y cuando, además, no es posible encontrar un factor desencadenante evidente como, por ejemplo, el nacimiento de un hermano, un viaje, la separación de los padres, alguna enfermedad en la familia o cualquier modificación inesperada que hubiera ocurrido en la vida del niño. El fracaso escolar provocado por el abuso sexual se debe a la imposibilidad de la víctima de concentrarse en las tareas propuestas, sumada a los trastornos en la atención que ocurren cuando el niño se ve invadido por los recuerdos y la reviviscencia de los sentimientos asociados al abuso.

Aunque, a veces, pueden aparecer fobias escolares, es más corriente que suceda lo contrario: desean permanecer en el colegio después de finalizado el horario de clases, en un intento de evitar permanecer a solas con el abusador en el hogar.

Los escolares también pueden protagonizar episodios de coerción sexual con niños más pequeños o más retraídos. Es importante estar alerta en estos casos ya que lo que solemos hacer habitualmente es proteger a quien fue victimizado en última instancia y reprender o sancionar al agresor. En mi experiencia he advertido la importancia de aceptar e investigar la posibilidad de que el niño o joven perpetrador estén siendo objeto, a su vez, de ataques sexuales.

Al llegar a la adolescencia los indicadores de abuso sexual involucran conductas riesgosas tanto para la víctima como para los demás, aunque debemos reconocer que en la base de las conductas más violentas, aun hacia el entorno, podemos encontrar intensos deseos autodestructivos y una búsqueda desenfrenada de castigo. Por otro lado, la cronicidad de la situación padecida y la indefensión persistente han erosionado ya, de manera indeleble, la autoestima de la víctima. Es así que, en los extremos, podemos encontrar adolescentes que se lastiman a sí mismas –automutilaciones, cortajeos–, que han caído en diversas adicciones y en conductas delictivas o que han intentado suicidarse. Otras se han fugado reiteradamente del hogar, en un intento de poner un corte a la situación abusiva. Pueden haber incurrido en promiscuidad sexual e incluso incursionado en la prostitución. En esta etapa suelen observarse cuadros psicopatológicos más específicos relacionados con trastornos en la identidad y con la disociación.

Cuando la sintomatología es más mitigada, persiste el retraimiento, la sobreadaptación y la depresión acompañadas de una inhibición sexual llamativa. Las jóvenes niegan cualquier interés relacionado con los órganos sexuales, eluden y se ponen ansiosas cuando se enfrentan con temas sexuales. Esta actitud es rápidamente percibida por el grupo de pares que suele burlarse ante la intolerancia de estas muchachas frente a bromas de doble sentido o de franco contenido sexual. La inhibición también se manifiesta en la manera en que se visten con el fin de ocultar sus pechos o cualquier modificación corporal que indique que se están convirtiendo en mujercitas. Se acompaña de una marcada incapacidad para interactuar con el sexo opuesto que, a la larga, puede condicionar reiterados fracasos para formar una pareja. Estos fracasos, sumados al temor y al rechazo hacia las figuras masculinas, frecuente en las víctimas mujeres, pueden determinar elecciones de pareja homosexuales.

Indicadores psicológicos y el entorno familiar

Hasta aquí me he referido a signos y síntomas que pueden observarse en las víctimas del abuso sexual. Existen, por otro lado, indicadores relacionados con la dinámica familiar, en especial con el tipo de vínculo que establece el padre –en caso de ser el abusador– con su hija. Si bien suelen estar presentes a lo largo de toda la convivencia familiar, pueden destacarse cuando la niña abusada ingresa a la adolescencia.

En la mayoría de estas familias, los límites intergeneracionales están esfumados. Los hijos cuidan a los padres, cumpliendo funciones parentales –en especial las hijas que, antes de ser victimizadas, suelen atender a sus hermanos menores y encargarse de las tareas domésticas, como verdaderas "mujercitas" de la casa. Los progenitores, por otro lado, involucran a los hijos en sus conflictos conyugales, llegando muchas veces a interactuar con los niños como si tuvieran todos las mismas edades.

Es muy común que el abusador –padre, tío, hermano, abuelo– tenga cierta facilidad para acceder a los niños victimizados, por motivos diversos (convivencia, horarios de trabajo materno, horarios de trabajo propios, por quedar a cargo del cuidado de los niños, etcétera). Establece con ellos un vínculo de favoritismo que es detectado por el resto de los hermanos, generando celos hacia el o la "elegido/a".

Además, el perpetrador se torna posesivo hacia la joven victimizada, especialmente cuando es su padre, le impide relacionarse con gente de su edad y, sobre todo, salir con muchachos. Esta actitud no se limita a supervisar que sus hijas tengan amigos o salidas apropiadas; el interés paterno radica en eliminar por completo todo tipo de contactos. Muchos padres interfieren las llamadas telefónicas y aíslan a las jóvenes en sus hogares.

185

También les advierten que los varones sólo se interesan en ellas por razones sexuales. Pueden adoptar una actitud rígida y moralista, que el resto de la gente reconoce como "estricta".

La actitud moralista suele estar presente también cuando los niños son muy pequeños. Por ejemplo, una niñita de tres años contó que un joven de 15 que la cuidaba, la había molestado sexualmente. El padre se enfureció tanto que, según confesó después, pensó en matarlo. Sin embargo, en vez de hacer eso llamó a la policía. Delante de ellos, la hijita reconoció que el muchacho le había hecho "lo que sólo papito me hace". Posteriormente, el padre corroboró que era cierto.[10]

Me parece pertinente, en este punto, detenernos a examinar en profundidad algunos de los indicadores que poseen mayor grado de especificidad como detectores de situaciones abusivas, y que suelen despertar polémicas.

Conductas hipersexualizadas

Constituyen uno de los indicadores más ligados al abuso e insinúa un conocimiento inhabitual acerca de los comportamientos sexuales adultos. A comienzos de siglo, Freud describió teorías y fantasías sexuales en los niños, aunque dejó claramente asentado que, cuando "los apremios de la vida" despiertan la curiosidad infantil, los niños buscan respuestas en las cuales "la verdad sospechada aparece mezclada con grotescos errores."[11] Las teorías sexuales infantiles toman ciertos elementos de la realidad pero los modifican y adaptan a las vicisitudes del mundo interno del niño, llegando en algunos casos a negar percepciones concretas en relación, por ejemplo, con la diferencia sexual anatómica.

Las tres teorías que los niños corrientemente elaboran se refieren a:

1) la universalidad fálica ("La hipótesis de que ambos sexos poseen el mismo aparato genital –el masculino– es la primera de las teorías sexuales infantiles");[12]

2) la teoría cloacal (en relación a la pregunta de dónde nacen los bebés, suponen que "nacen saliendo del intestino como en el acto excrementicio");[13] y

186

3) el coito sádico (explican el intercambio sexual entre un hombre y una mujer como "una especie de maltrato" en donde participan la expulsión de orina o de excrementos).

Sin embargo, afirma Freud "la investigación sexual infantil desconoce siempre dos elementos: el papel de la semilla fecundante y la existencia del orificio vaginal".[14] Por ejemplo, una paciente de 36 años, en tratamiento psicoanalítico, recordaba que desde muy pequeña había creído que el diseño de los inodoros estaba pensado en función de recibir a los bebés cuando nacían: el angostamiento de la base evitaba que la criatura se escurriera por los caños, mientras que el agua evitaba que se golpeara. Cuando lo relata, admite risueña: "¿Quiere que le diga algo? Hoy lo vuelvo a pensar y, me da gracia decirlo, pero no me parece una mala idea".[15]

Diferente es este recuerdo sobre la irrupción brutal de la realidad en el abuso, según el relato de un sorprendido pediatra de guardia. Una pareja de padres de clase media consulta a la guardia de una clínica privada durante la noche. Traen a su hijita de un año y medio porque se queja de dolor y picazón en la región vulvar. Cuando el médico le saca el pañal para examinarla, la nena con las piernas abiertas, le dice juguetonamente: "Chupa, chupa".

Todos los niños, entre los cuatro y los cinco años, se muestran interesados en los asuntos sexuales y hacen preguntas sobre la diferencia sexual anatómica, sobre cómo nacen los bebés y cómo se forman. También exploran sus propios cuerpos y curiosean el de sus pares (sobre todo los del sexo opuesto). Estos juegos sexuales infantiles permiten a los pequeños investigar sus cuerpos y las sensaciones asociadas con las zonas erógenas, a través de la masturbación y los acercamientos con otros niños. Representan un estadio normal del desarrollo biopsíquico de cualquier persona y no deben alarmarnos a menos que se conviertan en la actividad que más interés despierta en el niño o que ocupa la mayor parte de su tiempo. Cuando esto último sucede, deberíamos prestar especial atención ya que suele indicar una erotización prematura.

Ante situaciones de sobreestimulación precoz es posible observar –junto con la exacerbación de actividades sexuales comunes– la aparición de conductas absolutamente inapropiadas para cualquier edad como, por ejemplo, investigar los genitales –sobre todo, el recto– de animales, intentar introducir objetos en sus orificios u obligar a otros niños a participar de juegos sexuales.

Lo más corriente es que se acentúen ciertos comportamientos sexuales habituales o que éstos se desarrollen de maneras peculiares. Frente a episodios que resulen llamativos para los adultos, conviene preguntarse si están frente a conductas exploratorias inofensivas o a indicadores de que algo más grave está ocurriendo.

Hacer esta distinción en poco tiempo y con el mayor grado de certeza posible es de gran ayuda para la detección precoz del abuso sexual infantil. Para ello, hay que tener en cuenta el tipo de actividad observada, si hay utilización de la fuerza física o de algún tipo de coerción y si existen diferencias evolucitvas entre los involucrados en los juegos.

Ya se dijo que todos los niños se tocan los genitales y se masturban en determinadas etapas de la vida y en ciertos momentos de su rutina diaria. Por ejemplo, no resulta extraño que un niño pequeño se masturbe antes de dormir mientras se balancea suavemente en la cuna o toma su mamadera. Forma parte del proceso de desconexión de los estímulos externos para poder conciliar el sueño. Por el contrario, no es esperable que ese mismo niño se masturbe en las horas en que está despierto y con otras actividades interesantes a su alcance, ya sea en su casa o en la guardería. Los pequeños que no han sufrido una sobreestimulación sexual temprana prefieren jugar antes que masturbarse. Además, cuando son un poco mayorcitos –4 ó 5 años– se dan cuenta de que los adultos los reprenden cuando los sorprenden explorando sus genitales. Razón por lo cual, suelen esconder estas actividades a los mayores. Si, a pesar de esta realidad, el niño o la niña no pueden evitar masturbarse aún en presencia de una figura que podría censurarlo, deberíamos investigar la posibilidad de que el niño esté siendo victimizado.

Por otro lado, tanto cuando se masturban como cuando juegan al doctor o a mostrarse los genitales, es excepcional que niños no abusados intenten introducir –a los demás o a sí mismos– objetos en los orificios vaginales o anales. Generalmente, los juegos del doctor de niños no victimizados engloban conductas exploratorias de los genitales junto con la aplicación de inyecciones, la administración de medicamentos, la colocación de yesos, la práctica de "operaciones", etcétera, donde la gracia del juego reside básicamente en sacarse la ropa y mirarse. Los niños victimizados, por el contrario, proponen juegos con representaciones –o actividades concretas– de sexo oral, coito anal o vaginal, inserción de objetos en orificios genitales o masturbación mutua.

Es importante recordar que los niños –sobre todo los más pequeños–, no tienen manera de conocer los detalles de una relación sexual adulta si no tuvieron la oportunidad de observarla o si no fueron víctimas de abuso. Desconocen, por ejemplo, la posición de los cuerpos, los movimientos copulatorios, las sensaciones que acompañan a la penetración y la existencia de la eyaculación. Si un niño se refiere a estos temas, sea mediante relatos o en juegos con amigos o muñecos, es altamente probable que haya sido victimizado.

Cabe agregar que la utilización de la fuerza física o la coerción psicológica para conseguir la participación de otros en los juegos sexuales constituye un elemento más para inferir la victimización sexual de quien lo propone.

También es necesario investigar si el niño ha sido abusado sexualmente cuando la diferencia de edad entre los involucrados en los juegos sexuales es mayor a los 5 años o, en caso de que sea menor, cuando los participantes estén en distintos momentos evolutivos.

Otra oportunidad para detectar el abuso sexual infantil consiste en observar ciertos acercamientos físicos. A veces, los niños nos proponen que les mostremos nuestras partes íntimas o se nos acercan con intención de tocarnos. Suelen llamarles la atención los pechos femeninos y los genitales de ambos sexos. Los abusadores, con frecuencia, interpretan estas conductas como si provinieran de otro adulto y no es raro escuchar: "Fue ella la que me buscó y, usted sabe, uno no es de fierro". Frente a estas conductas infantiles, un adulto no abusivo señalará su inconveniencia. La situación es distinta cuando los acercamientos que el niño intenta con el adulto no se limitan a tratar de tocar o ver sino que adoptan características más bizarras. Resulta sospechoso de victimización sexual si un niño toca o quiere oler los genitales del adulto, se aproxima por detrás a una persona agachada y, desde esa posición, realiza movimientos copulatorios, se acomoda sobre un adulto en la cama y simula movimientos de coito, solicita o trata de introducir la lengua cuando besa.

Abriendo los ojos

Claudia –mamá de Emilia– cuenta que, cuando la nena tenía tres años, se quejaba con frecuencia de que le "dolía la cola" y se señalaba la región vulvar. A la mujer le llamaba la atención que el dolor fuera continuo y no estuviera relacionado con la emisión de orina. En una oportunidad, después de haber visitado a su papá –de quien Claudia está divorciada–, Emilia le pide a la mamá que le mire la cola, "porque tengo sangre". Preocupada la lleva al hospital donde se le diagnostica una vulvovaginitis y se le indica el uso de una pomada. En los tres meses siguientes, Claudia recuerda haber consultado cuatro o cinco veces más al pediatra. En todas las ocasiones el diagnóstico y el tratamiento coincidían, y se le explicaba a la madre que podía deberse a falta de higiene. En ese tiempo, Emilia estaba triste, se volvió callada y retraída. No dejaba que nadie le examinara los genitales, ni siquiera su abuela, y lloraba sin motivo. A veces contaba que se había caído y se había lastimado la cola. A los familiares le llamaba la atención que jugara con las muñecas a besarles la boca.

En una nueva consulta por los mismos motivos, se detecta, además de la vulvovaginitis, una fisura anal. El médico no se alarma porque la niña tenía antecedentes de constipación desde muy pequeña. Nuevamente se le recetan pomadas y se le indica una dieta para favorecer la evacuación intestinal. Emilia le dice a la mamá: "Me caigo arriba de mi papá, cuando jugamos en la cama". Se angustia y no quiere dar más detalles.

Por las noches, estaba asustada, pedía dormir en la cama de Claudia, temía que la madre se fuera y hablaba de "secretos que no podía contar". Una de esas veces, en que Emilia va a la habitación de la mamá, Claudia está recostada en su cama. La nena se sienta sobre el vientre de la madre y empieza a dar pequeños saltitos. Se rehusa a explicar dónde aprendió ese juego, aduciendo que "es un secreto entre papá y yo".

Claudia se decide. Se presenta ante el juzgado civil que había intervenido en su divorcio, informa lo que estaba sucediendo y solicita que se investigue la posibilidad de abuso sexual.

Federico, de 7 años, estaba en tratamiento psicológico desde hacía un año y medio por problemas en el rendimiento escolar de origen emocional. Sus padres estaban separados desde que él tenía meses y ambos habían formado nuevas familias. Cuando el nene inicia el tratamiento acababa de nacer un hermanita, hija de la mamá y su nueva pareja. La nueva pareja del padre estaba en el tercer mes de embarazo. Todos suponían que, ante tantos cambios, Federico tenía más de un motivo para fracasar en la escuela. El niño vivía con la madre y su nueva pareja y pasaba parte del fin de semana con el padre.

A pesar de la psicoterapia, la mejoría en el rendimiento escolar no era alentadora. Sin embargo, me llamaban la atención ciertas actitudes que había observado. Las veces que la madre entraba al consultorio con Federico y la hijita –que ya caminaba–, él llevaba a la nena al diván, la acostaba boca arriba y se le subía encima, o se ponía abajo y sentaba a la nena sobre su vientre. La madre no parecía notarlo.

En otras ocasiones, durante las sesiones, mientras Federico relataba episodios en los que ridiculizaba a sus compañeros, se agarraba los genitales, distraídamente, remedando un gesto grosero, más común en niños mayores y poco habitual para el trato que Federico recibía en su familia.

En una sesión con el nene y su mamá juntos en la que se estaba tratando el tema de los días y horas que pasaba con cada uno de los progenitores, Federico pidió no pasar los sábados con su papá porque se aburría. Le pregunté qué hacía cuando estaba con su padre y el nene responde que se bañaba. Le señalé que bañarse podía ser parte de la actividad del sábado, pero que seguramente haría otras cosas.

Federico insistió en que sólo se bañaba y aportó más detalles: el padre llenaba la bañera, se introducía en ella junto con Federico y su hermanito menor y permanecían horas en el baño. Comentó que, cuando el agua se enfriaba, el padre vaciaba la bañera y la volvía a llenar sin que nadie saliera. Reconocí que debería resultar incómodo para tres personas estar dentro de una bañadera. Y el nene –ante la sorpresa de todos– contó que el padre lo tocaba durante el baño y le obligaba a permanecer con él. En sesiones posteriores, Federico pudo informar que los manoseos continuaban cuando salían del baño y que, además, le mostraba videos y revistas pornográficas.

Fugas del hogar y prostitución

Las fugas de niños del hogar están altamente relacionadas con cualquier forma de maltrato infantil y no son indicadores exclusivos de victimización sexual; sin embargo, esta modalidad abusiva debería investigarse cuando se está en contacto con púberes y adolescentes que abandonan sus familias.

Me parece importante presentar datos estadísticos en relación a estos indicadores porque por lo general, se confunden las causas con las consecuencias. Pocos creerán a una adolescente fugada del hogar, que además ha tenido conductas sexuales promiscuas, cuando revela haber sido abusada sexualmente por algún integrante de su familia. Por el contrario, será mucho más fuerte la tendencia a comprender y justificar la negativa del abusador, apoyándose en la suposición de que es él quien ha sido una víctima más de esa muchacha perversa.

Si una niña muestra actitudes seductoras hacia los adultos, nunca se piensa que puede tratarse de comportamientos erotizados aprendidos en un vínculo abusivo que recompensa con regalos o afecto el sometimiento de la víctima. Esta conducta, entonces, se convierte en un arma de doble filo para las niñas abusadas púberes o adolescentes ya que, por un lado, actúan de manera provocativa o se visten con ropas ajustadas y llamativas mientras adoptan actitudes seductoras con los varones, sobre todo con aquellos cuyas edades coinciden con la del abusador. Muchos hombres sonreirán divertidos frente a estas jovencitas. Pero otros llegarán a involucrarse sexualmente con ellas. El problema es que suele tratarse de relaciones poco estables que para el hombre representan la obtención de un trofeo y un refuerzo de su autoestima, mientras que para las adolescentes es un nuevo desengaño en la búsqueda desesperada de un varón adulto confiable y protector. Es por estos motivos que, durante la adolescencia, las víctimas de abuso sexual pueden internarse en una espiral de promiscuidad o prostitución que no saben cómo detener y de la que no pueden salir. Veamos ahora las estadísticas.

En diversos estudios sobre adultos abusados en la infancia se han detectado porcentajes elevados de fugas del hogar:

- 33% de mujeres victimizadas habían huído del hogar comparado con el 5% de mujeres con padres "seductores" pero no abusivos que también lo habían hecho.[16]

- 50% de las sobrevivientes de incesto dejaron sus casas antes de los 18 años, mientras que sólo un 20% del grupo control había procedido de la misma manera.[17]

- 55% de los delincuentes juveniles con antecedentes de abuso sexual estaban acusados de cargos relacionados con fugas de sus hogares mientras sólo el 5% había sido acusado por delitos violentos.[18]

- 23% de una población de drogadictos abusados sexualmente se había escapado de sus casas antes de los 14 años (sólo el 11% de adictos no abusados habían hecho lo mismo) y el porcentaje aumentaba al 52% si se tenía en cuenta a los que se fugaban del hogar antes de los 16 años (en el grupo no abusado, el 39% había hecho lo mismo).[19]

En una investigación realizada en 1984,[20] se encontró que el 61% de la mujeres que ejercían la prostitución en las calles había sido abusada sexualmente en la infancia. Dos tercios de estas mujeres habían sido victimizadas por sus padres biológicos, sus padrastros o sus padres adoptivos. El 96% de las prostitutas admitieron haberse fugado del hogar antes de prostituirse.[21]

Trastornos disociativos

La mamá de Federico –el nene de 7 años que ya conocimos– comenta, delante de él, ciertos hechos que le habían sido comunicados por la persona que se encargaba del cuidado de los niños y de la limpieza de la casa. Hacía varios años que esta señora trabajaba con la familia y estaba al tanto de lo que había pasado con el padre. Cuando por las mañanas limpiaba uno de los baños –utilizado sólo por el nene–, encontraba orina en lugares insólitos, por ejemplo en la jabonera de la ducha o en rincones alejados del inodoro. Nada hacía suponer que se trataba de accidentes aislados que pueden suceder a cualquier niño que se levanta a orinar en el medio de la noche. Federico escuchaba en silencio, con gesto apesadumbrado. La madre estaba enojada "porque ya era lo suficientemente grande para estar haciendo esas cosas". El nene interrumpía cada tanto a su mamá para jurarle que él no había sido, que nunca se levantaba de noche para ir al baño y que, si alguna vez necesitaba hacerlo, llamaba a su mamá para que encendiera la luz. Si bien la señora admitía que lo que decía Federico era verdad, no dudaba del comentario de su empleada porque, en varias ocasiones la había llamado para mostrarle dónde había orina y el único que usaba el baño de esa parte de la casa era el nene. Ante tantas evidencias, Federico se puso a llorar mientras decía: "No sé. Te juro mamá que yo no fui". Y agregó, entre sollozos: "Te juro que no me acuerdo". Esta última frase fue la que me permitió, finalmente, entender qué había sucedido. Ninguna de las versiones de estos episodios era falsa. Todos decían la verdad: la empleada doméstica había encontrado orina todas las mañanas, sólo podía haber sido Federico y, a la vez, Federico no había sido –al menos no el aspecto de la personalidad del nene que teníamos delante.

Este extraño fenómeno –reflejado en repetidas oportunidades en las historias de libros y películas– ilustra con claridad acerca de las consecuencias de un mecanismo de defensa con el que, potencialmente, todos contamos y del que hacemos uso en algunas ocasiones. Me refiero a la disociación.

Disociar significa en un sentido amplio, impedir la asociación entre dos cosas. La utilización de este término en el campo de la psicología data de fines del siglo XIX y estuvo, en un principio, estrechamente relacionada las teorías acerca de la memoria humana: se suponía que los recuerdos eran accesibles a la conciencia de los individuos a través de la asociación de ideas. Se consideraba "disociado" todo recuerdo que no podía ser rememorado.

Uno de los maestros de Freud –Pierre Janet–, quien alrededor de 1880 trabajaba con pacientes mujeres afectadas por cuadros psicopatológicos muy severos, empleó este concepto para referirse al hecho de que en muchas de las enfermas parecían coexistir personalidades diferentes, cada una de las cuales daba la impresión de poseer una historia independiente. Janet postuló entonces que, posiblemente, la información recabada por una de las personalidades no resultaba accesible a la/s otra/s, lo cual producía la sensación de que cada personalidad contaba con un conjunto de recuerdos y un estilo de comportamiento propios. Por otro lado, resultaba característica la amnesia que cada personalidad padecía con respecto a la otra. Estas observaciones le hicieron conjeturar que el estado de conciencia discurría en distintas corrientes que no fluían indefectiblemente unidas y que la información que entraba en la conciencia a través de uno de los canales, podía no estar disponible en otro.

Cuando se describió al inconsciente como un elemento más del aparato psíquico, los investigadores empezaron a indagar por qué algunos contenidos de la vida emocional tenían más dificultades que otros para tornarse accesibles a la conciencia. Es para esa época que Freud responsabiliza a la represión –otro mecanismo de defensa– por tales efectos. Precisamente la función de la represión es mantener lejos de la conciencia representaciones intolerables –por diversos motivos– para el sujeto. Estas representaciones no desaparecen del aparato psíquico, sino que quedan relegadas en el inconsciente y se ligan a otras representaciones o afectos con las que originalmente no tienen ninguna relación. En ocasiones, de manera fortuita, por activación de las nuevas representaciones o afectos ligados, es posible que esos contenidos reprimidos irrumpan en la conciencia. Esta defensa implica una clara división entre los contenidos del nivel conciente y los del nivel inconciente.

Al principio, la disociación fue considerada por Freud como una forma de represión. Sin embargo, a medida que avanzó en sus teorías, modificó su concepción del aparato psíquico al que consideró, a partir de 1920, conformado por tres instancias (Ello, Yo y Superyó) que tienen, las tres, aspectos conscientes e inconscientes. En base a sus observaciones de pacientes psicóticos y fetichistas, percibió cierta diferencia entre la represión y el mecanismo defensivo que advirtió en ellos. Esto lo llevó a postular que la disociación –o escisión– se producía en el Yo del individuo e influía en el modo en que el Yo se relacionaba con la realidad. A diferencia de la represión, esta separación no ocurría entre dos instancias psíquicas en conflicto, sino que tenía lugar en el mismo Yo e interfería la función integradora del mismo. Cuando se tornaba el mecanismo de defensa por excelencia, generaba cuadros clínicos más graves que la represión, porque le impedía al sujeto lograr una sensación de integridad personal y de continuidad en el tiempo.

La disociación constituye "un complejo proceso psicofisiológico que produce una alteración en el estado de conciencia. Durante el proceso, los pensamientos, los sentimientos y las experiencias no son integrados a la conciencia ni a la memoria del individuo de la manera en que normalmente sucede".[22] Un fenómeno disociativo siempre está acompañado por dos características: a) una pérdida de la sensación de la identidad propia y b) un trastorno de la memoria del sujeto que puede manifestarse como una amnesia frente a hechos vividos o en relación a acciones complejas.

Diferentes investigaciones confirman que existe una predisposición personal y/o familiar que facilita la utilización de la disociación como mecanismo de defensa y señalan, además, que ésta se activa ante circunstancias de la vida real sumamente traumáticas. Entre los factores que pueden provocar una respuesta disociativa se mencionan el maltrato infantil (abuso sexual, maltrato físico, maltrato psicológico, maltrato fisiológico y negligencia),[23] las experiencias que ponen en riesgo la vida del sujeto y las pérdidas repentinas en el entorno familiar.

La ventaja que este mecanismo representa para la economía psíquica es permitir convivir y, sobre todo, sobrevivir, a situaciones altamente traumáticas, conservando una adaptación aparentemente normal al entorno. Bajo condiciones de sobrecarga extremas, la fisiología cerebral se modifica sustancialmente. La sobreestimulación bloquea la capacidad normal de absorber y almacenar información, provocando el proceso disociativo que separa a las experiencias abrumadoras del conocimiento consciente. Sus efectos son complejos: los recuerdos traumáticos percibidos por el individuo se pueden "perder" de manera total o parcial, o ciertos fragmentos perceptuales se pueden conservar, aunque completamente separados de sus consecuencias emocionales, permitiendo que los hechos conmocionantes para el psiquismo queden (mal)integrados a la historia personal como episodios poco significativos. Posteriormente estos elementos disociados pueden ser recuperados fragmentariamente como imágenes visuales, recuerdos corporales, sensaciones extrañas y/o como sentimientos o pensamientos intrusivos.[24]

La disociación, reitero, es uno de los mejores mecanismos defensivos frente a sucesos que desbordan la capacidad de elaboración del aparato psíquico, sea un acercamiento abusivo o un desastre natural. Es una de las formas de garantizar la supervivencia. Por ejemplo, en situaciones de catástrofe, los sobrevivientes se asombran frente a la "sangre fría" con que ejecutaron determinados actos o con que tomaron decisiones. Muchas personas refieren asimismo, haber realizado grandes esfuerzos físicos en un estado de obnubilación. Estos son los efectos reconocibles y positivos de la disociación: impide que la conciencia se inunde y la persona se paralice. Sin embargo, estos mismos sobrevivientes, superada la situación traumática, atraviesan períodos cargados de serias dificultades en el funcionamiento emocional —el síndrome de stress postraumático del que ya nos hemos ocupado.

Las desventajas de la disociación surgen cuando, ante la cronicidad de los hechos traumáticos, este mecanismo se activa no ya para proteger al sujeto en situación de riesgo, sino ante cualquier circunstancia que implique conflicto o angustia, sin tener en cuenta la magnitud ni las características del problema. Es entonces que la disociación produce serios efectos indeseados, cuando se activa casi de manera automática y se convierte en un mecanismo defensivo privilegiado.

Muchos de los indicadores psicológicos que se han descrito en este capítulo suelen tener una estrecha relación con la disociación, por ejemplo: las fugas del hogar, los intentos de suicidio, las conductas delictivas –incluyendo los pequeños robos y la cleptomanía frecuente en los sobrevivientes de abuso–, las mentiras (cuyo rótulo deberíamos reconsiderar a la luz de, por ejemplo, lo sucedido con Federico), las conductas sexualmente promiscuas, las autoagresiones, los problemas de aprendizaje y de la escolaridad, las quejas somáticas y las adicciones. Las alteraciones descritas por las mismas víctimas como "confusiones" –en las que no pueden distinguir si los hechos que relatan verdaderamente ocurrieron o fueron soñados– también son consecuencia de los mecanismos disociativos. Por otro lado, los estados alterados de conciencia con sensaciones de alejamiento y desconexión del propio cuerpo se deben a lo mismo.

En una primera etapa, generalmente durante la infancia, se producen fenómenos o respuestas disociativas –como le sucedió a Federico– como una manera –exitosa, por cierto– de modificar una realidad emocionalmente intolerable frente a la cual los niños se sienten indefensos. Más tarde, si la fuente de traumatización persiste o si no se ha podido revertir terapéuticamente el empleo indiscriminado de la disociación, se consolidan los llamados trastornos disociativos.

La última edición del ya mencionado Manual Diagnóstico y Estadístico de los Trastornos Mentales, DSM-IV, señala que la característica esencial de estos trastornos es "una alteración de las funciones integradoras de la conciencia, la identidad, la memoria y la percepción del entorno". Puede ser una alteración repentina o gradual, transitoria o crónica. En el DSM-IV se describen cinco cuadros, que constituyen diferentes manifestaciones de los trastornos disociativos:

● la amnesia disociativa: caracterizada por una incapacidad para recordar información personal importante, generalmente de naturaleza traumática o estresante, que es demasiado amplia para ser explicada por el olvido ordinario;

● la fuga disociativa: caracterizada por viajes repentinos e inesperados lejos del hogar o del puesto de trabajo, acompañados de incapacidad para recordar el propio pasado, de confusión acerca de la propia identidad y asunción de otra identidad nueva;

- el trastorno de identidad disociativo (anteriormente denominado trastorno de personalidad múltiple): se caracteriza por la presencia de uno o más estados de identidad o personalidad que controlan el comportamiento del individuo de modo recurrente, junto a una incapacidad para recordar información personal importante, que es demasiado amplia para ser explicada por el olvido ordinario;

- el trastorno de despersonalización: caracterizado por una sensación persistente y recurrente de distanciamiento de los procesos mentales y del propio cuerpo, junto con la conservación del sentido de la realidad; y

- el trastorno disociativo no especificado: incluido para codificar trastornos en los que la característica predominante es un síntoma disociativo que no cumple los criterios para el diagnóstico de un trastorno disociativo específico.[25]

Por otro lado, el DSM–IV advierte que el trastorno disociativo no siempre debe considerarse patológico por sí mismo, ya que generalmente no produce malestar ni deterioro, ni induce a la búsqueda de ayuda.

Gizelle es una californiana de 42 años, divorciada, madre de una hija de 16 años. Proviene de una familia católica de origen italiano de clase alta. Su padre es un importante cirujano. Durante la mayor parte de su vida ha padecido enfermedades incapacitantes. Había recordado, sólo unos pocos meses antes de ser entrevistada por las autoras de un libro sobre abuso en la infancia,[26] el episodio en que había sido violada brutalmente a los tres años y medio, en su propio cuarto, a la noche. El perpetrador había sido su propio padre, recién llegado de la guerra en el sudeste asiático. Fue él quien realizó las curaciones a la niña. La madre, que vio a la hija sangrando y al padre curándola, sólo atinó a pegarle a Gizelle.

Al día siguiente, después de una violenta pelea conyugal, los padres salieron de vacaciones, dejándola al cuidado de su abuela materna. La nena, tan dolorida que no podía salir de la cama para jugar, recuerda haberle preguntado a la mujer qué le había pasado. El mensaje implícito en la respuesta de la abuela fue: "No hables de esto. Haz de cuenta que no pasó. Yo te voy a cuidar. Se te va a pasar". Y así fue. Gizelle lo olvidó por casi cuarenta años.

Bajo el título "Todo se vuelve comprensible ahora" escribió el siguiente testimonio:

"Los efectos del abuso se manifestaron a través de mi cuerpo. Fui sonámbula. Tuve fiebres altísimas que ponían en peligro mi vida sin que jamás se pudiera encontrar una causa. Tuve pesadillas. Padecí asma severo. Hubo momentos en que simplemente dejaba de respirar. Vivía en los consultorios médicos. Siempre estaba en cama, siempre enferma. Mis piernas se me combaban de tal manera que no podía caminar sin tropezar con mis propios pies. Sin embargo, todo se vuelve comprensible ahora.

"Tuve un sinnúmero de conductas compulsivas en mi infancia. Había estructurado mi mundo de una manera increíble. Debía abrir y cerrar las puertas dos veces y debía escuchar el 'click' que hacían al abrirse y cerrarse. Todo lo tenía que hacer en pares. Hacía repetir a todo el mundo dos veces lo que me decía y yo también lo repetía dos veces. Desarrollé un espasmo compulsivo con mi cabeza. Tenía siempre la sensación de que algo estaba fuera de lugar y que si sacudía mi cabeza, todo volvería a acomodarse. Siempre tenía la sensación de que todo estaba descalabrado. Fue así que generé estas cosas para darle alguna forma a mi realidad, para crear algo parecido a los límites y a la seguridad.

"Separé a mi padre en dos personas diferentes, porque era la única manera de sentarme a desayunar con él. El hombre que bajaba las escaleras y se sentaba en la cocina conmigo era mi padre. El hombre que había aparecido en el medio de la noche para molestarme, era una sombra. Lo convertí en algo diferente.

»Y, en la medida en que lo separé a él, me dividí también a mí misma en dos partes. Estaba la nenita que tenía un papá que le enseñaba a andar en bicicleta, que se sacaba 'Sobresaliente' en el colegio y que se convirtió en una perfeccionista. Y había también una nena que jugaba en el desván, sentía que se estaba muriendo, quería suicidarse y tenía pesadillas. Pero nunca podía hablar de ella. Le habían quitado la voz.

"Me sentía atrapada, aprisionada en mi cuerpo. Aun en mi vida adulta. Nunca parecía escuchar los mensajes de mi cuerpo. Enferma y tambaleante, no dejaba de ir a mi trabajo. Toda mi vida la dediqué a no escuchar a mi cuerpo porque, si lo hubiera hecho, habría tenido que escuchar que me habían violado. Y no podía hacer eso y, al mismo tiempo, sobrevivir."*

* Traducción de la autora.

CAPÍTULO 7

INDICADORES FÍSICOS DEL ABUSO: CUERPOS QUE HABLAN

Al igual que los indicadores psicológicos descritos, los indicadores físicos pueden clasificarse en específicos –estrechamente vinculados con el abuso sexual– e inespecíficos –que pueden estar presentes en otros cuadros además del abuso.

La mayoría de los pediatras y los ginecólogos infanto–juveniles coinciden en que es poco común que el abuso sexual cause lesiones físicas permanentes y observables y afirman que sólo entre un 30% y un 50% de los niños presentan signos físicos que certifican el abuso. Por otro lado, en Argentina, "tanto el pediatra como el ginecólogo general tienen poca o ninguna formación para valorar los aspectos anatómicos *[variaciones himeneales y anatomía de las regiones genital y anal]* en las niñas sanas, así como en los casos en que ha ocurrido un abuso sexual. Esta realidad repercute negativamente en la capacidad del médico de aceptar que el abuso sexual existe y disminuye la posibilidad de realizar una detección eficaz".[1]

Aún así, tanto "los médicos forenses como los magistrados siguen sin aceptar *[en nuestro país]* que es el relato del niño, y no los signos físicos, el aspecto que tiene mayor relevancia y el que arroja mayor certeza al diagnóstico de abuso sexual".[2]

Es importante destacar que, aun cuando los signos físicos estén ausentes o sean inespecíficos, no debe desestimarse el diagnóstico de abuso sexual y que uno de los elementos que colaboran en la confirmación es el relato infantil. Dice un experto en el tema:[3] "Algunas formas de abuso no producen lesiones, por lo cual no debe esperarse encontrar signos físicos en el examen. Aun en los casos en que los niños hayan sido lastimados, pueden transcurrir semanas, meses o años desde el momento en que se produjo el incidente, hasta que los pacientes sean examinados. Este retraso en la consulta permite que el semen u otros residuos desaparezcan y que la mayor parte de las lesiones cicatricen. Los hallazgos físicos, cuando están presentes, varían de acuerdo con el grado de traumatismo sufrido por la víctima. Los traumatismos menores producen lesiones pequeñas que cicatrizan rápido, sin dejar marcas. Los desgarros profundos tienen un tiempo de cicatrización mayor y dejan, con frecuencia, cicatrices visibles aún después de períodos relativamente largos".

En un estudio en el que se evaluaron 205 niñas prepúberes consideradas víctimas de abuso sexual por los Servicios de Protección Infantil,[4] se obtuvieron los siguientes datos: el 32% tenía genitales de aspecto normal, sin signos de lesiones previas; el 22% presentaba lesiones inespecíficas y en el 45% se observaron anormalidades específicas.

En un grupo de 236 niñas abusadas por personas que han sido condenadas por estos hechos, el examen resultó normal en el 28% de los casos, con hallazgos inespecíficos en el 49% y sospechoso o anormal en el 23%.[5]

Otro estudio que describe los hallazgos anales y perianales encontrados en 310 niñas prepúberes con diagnóstico confirmado de abuso sexual,[6] demostró que el 66% presentaba aspecto normal y sólo el 34% hallazgos anormales (dilatación anal, colgajos dérmicos, desgarros, enfermedades de transmisión sexual y cicatrices).

Indicadores físicos específicos

Los indicadores físicos específicos comprenden:
- lesiones en zonas genital y/o anal
- sangrado por vagina y/o ano
- infecciones genitales o de transmisión sexual (sífilis, blenorragia, SIDA no preexistente al momento del nacimiento, condilomas acuminados, conocidos como verrugas genitales, herpes genital, flujo vaginal infeccioso con presencia de gérmenes no habituales en la flora normal de los niños)
- embarazos

• cualquiera de los indicadores anteriores junto con hematomas o excoriaciones en el resto del cuerpo, como consecuencia de maltrato físico asociado.

Las lesiones en las zonas genital y/o anal se refieren a desgarros recientes o cicatrizales del himen, diámetro himeneal mayor que 1 cm, desgarro de la mucosa vaginal, dilatación anal y esfínter anal hipotónico. Son lesiones sospechosas pero menos específicas las inflamaciones, el enrojecimiento (eritemas) y las lesiones por rascado.

Conviene insistir en que, cuando un niño menor de doce años sin vida sexual activa padece una enfermedad de transmisión sexual, hay que sospechar la victimización sexual, ya que la única vía de contagio es el contacto con una persona infectada. El contagio a través de la ropa interior prestada, por compartir toallas o apoyarse en sanitarios supuestamente contaminados no constituyen vías comprobadas y válidas de transmisión de estas enfermedades. Por lo general, la mayoría de los gérmenes que provocan estas dolencias necesitan infectar y reproducirse en células vivas y no resisten el pasaje por el medio ambiente.

Si se detectan enfermedades de transmisión sexual corresponde realizar estudios clínicos a todo el grupo familiar conviviente para investigar qué otra persona está contagiada.

Indicadores físicos inespecíficos

Son aquellos trastornos orgánicos que no tienen una relación causal con el abuso, que pueden aparecer sin que éste exista pero que están estrechamente vinculados a situaciones de estrés elevado. Son frecuentes:
• ciertos trastornos psicosomáticos como los dolores abdominales recurrentes y los dolores de cabeza sin causa orgánica,
• trastornos de la alimentación (bulimia y anorexia nerviosa),
• fenómenos regresivos como la enuresis (emisión involuntaria e inconsciente de orina, generalmente nocturna) y encopresis (incontinencia de materia fecal) en niños que ya habían logrado el control esfinteriano.

205

Trastornos de la alimentación y abuso sexual

La relación entre los trastornos de la alimentación y el abuso sexual infantil no está esclarecida del todo. Lo concreto es que algunas estadísticas son elocuentes:

● el 70% de 78 pacientes manifestó haber sido victimizado en la infancia y/o adolescencia.[7]

● el 58% de 75 pacientes bulímicas admitió antecedentes de traumatización sexual.[8]

● en un grupo de 172 pacientes con tratornos de la alimentación, el 65% había sido víctima de maltrato físico; el 28%, de abuso sexual infantil; el 23% sufría maltrato en relaciones que mantenía en esa época y el 23% había sido víctima de violación.[9]

● el 40% de un grupo de 158 pacientes con trastornos de la alimentación, había sido abusado sexualmente (todas eran mujeres).[10]

A pesar de que los especialistas no están completamente de acuerdo acerca de lo significativo que son estos hallazgos, coinciden en que la mayoría de las víctimas de abuso sexual que padecen trastornos de la alimentación, presentan cuadros de patología alimentaria compleja (bulimia, vómitos, abuso de laxantes), una llamativa asociación con otros trastornos severos (depresión, alcoholismo, cleptomanía, promiscuidad, automutilación) y severos síntomas disociativos (trastornos de identidad, despersonalización, desrealización, amnesia).[11]

Prestigiosos investigadores del tema afirman que el hecho de que no sea posible establecer una relación causal directa entre el abuso sexual en la infancia y los trastornos de la alimentación, no invalida la posibilidad de que el abuso configure un factor de riesgo más.[12] Reconocen que el maltrato infantil no constituye un precursor necesario ni suficiente para el comienzo de los trastornos alimentarios;[13] sin embargo, debido a los antecedentes de malos tratos que presentan numerosas mujeres, resulta útil formular hipótesis acerca de la forma en que este tipo de violencia –junto con otros factores– puede incrementar la vulnerabilidad de sufrir un trastorno de este tipo.[14]

Resulta interesante asomarse a los estudios que recopilan

las explicaciones y las estrechas correlaciones que muchas mujeres establecen entre el trastorno alimentario que padecen y las reacciones directas o indirectas al impacto traumático del abuso infantil.

Algunas describen a la anorexia nerviosa no sólo como una manera de evitar contactos y sensaciones sexuales propias, sino también como un método para provocar disgusto y rechazo en el perpetrador.[15]

Pacientes bulímicas afirman que estos trastornos constituyen la expresión indirecta del enojo desbordante que sienten hacia el abusador, aún cuando dicho enojo recaiga sobre ellas mismas. De este modo, el trastorno alimentario representa simultáneamente tanto una forma de castigo, como una estrategia para tolerar la culpa, el odio a sí mismas y la indefensión, además de evidenciar los síntomas postraumáticos en respuesta a las severas violaciones a sus límites. También reconocen que, a través de la bulimia, intentan sentirse poco atractivas sexualmente.[16]

Por último, estas pacientes han señalado que la ingesta excesiva compulsiva se convierte en una "armadura" que defiende de los ataques, a la vez que pone en evidencia la ansiedad y la repugnancia que ellas sienten por sí mismas, inconfundibles sentimientos asociados al abuso.[17] Para muchas mujeres, el trastorno alimentario constituye una poderosa metáfora o una reviviscencia simbólica del abuso en sí.[18]

Un testimonio

La mujer que relata los recuerdos de su infancia y adolescencia bajo el seudónimo de Eileen T. Bills, es una psicoterapeuta especializada en trastornos de la alimentación con más de diez años de experiencia. Fue abusada sexualmente y maltratada físicamente de manera crónica por un tío materno –un adolescente de 17 años drogadicto– que convivía con su familia. Todo esto antes de cumplir los doce años. Sus padres estaban demasiado enfrascados en sus problemas conyugales como para prestarle atención. Posteriormente, fue victimizada también por otros hombres.

Es interesante transcribir "la vívida descripción del horror y el dolor causado por el abuso sexual que padeció en la infancia y que desembocó en anorexia nerviosa y en bulimia. Es cierto que los casos clínicos permiten apreciar la severidad del trauma sexual pero, por más sensible y comprensivo que sea el enfoque, utilizan siempre un lenguaje encubridor".[19]

Cuenta esta mujer cómo encontró, en la preadolescencia, la posibilidad de controlar lo que había escapado a todo control:

"Modifiqué la forma en que escribía. Comencé a hacer una letra muy chiquita y prolija. Cambié el ritmo con el que hablaba. Empecé a elegir cuándo y a quién hablarle. Me volví retraída y me alejé de las personas y de mis sentimientos porque me di cuenta que me resultaba más sencillo encaminarme sin estas interferencias. Muchas áreas de mi vida cayeron bajo un control extremo, sobre todo las áreas relacionadas con la comida y el ejercicio físico. Con este nuevo estilo de vida, empecé a adelgazar y a desafiar la pubertad.

"A medida que perdía peso, me sentía más limpia por dentro. Seguía sin tener amigos pero mi obsesión por las formas de mi cuerpo, por la pérdida de peso y por los ejercicios camuflaban mis anhelos de compañía. En lugar de sentirme como una paria, que no se merecía tener amigos, mi obsesión me permitía sentir que, por el contrario, era yo quien los rechazaba. No los necesitaba y, además, era mejor que ellos porque estaba purificando mi interior a través de la falta de comida.

"Hoy puedo ver claramente la elección que hice en aquel tiempo. Mi cuerpo, mi femineidad y mi sexualidad se habían convertido en mis enemigos porque, a no ser por ellos, ninguno de esos actos repugnantes hubieran ocurrido. Si no hubiera sido por ellos, no me hubiera convertido en la presa de aquellos que usaron mi cuerpo –me usaron a mí– para satisfacer sus propias necesidades egoístas. El sentimiento de culpa de que mi cuerpo se hubiera excitado sexualmente por esos actos 'inaceptables' era inmenso. Realmente sentía que estaba 'pagando mis pecados' y purificándome cuando sentía la rigidez que roía mi estómago cuando estaba sin comer o cuando agregaba más ejercicios a mi rutina diaria.

"Nunca había aprendido a confiar. Conservaba vergonzantes secretos en mi interior que jamás me animaría a contar a nadie. Por lo tanto, nadie conocería jamás a mi 'yo verdadero'. Establecía relaciones superficiales y poco gratificantes. Nunca me sentí apegada a nadie. No me quería ni me preocupaba por mí misma. Ni siquiera me conocía. Entonces, ¿cómo iba a poder conocer, querer o preocuparme por otra persona? O siquiera, ¿cómo iba a creer que alguien sentía algo lindo por mí?

"Estos temas relacionados con mi peso y con la comida que consumía, vomitaba o me negaba, pasaron a ser mi compañía, mi identidad, los instrumentos que utilizaba para disfrazar mi dolor y la forma en que medía si yo era valiosa y querible. A pesar de que mi trastorno alimentario me ayudó a tolerar todo lo que iba sintiendo mientras padecía el abuso y en los primeros tiempos después de que se interrumpió, ahora me hace sentir más repugnacia por mí misma y más vergüenza. (…)

"A pesar de que empecé una psicoterapia a raíz de una relación dañina, la verdad es que me decidí a consultar porque me la pasaba vomitando a propósito y no podía detenerme. (…)

"Para mí, la recuperación era lo mismo que trepar una montaña de arena. El esfuerzo era continuado y tremendo, los avances tediosamente lentos y las recaídas, numerosas. Pero llegó el tiempo en que me di cuenta que nunca caía tan atrás como al principio. Paulatinamente, las caídas fueron menos y duraban menos…"[20]*

Después de leer los testimonios de las víctimas, cabe preguntarse cómo hay que hacer para evitar que una niña que ya fue victimizada por el abusador, vuelva a ser lastimada, esta vez por ella misma.

El examen físico

Ya se han enumerado los trastornos físicos a los que deben estar atentos los médicos. Nos ocuparemos ahora de una situación muy temida por los adultos que descubren el abuso: el exa-

* Traducción de la autora.

men físico, la observación de los genitales del niño. Muchas veces es tan grande el temor y tantos los prejuicios que rodean a este paso –necesario, por lo demás– que suele representar uno de los impedimentos más poderosos para develar el abuso fuera del círculo familiar.

A pesar de todo, no se puede obviar que estos temores tienen cierto fundamento. Por un lado, la capacitación sobre abuso sexual infantil de los médicos en general y de los pediatras en particular, es bastante deficitaria en nuestro país. Por otro lado, muchas veces en la práctica, los médicos forenses desconocen las técnicas más adecuadas para examinar los genitales de un niño y no adoptan los recaudos suficientes para facilitar este paso del proceso diagnóstico. Es a la luz de estos hechos que recomendamos a los responsables de los planes de estudios, que incluyan en la currícula y en las prácticas, cursos de capacitación para la detección y el tratamiento del abuso sexual, en las carreras de Medicina de las distintas universidades y de las residencias médicas de todo el país.

Dada la importancia que reviste contar con la información adecuada acerca de las características del examen pediátrico y de las técnicas de entrevista específicas de este área, tanto para los médicos como para los familiares que consultan, consideré valioso incluir el aporte de una especialista en el tema: un artículo de la doctora Patricia Houghton acerca de la entrevista pediátrica.

La revisación

Antes de formar parte de la Unidad de Violencia Familiar del Hospital de Niños Pedro de Elizalde, me desempeñé como médica de guardia y de la Sala de Pediatría del Hospital Durand de Buenos Aires.* Esta experiencia resulta aún más enriquecedora ya que me permite comparar el modo en que los niños y su familias se presentan a las consultas.

Cabe agregar que, si bien los psicoterapeutas de la Unidad preparaban a los pacientes para el examen físico, las técnicas de

---

* Este apartado fue escrito por la Dra. Patricia M. Houghton.

entrevistas utilizadas sumadas a una actitud contenedora llevaron a que un reducidísimo número de ellos se resistiera a la revisación durante los cinco años en los que formé parte del equipo profesional.

El examen pediátrico en el abuso sexual infantil tiene tres características fundamentales: lleva *tiempo* y debe ser realizado con *paciencia* y *respeto por la privacidad* del niño. La mayoría de las veces puede efectuarse en un consultorio pediátrico común y no requiere de instrumental ni tecnología sofisticada, ya que los hallazgos son de fácil observación. Por supuesto que la capacidad diagnóstica mejora cuando se cuenta con una lámpara de hendidura, un colposcopio o algún adminículo con lentes de aumento (puede ser una simple lupa), tubos de ensayo e hisopos para recolectar secreciones genitales o restos encontrados en el examen que deban ser remitidos al laboratorio, y una máquina fotográfica para documentar las lesiones observadas.

Sólo será necesario revisar los genitales internos con espéculos u otros dispositivos cuando se sospeche la introducción de un cuerpo extraño o cuando el paciente presente hemorragias genitales. En estos casos, el examen deberá realizarse bajo anestesia general en un quirófano correctamente equipado, para evaluar y reparar minuciosamente las lesiones.[21]

Para poder realizar la revisación de un niño presuntamente victimizado existen dificultades que el médico debe encarar antes de comenzar con los procedimientos en sí. En primer lugar, quiero destacar que las entrevistas previas al examen físico –tanto con el niño como con los familiares acompañantes–, revisten una dimensión única y distintiva, con características que la diferencian de un examen clínico común. Además, estas entrevistas adquieren importancia propia, muchas veces superior a la de los signos observados en el examen físico.

Me interesa insistir en el valor de las entrevistas debido a que, a pesar de la baja frecuencia de signos físicos observados –aparecen en menos del 50% de los niños abusados–, en el terreno judicial se le confiere una importancia inusitada al informe del pediatra. Esta sobrevaloración injusta del examen médico relega a un segundo plano –nos guste o no– la evaluación clínica que realizan los psicólogos y los trabajadores sociales, que, con frecuencia, suelen aportar muchos más elementos para corroborar las sospechas. Las consecuencias más graves de esta creencia es que los mismos profesionales e instituciones intervinientes desisten de informar a las autoridadaes porque "no tienen pruebas".

Con los familiares ocurre algo parecido. Es bastante común que ante la ausencia de signos físicos, decidan ocultar lo sucedido y, eventualmente, perdonar al perpetrador "porque no le hizo nada *[a la víctima]*". Una vez más, debe quedar claro que la ausencia de indicadores físicos no significa que el abuso no ocurrió. Sólo indica que no hubo penetración digital, peneana ni con objetos, o que los episodios abusivos ocurrieron con la suficiente antelación como para permitir la cicatrización de lesiones leves que pudieran haber quedado.

Antes de iniciar la revisación, es aconsejable mantener una o dos entrevistas. En la primera conviene que esté presente además del paciente, un adulto de confianza para el niño, quien ya estará informado acerca de las características del examen. En este encuentro inicial, en especial con las familias más resistentes, es preferible no abordar directamente el tema del abuso. Es mejor utilizar la entrevista para recabar antecedentes médicos e indagar acerca de la rutina del niño: a qué escuela concurre, en qué grado está, en qué materias se destaca y en cuáles tiene mayores dificultades, cuáles son sus programas favoritos de TV, cuáles son sus gustos y preferencias. De esta manera, se busca establecer un vínculo de conocimiento y confianza con el paciente.

En la misma entrevista se le pueden explicar, en un lenguaje sencillo y adecuado para su nivel de comprensión, cómo se llama el lugar al que está asistiendo, cómo funciona, qué tipo de profesionales trabajan, los motivos por los cuales debe ser revisado y, por último, en qué consistirá el examen. Es importante pedirle que mencione las diferentes partes del cuerpo –incluyendo los genitales– utilizando los nombres que emplea habitualmente. De esta manera tendremos la posibilidad de entender –sin necesidad de interrumpir para solicitar aclaraciones–, cualquier descripción que aparezca posteriormente. Este paso que parece trivial es necesario porque, a menudo –sobre todo los más chiquitos– utilizan términos muy personales cuyo significados sólo él y

Es aconsejable que el segundo encuentro se lleve a cabo al día siguiente o, como mucho, 48 horas más tarde. Si el paciente lo permite, puede ya desarrollarse a solas. No es necesario abordar la situación abusiva de entrada. Resulta más conveniente que, después de haber establecido un clima lo más distendido posible, gradualmente se vaya dirigiendo la conversación desde temas generales al del abuso en sí. Se debe esperar y respetar los tiempos de cada paciente para hablar sobre el tema y alentarla cuando comienza a hacerlo. Para ello se debe contar con una amplia disponibilidad horaria. Es decir que si el profesional tuviera otras actividades que pudieran interferir en el desarrollo de la entrevista, convendrá suspenderlas o posponer la revisación. Se debe mostrar una escucha interesada, asumiendo una actitud cálida y comprensiva. De ninguna manera se deben transmitir críticas sobre lo sucedido, proferir calificativos sobre el abusador o formular preguntas en tono acusador, como "Pero, ¿no le dijiste nada a tu mamá?" o "¿Y tu mamá qué hacía mientras tanto?" El niño puede sentir que se lo está juzgando.

El interrogatorio, en el caso de que le niño acepte relatar los hechos, debe investigar los siguientes elementos:

1) Cómo y cuándo comenzó el abuso.

2) La progresión de las actividades abusivas.

3) Cómo se mantenía el secreto (amenazas, castigos, recompensas, etcétera).

4) La identidad del abusador (no siempre es posible obtenerla).

5) Las circunstancias que condujeron a la revelación del abuso.

6) La reacción de la familia ante la revelación y los intentos –si los hubiera– para impedir la intervención.

Transcribo a continuación un ejemplo de cómo conducir una entrevista. Elisa, una niña de seis años proveniente de un medio socioeconómico bajo, está sentada en el piso armando conmigo un juego de encastre. Es la segunda vez que la traen a consulta.

Pediatra: ¿Te acordás que el otro día te conté quién soy yo y de qué trabajo en este lugar?

Elisa: Sí. Vos sos la doctora y me vas a revisar.

P: Pero antes de revisarte yo quería contarte algo. Acá vienen muchos chicos porque algunas personas las tratan mal o les pegan; otros vienen porque les pasaron otras cosas. Los chicos no tienen la culpa de lo que les pasó. Pero, a veces, les da vergüenza o tienen miedo de contar. No saben qué hacer y se sienten mal. A vos, ¿te pasó alguna vez eso?

La nena baja la cabeza y sonríe avergonzada.

P: ¿Me querés contar?

E: Una vez Tito *[su padrastro]* … Yo estaba durmiendo y me sacó la bombacha. (Se queda en silencio.)

P: ¿Qué pasó?

E: Primero me acariciaba la cola y después me chupó la "cocinita" y me dijo que le chupara el pito.

P: ¿Qué es la "cocinita"?

E: Por donde sale el pis.

P: ¿Cuándo te pasó eso?

E: Cuando mi mamá se iba a dormir. Tito, a la noche, se pasaba a mi cama.

P: ¿Desde cuándo lo hacía?

E: Cuando era chiquita. Yo iba al jardín.

P: ¿Le contaste a tu mamá?

E: No, porque Tito me decía que si yo le contaba, él me iba a pegar, que era un secreto entre nosotros dos.

P: Entonces, ¿cómo se enteró tu mamá?

E: Porque yo le conté a mi tía y ella se lo contó a mi mamá.

P: ¿Y qué pasó después?

E: Mi mamá se peleó con Tito. Le gritó y se pelearon los dos y después me trajo al hospital con mi tía.

P: ¿Dónde está Tito ahora?

E: En mi casa, porque mi mamá lo perdonó y él dijo que no lo va a hacer más. ¿Tenés más de los grandes? (Pide ladrillos más grandes para cambiar de tema.)

"El hecho de que la nena cambiara de tema estaba indicando que no quería seguir hablando del abuso. En estos casos, no se debe insistir en obtener detalles que, por otro lado, no agregarán nada nuevo ni influirán sobre la estrategia terapéutica. Pretender continuar el interrogatorio carece de sentido. Por un lado, implica una presión excesiva y perjudicial. Además si se necesitara recabar más información, la paciente puede continuar realizando entrevistas de validación con psicoterapeutas. Estas entrevistas se llevan a cabo con mucho más tiempo y sin el temor agregado de la revisación pendiente. Con esto quiero señalar que el médico no necesita obtener un relato pormenorizado, sino contar con los datos suficientes para saber qué debe buscar en el examen físico.

Volviendo a mi entrevista con Elisa, entre las dos juntamos los juguetes y le pregunté si quería que la revisara a solas o si prefería llamar a alguien (afuera esperaban la madre y la tía). Respondió que quería estar con su mamá.

Es fundamental que la paciente esté informada que puede solicitar la presencia de la persona de su confianza en cualquier momento y –en especial–, cuando se esté por efectuar la revisación. Incluso si la niña no lo pide, se le debe preguntar qué es lo que prefiere.

La mayoría de las niñas colaboran sin dificultad con el examen físico. Un requisito fundamental a tener en cuenta es que *nunca* se debe sujetar a los pacientes –a menos que sean lactantes– por dos razones: 1º) el médico no debe repetir la situación abusiva ni agregar nuevos elementos traumáticos a la misma y 2º) es imposible realizar un examen adecuado si los pacientes se mueven, están tensos, gritan o se resisten. En estos casos, ante la negativa a ser examinadas, es preferible postergar la revisación y citarlas nuevamente.

Existen algunas diferencias en la actitud de los padres que realizan las consultas pediátricas comunes y quienes consultan por presunto abuso sexual. A las consultas pediátricas habituales suelen concurrir uno o ambos padres, preocupados por los problemas de salud del hijo y dispuestos a colaborar para su pronta recuperación.

Cuando la consulta se debe a la presunción de abuso sexual, las cosas son diferentes. Aun en las situaciones más "favorables" desde el punto de vista del grupo familiar –cuando el

215

abuso es extrafamiliar–, ambos progenitores están conmocionados, atravesando una fuerte crisis personal en la que confluyen la rabia y los deseos de venganza con marcados sentimientos de culpa. La capacidad de contención parental está muy disminuída, con lo cual el hijo queda a merced de su angustia, sus temores y su propia sensación de indefensión.

El cuadro familiar se complica más cuando el abuso es intrafamiliar, sobre todo cuando se sospecha del padre biológico, el padrastro o el compañero de la madre. En estas situaciones, a pesar de que el adulto no abusador crea en el niño, sus deseos de que todo sea tan sólo una equivocación son muy fuertes. Más todavía cuando la pareja continúa conviviendo. Es frecuente que las primeras consultas se efectúen a escondidas del supuesto perpetrador, con lo cual nuevamente la niña debe guardar un secreto, aunque esta vez sea para interrumpir los acercamientos abusivos.

Por otro lado, no hay que olvidar que el abuso sexual infantil –al igual que otras formas de maltrato infantil–, ocurre en familias con trastornos crónicos de funcionamiento, que no mejoran sino que más bien se acentúan con la instalación de la crisis que representa el develamiento. Esto hace que, por más que las madres concurran al consultorio con sus hijas, el interés por mantener el secreto prime por sobre cualquier otro interés.

Los casos más difíciles son aquellos en los que las madres no creen en lo que sus hijas relatan y se lo atribuyen a "fantasías", "mentiras" o "exageraciones". Una variante no menos peligrosa de estos cuadros, es la representada por las mujeres que afirman confiar en la veracidad de lo relatado pero que no asumen actitudes de defensa y protección de sus niñas. Se escudan ante argumentos tales como "¿Yo qué puedo hacer si tengo otros hijos y no trabajo?" o "Ya hablé con mi marido y él me juró que no lo iba a hacer más". De esta forma no sólo incrementan la sensación de desprotección de las víctimas sino que contribuyen activamente a que la niña –por sentimientos de temor y culpa– vuelva a quedar entrampada en el secreto y proceda a retractarse.

No debemos olvidar que el perpetrador, en general, es una persona allegada al niño, que mantiene una relación afectuosa con él. A la paciente se le plantea, entonces, una disyuntiva: seguir sosteniendo con su cuerpo y su psiquismo el equilibrio del grupo familiar respaldando una imagen de "normalidad", en donde los distintos integrantes parecen cumplir el rol de suministrar afecto, sostén económico e interacción sociocultural, o arriesgarse a romper todo esto con la revelación de lo que verdaderamente ocurre en la intimidad del hogar. Si se decidiera por la segunda opción, sabe que podrá interrumpirse el abuso pero que también perderá lo que lo iguala a los otros niños.

Las pacientes, además, acarrean sus propios miedos a la consulta médica. Las más pequeñas se muestran naturalmente temerosas frente al médico, ese desconocido que puede provocarles dolor. Las niñas mayores y los adolescentes temen ser orgánicamente diferentes a las demás, o haber quedado "dañadas" o "enfermas".

Lo que todas tienen en común es la sujeción y el temor a las mismas amenazas –explícitas o implicitas–: serán castigadas por lo que contaron, no se les creerá, serán responsabilizadas por provocar el abuso, sus madres, hermanos o, aun ellas mismas, estarán en riesgo de ser lastimadas por el perpetrador descubierto. Por otro lado, suele ocurrir, sobre todo con las más pequeñas, que se resistan a ser revisadas y mantengan el secreto porque el abusador –una figura reconocida como autoridad para ellas–, así se los indicó.

Presentaré un diálogo mantenido con Laura, una paciente de doce años, abusada sexualmente por el padre. Ya había sido entrevistada por una psicóloga y me conocía. Estaba al tanto de la modalidad de trabajo del equipo asistencial y se le había explicado en qué consistía la revisación.

Pediatra: ¿Te acordás qué hacemos en este lugar? ¿Te acordás quién soy yo y para qué viniste?

Laura: Sí, vine porque me vas a revisar el cuerpo. (Laura comienza a llorar silenciosamente.)

P: ¿Por qué llorás? ¿Te da vergüenza?

L: Tengo miedo de que me separen de mis hermanos…

P: ¿Quién te dijo que iba a pasar eso?

L: Mi mamá me dijo que si cuento lo que me pasó, me van

a separar de mis hermanos y me van a sacar de mi casa. (La nena sigue llorando.)

A pesar de las pocas frases de las que consta este ejemplo, es posible apreciar muchas de las variables enumeradas: miedo a la separación, culpa ante el develamiento del secreto, amenazas explícitas de una madre que, en vez de cuidar, proteger y creer en su hija, elige negar y encubrir lo sucedido, manteniendo su victimización y la situación abusiva.

Cuando se trabaja en la atención de este tipo de pacientes, hay que tener siempre presente que los niños –aun los de mejor medio sociocultural– han atravesado estados de desprotección y desamparo que los han hecho vulnerables al abuso sexual infantil. No hay que olvidar, además, el riesgo físico y psicológico en que se encuentran después de haber develado lo que les sucedía. De ahí que el primer objetivo de la intervención sea velar por la seguridad física y emocional de las víctimas.

Otra dificultad con la que me enfrento a menudo es el descreimiento de los profesionales, incluyendo el de mis propios colegas. Como tantos otros adultos atribuyen los relatos a "fantasías" de la niña o, directamente, a "delirios".

Es cierto que, a veces, es muy difícil creer lo que estamos escuchando y resulta más sencillo suprimir el problema, negando simplemente su existencia. Este mecanismo se acentúa cuanto más siniestra y perversa es la situación descrita por la niña y, más aún, si sucede en familias tan parecidas, en la superficie, a las nuestras. En estos casos se duda de la salud mental de las víctimas y de cualquier adulto que crea estas historias.

Para ilustrar lo antedicho transcribiré otro diálogo, mantenido con Natalia que, en ese momento, tenía doce años de edad. Provenía de un medio social bajo pero no marginal. Tanto su madre como el padrastro trabajaban y vivían en una casa suburbana alquilada. Las experiencias abusivas habían ocurrido entre los seis y los once años. Había sido victimizada por múltiples abusadores. Había recibido tratamientos psicológico y psicopedagógico por trastornos en la escolaridad. También se le llegó a administrar medicación psiquiátrica antipsicótica. Se supone que se la había medicado ante la persistencia de sus "delirios".

Natalia: Mi vecino y mi padrastro eran amigos. Me hacían cosas…

Pediatra: ¿Qué cosas?

N: Me tocaban … (No quiere seguir hablando. Hace una pausa y continúa espontáneamente.) Otras veces cuando mi mamá se iba, a la noche, Jorge *[el padrastro]* nos daba algo a Fernando *[el hermano]* y a mí, y yo me quedaba como dormida. Ahí venían otras mujeres que andaban desnudas por la casa y otros hombres que también hacían "cosas" con otros hombres. Fernando miraba. Otras veces el vecino hacía cosas con Carlos *[no aclara quién es esta persona]*, con mamá y conmigo… Jorge hace brujerías.

P: ¿Qué brujerías?

N: Yo una vez me desperté y sentí que tenía el pelo más corto. Le pregunté a mi mamá por qué me había cortado el pelo a la noche y ella me dijo que lo tenía como siempre. Pero yo lo tenía más corto. Después estaba jugando en el patio y encontré una bolsita enterrada que tenía mi pelo y sangre.

P: ¿Cómo sabías que era tu pelo?

N: Porque yo lo conozco. Después cuando fuimos a vivir a Florencio Varela, Jorge también traía amigos y, entre todos, me hacían "cosas". Otra vez, como mi mamá le tenía confianza a Jorge, me dejó con él en la casa de los padres de él y ahí vi que se metían los tres en la cama *[Jorge, su padre y su madre]* y hacían "cosas".

P: ¿Alguna vez le contaste a tu mamá?

N: Él me amenazaba que si yo contaba nos iba a matar a los tres. Una de las últimas veces, le dije que parara o le contaba a mi mamá. Sacó un arma reglamentaria de un tío de él y me apuntó con el revólver a la cabeza. Me dijo "Andate o te reviento".

P: ¿Cómo se enteró tu mamá?

N: Porque un día fuimos a una procesión *[religiosa]* y ahí ella me pidió que le contara si me estaba pasando algo. Entonces no aguanté y le conté todo.

Pienso que no debo ser la única a quien le haya costado creer lo que Natalia contaba. Hablaba en voz muy baja y los detalles brotaban como a borbotones, refiriéndose a hechos que manifestaba haber vivido como en un estado de ensoñación. No me compete dilucidar si todo lo que narró era cierto. Pero, la sintomatología previa junto con el modo en que presentó su relato me permiten afirmar que algo sexual había sucedido. El examen físico fue normal y Natalia continuó la evaluación con una psicóloga.

Ni el médico general ni el pediatra cuentan con la capacitación especializada para detectar los indicadores más sutiles de enfermedad mental, o con criterios para evaluar una construcción delirante. Sin embargo, el sentido común y la experiencia clínica les permiten apreciar el grado de sufrimiento que transmite una persona en la consulta. No somos los médicos quienes determinaremos si un relato es verídico, y tampoco somos los responsables de una pesquisa de tipo policial. Nos limitaremos a cumplir nuestra función: examinar físicamente a un niño que alega haber sido víctima de acercamientos sexuales aportando, las más de las veces, detalles descriptivos que corresponden a la sexualidad adulta; dejar debidamente registrados y asentados los hallazgos compatibles con la victimización sexual y, en los casos en que fuera necesario, continuar los estudios e instaurar los tratamientos correspondientes. Todo ello sin olvidar que estos niños confían en nosotros.

Resumiendo

Quisiera destacar una vez más un hecho de fundamental importancia para el diagnóstico de abuso sexual: raramente se basa tan sólo en el hallazgo de signos físicos directos. Lo corriente es que el mismo se confirme por la asociación de indicadores físicos y emocionales, con grados de especificidad variables.

Por lo tanto considero que será de gran utilidad para las personas interesadas en detectar estos problemas contar con el siguiente cuadro en el que se sintetizan los indicadores de sospecha según los distintos períodos evolutivos.

Indicadores altamente específicos (a cualquier edad)

Físicos:
- lesiones en zonas genital y/o anal
- sangrado por vagina y/o ano
- infecciones genitales o de transmisión sexual (sífilis, blenorragia, SIDA no preexistente al momento del nacimiento, condilomas acuminados conocidos como verrugas genitales, flujo vaginal infeccioso con presencia de gérmenes no habituales en la flora normal de los niños)
- embarazos
- cualquiera de los indicadores anteriores junto con hematomas o excoriaciones en el resto del cuerpo, como consecuencia de maltrato físico asociado.

Psicológicos:
- relato de la víctima

Indicadores de sospecha según período evolutivo

Preescolares:
- Conductas hipersexualizadas y/o autoeróticas
- Trastornos del sueño (pesadillas, terrores nocturnos)
- Conductas regresivas
- Enuresis, encopresis
- Retraimiento social
- Temores inexplicables ante personas o situaciones determinadas
- Fenómenos disociativos

Latentes:
- Cambios bruscos en el rendimiento escolar
- Problemas con figuras de autoridad
- Mentiras
- Fugas del hogar
- Delincuencia

- Coerción sexual hacia otros niños
- Excesiva sumisión frente al adulto
- Fobias
- Quejas somáticas (cefaleas, dolores abdominales)
- Sobreadaptación, seudomadurez

Adolescentes:
- Promiscuidad sexual, prostitución
- Coerción sexual hacia otros niños
- Drogadicción
- Delincuencia
- Conductas autoagresivas
- Intentos de suicidio
- Excesiva inhibición sexual
- Trastornos disociativos
- Anorexia, bulimia

Adultas:
- Trastornos psiquiátricos graves
- Disfunciones sexuales
- Trastornos de la alimentación

CAPÍTULO 8

SIN TESTIGOS: EL RELATO DE LAS VÍCTIMAS

Uno de los indicadores más específicos de abuso sexual es la descripción que aporta la misma víctima acerca de lo que le sucedió. Lamentablemente, pocas veces se le presta adecuada atención a los dichos de un niño. Las razones esgrimidas son múltiples: porque es muy pequeño y fantasea, porque los niños son muy imaginativos, porque utiliza esa excusa para ponerse en víctima y liberarse de todas las responsabilidades, porque si empezó cuando era tan chiquito no puede acordarse, porque alguien le llenó la cabeza. En síntesis, porque no puede ser.

Sin embargo el abuso sexual de niños no sólo puede ser, sino que es: ocurre con una frecuencia estremecedora y lo único que conseguiremos mirando para otro lado es que se siga perpetuando de una generación a otra. Hay muchas maneras de mirar para otro lado, una de ellas es descalificar el relato de los niños sin preguntarse por qué mentirían sobre este tipo de acercamientos, cuáles son las ventajas que obtendrían, de dónde provienen datos tan precisos sobre sexualidad adulta. Tanto en el ámbito familiar como entre los profesionales intervinientes, hay una mayor disposición a dar crédito a una retractación posterior –"todo lo que dije era mentira"– que a los pormenores comunicados por la víctima en un momento de crisis familiar: el del develamiento.

Una parte del descreimiento hacia las descripciones que realizan los niños emana del desconocimiento que, en general, se tiene acerca de la capacidad de registro y de almacenamiento de recuerdos en la infancia, de cómo impacta una situación traumática sobre un sujeto en desarrollo y de cuáles son los recursos con los que cuenta para comunicar lo que le está sucediendo. En estos temas nos adentraremos en el presente capítulo.

223

Variaciones sobre un mismo tema

Emilia, la nena de cuatro años y medio que ya mencioné en el capítulo sobre los indicadores psicológicos (cuya mamá –Claudia– se cansó de deambular por diferentes médicos y servicios hospitalarios a raíz de las inflamaciones e infecciones vulvares a repetición que la niña padecía desde hacía más de un año) es derivada a un centro especializado en maltrato infantil, por el juzgado civil en el que la pareja tramitaba su divorcio. Emilia le había contado a la madre que el origen de las lastimaduras que "me caigo arriba de mi papá, cuando jugamos en la cama" y no se animaba a brindar más detalles porque eran "secretos entre mi papá y yo".

La nena es sumamente locuaz y vivaracha, con un excelente nivel de lenguaje. Se muestra bien predispuesta a la situación de entrevista y rápidamente establece un vínculo de confianza conmigo. Después de presentarnos y de conversar durante algunos minutos sobre sus gustos e intereses, le pregunto si sabe por qué viene a ver a una "especialista de chicos que tienen problemas". La nena se entristece y permanece con la mirada fija en el piso por un rato. Finalmente, se decide y acepta, con mucha vergüenza:

–Bueno, te lo voy a contar. Mi papá es médico *[el dato es correcto, el padre hacía pocos meses que se había recibido]* y me revisa.

–¿Dónde te revisa?

–Por todos lados– responde con mucha naturalidad.

Sobre el escritorio teníamos los muñecos anatómicamente correctos que se utilizan para el diagnóstico de abuso sexual con niños pequeños. Son cuatro: dos adultos y dos niños de ambos sexos que siempre se presentan vestidos a los pacientes.

–¿Me podés mostrar qué partes del cuerpo te revisa?– le pido.

Emilia elige la muñeca que representa a la nena y relata:

–Empezó por el pelo. Después, acá *[señala la región pubiana]* y después me dio vuelta.

Se angustia e interrumpe el relato.

–Tu papá, ¿es médico de chicos?

–No. No sé de qué es médico, pero no es médico de chicos.

¿Sabés? Yo le dije que no me gusta que me revisen.

Después de un rato de examinar a los otros muñecos, retoma el tema.

—Empezaba por el pelo. Después el oído, me hacía cosquillas. *[Utiliza la muñeca nena para señalar lo que describe. Le levanta el vestido.]* Me tocaba la panza, entre las tetas, las piernas *[realiza movimientos ascendentes desde las piernas hacia los muslos, mientras relata]*, la cola de adelante *[le baja la bombacha a la muñeca y señala la vagina]* y atrás.

—¿Me podés mostrar, Emilia, dónde es atrás?

La nena da vuelta la muñeca semidesnuda y señala el ano. Si bien no está tan avergonzada como al principio de la entrevista, permanece atenta, alerta a los ruidos del consultorio.

—¿Dónde te pasaba esto?

—En la casa de mi abuela Mary *[su abuela paterna]*.

—¿En qué parte de la casa?

—En la pieza de mi papá, donde mira la televisión. Esa pieza que está toda fea, que están arreglando.

—¿Te acordás qué pasaba?

—Yo estaba en la pieza con mi papá. Mirábamos la televisión y yo me quedaba dormida. Cuando me despertaba, él me estaba tocando. Se sentaba así, a mi lado en la cama, cerca de donde yo tenía mi cabeza. Yo me quedaba quieta, me hacía la dormida.

Le pido que me muestre con los muñecos lo que le sucedió. Repite la secuencia ya descrita, agregándole algunos detalles, por ejemplo: cuando se le pide que muestre cómo el adulto le tocaba "ahí" (la vagina), realiza movimientos circulares, suaves, compatibles con movimientos masturbatorios y, por otro lado, espontáneamente reproduce la manera en que el padre la daba vuelta, "despacito", para tocarle la zona anal.

—La última vez que pasó fue un día que no había colegio. Yo le dije a mi papá que no quería que me lo hiciera, que no me gustaba. Él me dijo que nunca más me lo iba a hacer.

Aunque todavía no sabe leer, Emilia se acerca varias veces para ver qué anoto en mis papeles, hasta que se anima a preguntar:

—¿Por qué anotás?

–Porque el juez me pidió que le cuente qué fue lo que te pasó y yo no quiero olvidarme nada de lo que me decís.

Me sonríe aliviada y comenta:

–Entonces ahora puedo olvidarme, porque igual vos lo tenés anotado.

"No estoy segura de la edad que tenía cuando todo empezó. Puede haber sido antes de los ocho años. Me acuerdo de la casa en que vivíamos en esa época pero no me puedo acordar de los detalles de la primera vez que me lo hizo, tan sólo recuerdo la situación. Mi mamá salía a trabajar hacia el anochecer y me acuerdo que mi papá bajó a mi cuarto y me llevó a la habitación de ellos, a la cama matrimonial y me acuerdo de cómo frotaba con su pene mi vagina. Yo estaba ahí, tirada sobre la cama, asustada, indefensa, sin ningún sentimiento, ni culpa, ni nada, a pesar de que sabía que lo que estaba pasando estaba mal. Me advirtió que no debía decir nada, que era algo entre él y yo. En algún momento me habló y me preguntó algo así como si me había gustado. Yo no le contesté pero él siguió hablando. Después me mandó de vuelta a mi cuarto.

"No puedo describir qué sentía porque todo era sentimiento. No había nada intelectual en todo eso. Yo no estaba en la cama pensando 'mi papá me está colocando el pene en ese lugar, ahí entre mis piernas'. Era algo realmente sentido que, aún el día de hoy, puedo volver a sentir, como una confusión de emociones retorcidas y enfermas. En esa época carecía de rótulos. No sabía qué era un pene o una vagina. A pesar de tener dos hermanos, nunca había visto el cuerpo de un varón. Cuando pasó todo, la luz estaba apagada y yo no vi nada, sólo tenía esta sensación horrible mientras estaba tirada ahí mirando el techo.

"Siguió pasando durante más de un año, tal vez dos. Pasaba una vez cada dos meses. Un día, mi padre me llevó a andar en bicicleta. Él trabajaba en una fábrica de cemento, donde se armaban postes. Me pareció raro que me invitara a salir porque nunca hacía nada con nosotros. Me dijo que tenía que ir a trabajar y, como era sábado, si yo quería ir con él. Entramos a los terrenos de la fábrica con nuestras bicicletas. Había por ahí como un galponcito. Me llevó y me lo hizo otra vez. A pesar de que tampoco me acuerdo los detalles, me acuerdo que fue la única vez que lo hizo fuera de casa. (…)

"En ese momento no se lo quería contar a nadie. Recién a los quince años se lo conté a mi mamá. Fue quizá para la época en que empecé a comprender y a experimentar los elementos sexuales de lo que había pasado."

(Transcripción de una entrevista a Katherine, una mujer adulta de Nueva Zelandia.)[1]*

"Afuera del comedor había una tabla para apoyar los platos. Una vez, siendo yo muy pequeña, Gerald Duckworth [su medio hermano] me sentó allí y comenzó a explorar mi cuerpo. Recuerdo cómo me sentí mientras su mano se introducía bajo mi ropa, descendiendo firme y empecinadamente. Recuerdo cuánto deseé que se detuviera, cómo se tensó mi cuerpo e intentó escapar cuando la mano se acercó a mis partes íntimas. Pero no se detuvo. Y también exploró mis partes íntimas. Recuerdo mi rechazo, mi disgusto. ¿Cuál es la palabra para nombrar esa sensación silenciada y confusa? Debe haber sido algo bastante fuerte, pues aún lo recuerdo."[2]*

Esta descripción pertenece a la escritora inglesa Virgina Woolf y es una referencia autobiográfica sobre el abuso sexual que sufrió cuando tenía cinco o seis años. El perpetrador fue su medio hermano adolescente, Gerald Duckworth. En la adolescencia fue nuevamente victimizada por otro medio hermano: George Duckworth. El texto citado fue escrito a los cincuenta y siete años, sólo dos años antes de suicidarse.[3]

Relatos y descripciones de personas de edades diferentes, de culturas distintas, probablemente de niveles socioeconómicos disímiles. Sin embargo, salvo pequeños detalles, los pormenores coinciden sorprendentemente.

A pesar de ser el indicador relacionado de manera más estrecha con el abuso sexual, el relato espontáneo de los niños –o el recuerdo infantil de los adultos– es severamente cuestionado y rutinariamente descreído; resulta más sencillo y menos dolo-

---

* Traducción de la autora.

roso pensar que se trata de mentiras y fantasías –en el peor de los casos– o de extravagancias o malas interpretaciones –cuando no se persigue descalificar a los niños, sino solamente alejar la posibilidad de que este tipo de cosas estén ocurriendo delante de nuestros ojos.

Las discusiones acerca de la credibilidad de estos relatos no son nuevas. En 1982, Goodwin y colaboradores llegaron a la conclusión de que sólo era falso el 4% de los testimonios de niños que estaban siendo tratados por abuso sexual.[4] Jones y Mc Graw, en 1987, admiten que las falsas acusaciones ocurren en determinados contextos tales como los juicios de divorcio y de tenencia controvertidos. En su muestra encontraron un 8% de falsas acusaciones: el 6% correspondía a relatos sobre abuso sexual infantil presentados por adultos, sólo el 2% de los falsos relatos había sido efectuado por los mismos niños. En otra parte del estudio, Jones y Mc Graw analizaron 717 casos atendidos en el Centro Nacional Kempe (EE.UU.) entre 1983 y 1985. Sólo el 3% del total (21 casos) podía ser considerado falsa acusación: en el 1,3% (9 casos) la acusación había sido realizada por un adulto; en el 1% (7 casos), no se podía determinar si el relato se había originado en el niño o en el adulto y el 0,79% (5 casos) correspondía a falsos relatos hechos directamente por los niños.[5]

Si bien el relato con detalles específicos sobre actividades sexuales de un niño o una niña mayores de 8 ó 9 años, suele ser tenido en cuenta, el tema se vuelve conflictivo frente a las presentaciones de niños más pequeños y de adolescentes. Se desconfía de la realidad y de la supuesta sugestionabilidad de los primeros. A las adolescentes, en cambio, se les endilga maliciosidad y animadversión hacia el supuesto abusador.

La credibilidad del relato de los niños plantea varias cuestiones: si los niños mienten más que los adultos, si son sugestionables, desde qué edad resulta confiable la memoria, cuánto tiempo y con cuánta precisión pueden quedar almacenados este tipo de recuerdos.

Las mentiras

En general, son limitadas las razones por las que los niños mienten. Por un lado, mentir les sirve –a cualquier edad– para evadir un castigo cuando incurrieron en alguna falta o para evitarse problemas. Es típico que culpen al hermanito o al amigo por la rotura de algún objeto valioso para los adultos, o que, directamente, se hagan los desentendidos cuando tienen que explicar cómo llegó al comedor la pelota que rompió un vidrio. Es poco común que armen una historia para explicar estos accidentes u otros tipos de problemas (pequeños robos de dinero, objetos o golosinas). Es mucho más frecuente que afirmen que no saben nada de lo que se les está preguntando y se quejen amargamente de que el adulto siempre los acuse a ellos.[6]

Los niños pueden mentir también para negar su propia inmadurez e indefensión o para disimular alguna situación de inferioridad con respecto a sus pares (por ejemplo, la situación económica de la familia o una ocupación mal conceptuada socialmente de alguno de los padres). Es común escuchar relatos en los que los padres son policías que atrapan a peligrosos delincuentes o historias donde ellos mismos viven aventuras, exagerando el concepto y las habilidades de sí mismos.

Lo que no hay que perder de vista es que, más allá de las razones por las que pueda mentir un niño, es excepcional que sus mentiras incluyan referencias sexuales y, menos, que aporten detalles concretos que remitan a la sexualidad adulta.

En estudios llevados a cabo en EE.UU.[7] en los que se investigó cuáles eran los temores habituales en las distintas etapas evolutivas, nunca apareció el temor al ataque sexual. Preferentemente, entre lo temido aparecen los monstruos y los fantasmas (entre los más chiquitos) y el daño corporal y los ataques físicos (entre los mayores; responsabilizando a secuestradores, ladrones y asesinos). Por otro lado, hay que destacar que, por más que a los niños los atemoricen estas situaciones, no recurren a ellas como materia prima para elaborar falsas historias. Es decir que, aunque estos miedos son compartidos con sus pares, no suelen contarles a sus padres ni a sus maestros que fueron secuestrados y golpeados por ladrones.

Es cierto que a cualquier edad un niño tiene la capacidad de mentir. Sin embargo, para comprender que a través de una mentira pueden perjudicar a una persona a quien le tengan rabia o con quien hayan tenido problemas, es necesario que logren un importante grado de abstracción en su desarrollo evolutivo. Recién en la adolescencia alcanza un joven la capacidad para captar el significado delictivo del abuso sexual junto con la posibilidad de prever las consecuencias que acarrearía un informe falso.[8] Es en la adolescencia que se logra el grado suficiente de descentración para percibir la realidad, pudiendo situarse en diferentes puntos de vista, y que sumado a la adquisición del pensamiento abstracto, genera, las condiciones necesarias para poder planificar estrategias sofisticadas con la finalidad de causar problemas a los demás.[9]

Resulta claro, entonces, que los preescolares carecen de la capacidad intelectual y cognitiva para "inventar" historias que incluyan detalles sexuales adultos, con el objetivo de incriminar a terceros. También es conveniente aclarar que, por más que los adolescentes dispongan ya de estas capacidades, la utilización de las falsas acusaciones sexuales para dañar a otras personas es muy poco frecuente. Por un lado, se trata de un asunto demasiado humillante para que cualquier joven se atreva a exponer de esta manera su intimidad, que corre el riesgo de ser investigada y puesta en tela de juicio. Por otro lado, en la adolescencia hay una necesidad de no ser demasiado diferente al resto de sus pares. Una historia de victimización sexual no resulta la mejor manera de pasar desapercibida. Tampoco es sencillo ni placentero para una joven tolerar las presiones familiares, sociales y la exposición pública que necesariamente conlleva un relato de abuso sexual.[10] Con esto quiero señalar que la adolescente que tuviera la intención de perjudicar a alguien, evaluará otras opciones que no impliquen un costo emocional tan alto.

Otro hecho que conviene destacar es que las personas mienten a cualquier edad. Ninguna investigación ha podido demostrar lo que sostiene la creencia popular: que los más pequeños mienten más que los mayores y que la credibilidad se incrementa con la edad. Por el contrario, diversos estudios parecen demostrar que no existe ninguna correlación entre la honestidad y la edad. Por lo tanto, nada permite afirmar que, a medida que crecemos, nos volvemos más honestos.[11] Es más, todo parece indicar que la honestidad y la deshonestidad no son categorías inmodificables en todas las situaciones: nadie es siempre honesto o siempre deshonesto. Ambas son, entonces, conductas situacionalmente determinadas.[12]

Recordemos la película francesa[13] que ya mencioné en capítulos anteriores, en la que una niña de 12 años huye de su casa y cuando la encuentran, acusa a su padre ante la Justicia de haber abusado sexualmente de ella. El hombre, un exitoso empresario de intachable reputación, encara con altanería a la representante legal de la niña, afirma que todo es una mentira de su hija y que a él lo asombra que una persona de la educación de su interlocutora crea semejantes cosas. La abogada con mucho tino le responde que si ella tuviera que dudar de la veracidad de lo que le cuentan, la lógica le indicaría que debería dudar de la palabra de los adultos, ya que han tenido más tiempo que un niño para aprender a mentir.

Las fantasías

No me referiré en este capítulo a la tendencia a atribuir los relatos de abuso a las fantasías sexuales infantiles, pues ya lo he hecho en capítulos anteriores. Me interesa desmenuzar la opinión de que los niños –sobre todo los más pequeños– son muy fantasiosos y creen cualquier cosa. Por ejemplo, creen en los Reyes Magos, en Papá Noel, en el conejo de Pascuas y en los ratones que les dejan dinero a cambio de sus dientes de leche. Es frecuente que se cuestione la capacidad para distinguir entre fantasía y realidad de los niños que creen en la existencia de tales personajes. Sin embargo, pocos adultos se detienen a pensar que la carnadura que tienen estas figuras para los niños está firmemente arraigada en la realidad de los pequeños: se trata de mitos propios de nuestra cultura que se transmiten de manera sistemática de una generación a otra.[14] Por un lado, los adultos significativos de su entorno les cuentan historias sobre estos personajes y se encargan de despejar cualquier sospecha que las criaturas pudieran plantear. Por otro lado, los pequeños se han encontrado muchas veces con estos personajes en centros comerciales, comercios e instituciones, han hablado con ellos, les han entregado peticiones, se han sentado sobre sus rodillas. Otra vez más, el nivel de evolución del pensamiento impide que el niño cuente con la capacidad cognitiva necesaria para desenmascarar la existencia de estas figuras como parte de un "fraude cultural". Sin embargo el nivel evolutivo no obstaculiza la capacidad infantil para transmitir acertadamente aquello registrado por sus cinco sentidos: si algo o alguien los tocó, si vieron o escucharon algo, las características de ciertos olores y sabores que percibieron.

Los niños muy pequeños creen también en otros personajes fantásticos –por ejemplo monstruos, fantasmas, seres sobrenaturales–. No sólo creen, muchas veces escapan aterrorizados de una habitación poco iluminada o rehusan atravesar un pasillo oscuro sosteniendo que temen encontrarse con cierta criatura escalofriante. Pueden afirmar que están escondidos bajo las camas o adentro de placares esperando pacientemente para atacarlos. Pero, al igual que lo que señalé en el párrafo anterior, raramente un niño, por más pequeño que sea, brinde detalles de percepciones sensoriales que no se correspondan a episodios verdaderamente vividos. Hay que tener siempre presente que los niños informan con gran precisión aquello que fue percibido por alguno de sus cinco sentidos.

De todas formas, es bastante frecuente que cuando refieren episodios de acercamientos sexuales, sobre todo nocturnos, atribuyan estos contactos a figuras monstruosas. Podemos encontrar algunos fuertes motivos para ello. Si leemos con atención el segundo testimonio de este capítulo –la entrevista con Katherine–, ella comenta que el abuso ocurría con la luz apagada, con lo cual carecía de imágenes visuales para sustentar las sensaciones corporales que registraba. Por otro lado, los niños sumamente asustados pueden desconocer por completo a alguien con quien, en otras circunstancias, estan familiarizados.[15] Hay que agregar, además, la posibilidad de que, ante la magnitud del impacto traumático, se produzcan fenómenos disociativos y la víctima no pueda distinguir si los hechos ocurrieron realmente o fueron soñados.

Es decir que, frente a un relato de acercamientos sexuales en los que el niño menciona que el o los perpetradores son monstruos o seres sobrenaturales, aconsejo no desestimarlo por fantasioso sino evaluar las siguientes hipótesis:

1) que el abuso haya sido perpetrado por una persona disfrazada de la manera en que el niño la describe (no olvidemos que los abusos sexuales rituales no son tan excepcionales como solemos creer);

2) que el abuso ha ocurrido en la oscuridad y que el niño intenta, con los elementos con los que cuenta, establecer un relato que le permita explicar lo sucedido;

3) que el miedo y la extrañeza que sintió ante el hecho de ser abusado sexualmente por alguien de su conocimiento, lo lleven a percibir a esa persona como una figura monstruosa y desconocida; y

4) que se trate de un fenómeno disociativo en los que se han mezclado componentes oníricos.

En estos casos, debe prestarse especial atención a los detalles de las conductas llevadas a cabo por esas figuras aterrorizantes para evaluar la credibilidad de lo que el niño refiere.

"Los chicos son transparentes": confiabilidad en los recuerdos de los niños

A pesar de que ya me he referido reiteradamente a las resistencias que genera en los adultos creer ciertos relatos infantiles –por ejemplo las vicisitudes de las víctimas de abuso sexual–, hay que reconocer que la incredulidad de los mayores tambalea cuando el niño aporta detalles muy contundentes, se expresa en forma precisa más allá de la crudeza de los hechos que describe y se muestra emocionalmente afectado por la situación. Por lo tanto, las descripciones a las que se les presta mayor atención corresponden a las de los niños que se encuentran cursando la escolaridad primaria, que cuentan con la capacidad verbal de presentar lo sucedido de manera parecida a como lo haría una persona adulta.

Se les cree mucho menos a quienes se encuentran en los extremos del proceso evolutivo llamado infancia: los pequeños que no ingresaron aún a la escuela primaria y los adolescentes. A éstos se los descalifica porque se piensa que tienen el desarrollo intelectual necesario para construir falsas historias de abuso sexual con la intención de evadir las limitaciones que se les imponen o para perjudicar a alguien. Como también se señaló, pocos se detienen a pensar en el costo emocional, familiar y social que implica tal elección para una adolescente.

De los más pequeños, se suele decir que "no entienden" y que "no se acuerdan de nada". Esta creencia está tan fuertemente arraigada que la mayoría de la gente no se da cuenta del sinnúmero de situaciones absolutamente inadecuadas para la edad que estos niños presencian y escuchan.

Al reflexionar sobre este aspecto, surgió el título de este apartado, palabras textuales de una maestra jardinera. "Los chicos son transparentes" decía, y no se refería precisamente a aquello que el común de la gente cree: que, hasta una cierta edad (los 7 o los 8 años), los niños sólo existen en el plano concreto. Por el contrario, la maestra usó esta frase para comentar cómo, a través de los juegos y las dramatizaciones de sus alumnitos, llegaba a conocer aún los detalles celosamente guardados de la vida familiar. Desde las rutinas y las dificultades cotidianas hasta la manera en que los adultos pelean dentro de la casa, llegan a los oídos de quienes saben y desean escuchar, reproducidos la mayoría de las veces con asombrosa fidelidad.

"Entonces, ¿los chicos se dan cuenta y recuerdan?", se preguntarán algunos, con curiosidad. "¿Podemos confiar en los recuerdos y el testimonio de un preescolar?", se preguntarán otros, urgidos quizá por la toma de decisiones en el ámbito judicial o la necesidad de avalar los relatos con informes psicológicos.

En ese sentido, conviene que nos remitamos a los resultados de un minucioso estudio llevado a cabo por dos investigadoras de la Universidad Estatal de Nueva York en Buffalo y de la Universidad de California, en EE.UU.[16] Interesadas en sondear la solidez del testimonio de los niños pequeños, idearon una situación experimental bastante ingeniosa para evaluar la variabilidad de las declaraciones de los menores en tres contextos diferentes: como participantes directos, dentro y fuera de un ámbito forense, y como observadores.

El objetivo de la investigación consistió en medir, por un lado, el grado de certeza de las descripciones de los niños que participan y que observan los hechos y, por el otro, el potencial de sugestionabilidad ante personas revestidas de autoridad. Para poner a prueba la capacidad de registro y de memoria de los más pequeños, así como su sensibilidad a las influencias del entorno, efectuaron el estudio en una población de 39 niños de 4 años, de ambos sexos. Se los dividió en tres grupos iguales y estadísticamente comparables –asignados al azar– que realizaron la experiencia de maneras diferentes.

Los que participaban de manera directa tuvieron un encuentro con un hombre que se les presentó como un cuidador, con quien compartieron aproximadamente quince minutos de juego. Unos once días más tarde, se los entrevistó para interrogarlos sobre lo que había sucedido en esa oportunidad.

A los niños que estaban en condición de observadores se les mostró vídeos de los que habían participado y, once días después, se les hicieron las mismas preguntas que al resto.

Los niños que intervenían en la situación forense, participaban directamente en la experiencia como los del primer grupo pero, antes de responder el cuestionario, un oficial de policía conversaba con ellos comentándoles que el cuidador podría haber hecho algo malo.

Los encuentros con el cuidador se realizaron en las instalaciones de la universidad. A los padres se les informó que se trataba de una investigación sobre el modo de interacción social de los niños. No estaban al tanto que el estudio también exploraba la capacidad de memoria. Además se les solicitó a los familiares que no les comunicaran a sus hijos que serían objetos de la investigación y que no hicieran referencia a lo sucedido hasta finalizar la segunda entrevista, en la que los niños serían interrogados. Lo único que los pequeños sabían era que acompañaban a sus padres a la universidad para llenar unos formularios.

Cuando cada niño llegaba con el adulto acompañante a la universidad, se dirigía, junto con el investigador, a una sala en donde comenzaban a jugar. En ese momento entraba el cuidador varón y se sumaba al juego. Una vez que el niño estaba cómodo, el adulto y el investigador se retiraban con la excusa de completar los formularios en otra sala, y se le informaba que, por unos minutos, quedaría a cargo del cuidador. El cuidador, entonces, iniciaba una serie de juegos con el niño según una secuencia previamente pautada: jugaba con títeres y con un par de anteojos que tenían adosada una nariz cómica, iniciaba un juego popular de palabras y gestos* en el que el pequeño le tocaba la rodilla al cuidador, proponía una pulseada con los pulgares y jugaban al doctor con una valija médica de juguete. Para este último juego, el adulto le ponía un guardapolvo de médico al niño, lo subía a una mesa y le sacaba una foto. Todo lo que sucedía en la sala de juegos era grabado en vídeo a través de un espejo unidireccional.

A los niños que oficiaban de observadores, se les mostraba un vídeo en la sala de juegos en la que miraban la secuencia completa de interacción desde que otro niño –participante de su mismo género– ingresaba a la sala hasta que se retiraba. Debido a la corta edad de los sujetos, una investigadora permanecía en la sala, aunque de espaldas e interactuando sólo cuando era absolutamente necesario. Se les pedía que observaran cuidadosamente el vídeo mientras sus padres completaban los formularios.

Once días más tarde, se procedía a interrogar a los menores. Una entrevistadora desconocida conversaba durante algunos minutos con el niño o la niña y su acompañante. Cuando el entrevistado se sentía cómodo con la investigadora, el familiar salía y comenzaba a aplicarse el cuestionario.

Los cuestionarios incluían dos grupos de preguntas que permitían evocar los recuerdos libremente: el primero relacionado con los hechos sucedidos ("Contame lo que puedas acordarte acerca de lo que pasó") y el otro ligado al recuerdo de acciones (por ejemplo: "¿A qué jugaron con el cuidador?"). La indagatoria comenzaba preguntándole textualmente: "¿Te acordás de la última vez que estuviste acá, cuando estuviste en la sala de juegos con el cuidador? Como yo no estuve, necesito que me cuentes exactamente lo que pasó. Contame todo lo que te

* El juego llamado "Simon Says".

acuerdes que pasó". Después de que el niño comentara qué había ocurrido, se le insistía: "¿Te acordás de algo más?" o "¿Me podés contar algo más que haya pasado?" o "¿Y algo más?"

Se efectuaban también cuarenta y ocho preguntas: acerca del aspecto físico del cuidador (17 preguntas), las acciones llevadas a cabo (16 preguntas), detalles de la habitación (10 preguntas) y detalles temporales de los hechos (5 preguntas). La mitad de las preguntas eran directas y específicas (por ejemplo: "La persona que te cuidó, ¿era un hombre o una mujer?" o "¿El cuidador te sacó una foto?"). La otra mitad eran preguntas intencionadas, para influenciar al entrevistado ("El cuidador era muy gordo, ¿no es cierto?", cuando en realidad era un hombre delgado; o "¿De qué color era la cama que estaba en la habitación donde jugaste con ese hombre?", cuando no había habido ninguna cama en la sala de juegos). Siete de las preguntas referidas a acciones hacían referencia explícitamente a situaciones de abuso sexual o maltrato ("¿El hombre se sacó la ropa?" o "¿Cuántas veces te pegó?"). Las preguntas se hacían siguiendo un orden predeterminado idéntico con todos los encuestados.

Con los niños que habían participado de manera directa pero que fueron interrogados en un contexto forense, se hizo lo siguiente: cuando llegaban con sus familiares para la segunda entrevista, se les informaba que un oficial de policía quería hablar con ellos. Si estaban todos de acuerdo, se dirigían con la investigadora a una sala en donde se encontraba el oficial. Brevemente, éste comentaba con el niño o la niña que los policías estaban para ayudarlo/a cuando tuviera problemas y, después de establecer un mínimo *rapport* les decía: "Estoy muy preocupado de que te haya pasado algo malo la última vez que estuviste acá. Pienso que el cuidador que viste la otra vez pudo haber hecho algunas cosas malas y estoy tratando de averiguar qué pasó la última vez que estuviste por acá y jugaste con él". En ese momento, el familiar acompañante interrumpía para preguntar si había otros niños involucrados y si estaban todos bien. A lo que el policía respondía: "Todavía estamos investigando" y, dirigiéndose al menor, agregaba: "Necesitamos tu colaboración. Ahora va a venir mi ayudante a hacerte algunas preguntas sobre lo que pasó". El policía salía y entraba la investigadora que procedía a interrogar a los niños de la manera ya descrita.

Cabe agregar que la entrevistadora desconocía a cuál de los tres grupos pertenecía el entrevistado. Al final del estudio se les explicaba a los niños las características de la investigación en la que habían participado, se les mostraba las grabaciones de la sala de juegos y se les permitía verificar que ninguno de los hechos sugeridos para influenciarlos, había sucedido en la realidad. Además, el policía y los familiares les aclaraban que el cuidador no había hecho nada malo a los integrantes del grupo que había sido interrogado en ámbito forense.

Los resultados y las conclusiones fueron contundentes en varios aspectos:

• La participación directa en los hechos facilitó la evocación más consistente de recuerdos libres –no invocados por preguntas directas– sobre acciones ocurridas. También le permitió a los niños resistir la influencia de preguntas capciosas y redujo los errores por comisión en preguntas relativas al abuso.

• En relación a las preguntas específicas sobre abuso, se estudiaron por separado los errores por comisión (agregado de elementos inexistentes) y los errores por omisión (supresión de elementos presentes) en la información aportada. Se constató que la proporción de errores por comisión había sido ínfima, y básicamente cometidos por dos varones del grupo de los observadores. Por otro lado, las nenas habían cometido menos errores por omisión que los varones, ofreciendo un número mayor de respuestas correctas en las preguntas específicas sobre el cuidador, las acciones y el supuesto abuso.

• La resistencia a dejarse influenciar por preguntas capciosas fue mayor en todos los niños que habían participado directamente en la experiencia. En el grupo de los observadores –que resultó más influenciable–, las nenas proporcionaron más respuestas correctas que los varones.

• Los puntos en los cuales los niños resultaron más difíciles de influenciar se referían a las acciones ocurridas, a las características del adulto, a los detalles de la habitación y a los detalles temporales. El orden en que están enumerados indica que el tema que más resistió la sugestibilidad fue el de las acciones ocurridas, mientras que los detalles temporales resultaron más influenciables. También en este aspecto, las niñitas demostraron mayor capacidad para resistir a la distorsión de la información que los varones. Hay que destacar, por otro lado, que en ninguno de los tres grupos surgieron errores por comisión referentes al abuso aún cuando se utilizaran preguntas capciosas en el interrogatorio.

- Raramente los niños aportaron más detalles que los que se les pedía concretamente en las preguntas. Sin embargo, cuando lo hicieron, la nueva información fue mayoritariamente correcta.

- Los niños interrogados en un ámbito forense proporcionaron mayor información incorrecta sobre las acciones que los que sólo participaron directamente. Aún así, nuevamente fueron las nenas las que brindaron datos más certeros, respondiendo con mayor precisión y cometiendo menos errores por omisión en respuesta a preguntas específicas sobre abuso. Por otro lado, no se registró un aumento en la sugestibilidad ante preguntas capciosas en niños interrogados en este ámbito: no se observaron errores por comisión y fueron las niñas las que demostraron mayor resistencia a las influencias, cometiendo menos errores por omisión que los varones en respuesta a preguntas capciosas sobre abuso. Asimismo, las autoras destacan que la mayoría de los niños interrogados (el 80%) pudo comunicar de manera correcta la forma en que había interpretado los hechos, a pesar de la sugerencia acusatoria del policía y que esta sugerencia prácticamente no produjo consecuencias en las respuestas a las preguntas sobre abuso.

- Las niñas de todos los grupos fueron más certeras en sus respuestas, cometiendo menos errores por omisión al responder a las preguntas específicas y a las capciosas. También aportaron detalles más precisos acerca de las acciones ocurridas y las características del cuidador.

- En relación a las preguntas sobre abusos, todos los niños fueron muy certeros en las respuestas, aun aquellos que respondían en el ámbito forense. Con gran seriedad, respondían que no se les había pegado ni se los había desnudado y se mostraban sorprendidos, avergonzados o curiosos frente a las preguntas.

• Todos los niños tuvieron grandes dificultades para responder adecuadamente lo relacionado con el factor temporal. Por ejemplo, les resultaba sumamente difícil determinar la edad del cuidador en forma acertada, aunque aquéllos interrogados en el ámbito forense fueron los que aportaron mayor número de respuestas correctas. Por otro lado, les resultó complicado aportar detalles en relación a lo temporal. Con total ingenuidad, explicaban su realidad. Respondían: "Tengo sólo cuatro años; todavía no sé la hora".

Las conclusiones de tan detallada investigación deberían, al menos, hacernos reflexionar acerca del valor de ciertas hipótesis sustentadas por largo tiempo sin que contaran con fundamentos fácticos. Por ejemplo, los estudios más recientes demuestran que los niños, aun en la etapa de lactantes, no son simples organismos pasivos en lo relativo a los procesos cognitivos y a la capacidad de memoria. Por el contrario, todo parece indicar que no presentan ningún tipo de deficiencias cognitivas y que participan activamente en los procesos de dotar de sentido al mundo que los rodea. Tampoco presentan defectos en la capacidad mnémica y se ha constatado que, incluso los niños más pequeños, recuerdan los estímulos aunque falte investigar de qué manera registran, archivan y disponen de la información recordada en los distintos momentos evolutivos.[17]

Trauma y memoria

Hace muy pocos años que los especialistas en psicología humana comenzaron a interesarse por el efecto que los episodios traumáticos reales tienen sobre el psiquismo y sus funciones. Durante mucho tiempo, el interés estuvo centrado en la manera en que el individuo incorporaba el registro subjetivo de una vivencia –real o no– a las fantasías preexistentes en su mundo interno.

Lo que confiere el carácter traumático a una situación o a un acontecimiento determinados, es la "naturaleza extraordinariamente amenazadora o catastrófica *[del hecho]*, susceptible de provocar un malestar permanente en prácticamente cualquier individuo".[18] El impacto psicológico se debe a que estos sucesos externos, sorpresivos, inesperados e intensos desbordan la posibilidad de elaboración y de adaptación de los mecanismos de defensa habituales, con lo cual la persona queda temporariamente en un estado de indefensión.

Los episodios traumáticos y sus consecuencias sobre la vida de las personas han sido profusamente tratados en obras literarias y cinematográficas. Sin embargo, por lo general, se utiliza la situación traumática como un recurso dramático, basándose más en las suposiciones y en la imaginación de los creadores que en las observaciones científicas. Si bien este uso de situaciones reales es absolutamente adecuado para la producción artística, ha provocado bastante confusión acerca de lo que en verdad sucede cuando una persona se ve enfrentada con un evento altamente desorganizante. De manera equivocada se cree, por ejemplo, que la respuesta habitual ante un hecho traumático es la amnesia posterior, o que la reacción inmediata "es un estado de parálisis de la acción, de embotamiento de los sentimientos y que, especialmente en los niños, se producen estallidos temperamentales o descargas físicas a través del sistema neurovegetativo (trastornos respiratorios, vómitos, defecación, shock físico) que reemplazan a las reacciones psicológicas".[18]

Muchos psicoanalistas –como el neoyorkino Sydney Furst– sostuvieron conjeturas parecidas: "el estado traumático agudo puede presentarse [en los niños] de dos maneras diferentes: por un lado, niños inmóviles, pálidos, con evidencias de congelamiento emocional acompañadas de regresiones y conductas de sometimiento. La otra forma de presentación es la de los niños inmersos en estallidos emocionales, con intensa inquietud y conductas muy desorganizadas, escasamente dirigidas, con grandes similitudes con la reacción de pánico. Cualquiera de los dos cuadros pueden acompañarse de signos de trastornos del sistema nervioso autónomo (vómitos, etcétera)."[20]

Sin embargo, los investigadores que trabajaron desde los '80 en adelante con personas adultas y con niños que atravesaron situaciones traumáticas severas –accidentes, catástrofes, crímenes–, señalan que la realidad es muy distinta a las suposiciones teóricas de los '60 y '70 y a las descripciones con fines artísticos.

Por ejemplo, Lenore Terr –psiquiatra norteamericana especializada en el estudio de traumas en la infancia– comenta que ninguno de los niños que ha entrevistado presentaba la sintomatología citada. En un estudio realizado poco tiempo después del secuestro de un ómnibus escolar con veintiséis niños en la localidad de Chowchilla, California (EE.UU.), Terr tuvo la oportunidad de entrevistar a veintitrés de ellos y hacer un seguimiento cinco años más tarde. Constató que tanto durante como después de superado el incidente, las víctimas no habían evidenciado conductas descontroladas ni histéricas, que no se habían paralizado ni se habían quedado mudas –en algunos casos, por el contrario, hasta habían tenido suficiente presencia de ánimo como para cuidar a los más pequeños, llegando a organizar actividades para entretenerlos durante el secuestro–. Tampoco se verificó que hubieran sufrido trastornos del sistema nervioso autónomo. En lo que todos coincidían era en haber experimentado un profundo terror, hecho que podía constatarse en las expresiones registradas en las fotografías posteriores a su liberación: "raramente se veían lágrimas en los ojos, más bien las expresiones de los rostros era de inmovilidad, con dificultad para mover la boca y una mirada desvitalizada".[21]

La pregunta que corresponde hacerse entonces es si es posible recordar, siendo adulto o niño, lo que sucede en una situación que provoca intensos temores.

Terr señala que las funciones responsables de la memoria son la percepción (o recepción), el almacenamiento y la recuperación de la información, fases que pueden ser influenciadas en condiciones experimentales de carácter placentero y no traumático. Agrega además que en experimentos de esa naturaleza, se ha comprobado que los niños no perciben la información de manera distinta a la de los adultos. Sin embargo, en situaciones de laboratorio, los niños resultan mejores testigos que los mayores. Por un lado, no parecen dejarse influir por prejuicios raciales o culturales en la interpretación de lo que ven y, por el otro, son capaces de aportar mayor cantidad de detalles porque no limitan su atención a lo que consideran importante sino que observan el conjunto y suelen registrar, por ejemplo, los movimientos de cómplices de delitos en medio de una multitud.

Pero, "en lo que se refiere a los recuerdos de hechos traumáticos, la memoria parece funcionar en forma diferente a como lo hace con los recuerdos habituales de la infancia. (…) La memoria de los hechos traumáticos involucra las mismas funciones básicas: recepción, almacenamiento y recuperación. No obstante los recuerdos de episodios traumáticos son más claros, más detallados y más resistentes en el transcurso del tiempo que los recuerdos comunes. Parecería que, al igual que con la percepción, la excitación desmedida provoca un estado de pensamiento diferente que (en el caso de la memoria es responsable de imágenes más claras y detalladas) con escaso margen de desdibujamiento".[22]

El hecho de que tanto el niño como el adulto tengan la capacidad de registrar y fijar los episodios traumáticos de manera tan inequívoca, no garantiza que, a su vez, tengan libre y fácil acceso a estos recuerdos. Las características penosas y atemorizantes de los acontecimientos evocados, activan diversos mecanismos que protegen al individuo, impidiendo un contacto fluido con los mismos. Ya me he referido en un capítulo anterior a las defensas inconscientes para enfrentar estos recuerdos.

Los especialistas en el tema mencionan otros obstáculos que pueden oponerse al surgimiento de recuerdos traumáticos, entre ellos la tendencia a negar y a embotar los sentimientos y los intentos de desafectivizar y olvidar el trauma. Por otro lado, ciertos errores perceptivos típicos de las experiencias traumáticas pueden confundir al mismo sujeto acerca de la calidad de sus propios recuerdos o pueden generar desconfianza en el interlocutor en cuanto a la veracidad de lo descrito.

Hasta aquí nos hemos referido a experiencias traumáticas inespecíficas y que, por lo general, ocurren en una sola ocasión. Ante estas situaciones, aquellos niños que no estuvieron expuestos a ningún otro episodio aterrador, demuestran una ínfima tendencia a negar lo sucedido. Los adultos, por el contrario, aunque se trate de un solo incidente traumático, suelen presentar serios obstáculos para aceptar o recordar fragmentos de tales vivencias. La mayoría de los niños en edad escolar recordarán vívida y claramente cualquier acontecimiento conmocionante.

No ocurre lo mismo con los niños que han sido víctimas de traumatización crónica y prolongada. A medida que los episodios traumáticos se van reiterando, las víctimas comienzan a desarrollar mecanismos para negar la realidad. Se preparan para no ver, no oír, no hablar y no sentir nada. Para ello deben embotar sus sentidos, aislándose de la realidad, transformándose en "criaturas psicológicamente muertas".[23] "Los horrores del abuso sexual de niños –sostiene Terr–, al igual que los horrores de una guerra, se tornan predecibles. Cualquier niño podrá responder entonces, a esta previsibilidad con un embotamiento de sus percepciones, una especie de letargo psíquico. El niño aletargado puede parecer respetuoso y callado, sin embargo resulta difícil de conocer. No conversa espontáneamente. Carece por completo del sentido del humor."

Ejemplos de formas extremas de este embotamiento psíquico son las experiencias de estar fuera del cuerpo y los trances autohipnóticos, que les permiten a los niños sobrevivir a situaciones altamente traumáticas y desorganizantes.

Otro motivo que sustenta la falta de presentación espontánea de estos recuerdos traumáticos radica en los denodados esfuerzos que realizan las víctimas para evitar reflexionar o conectarse emocionalmente con el incidente. Los niños tratan de curar sus heridas y parecer "normales" rehuyendo la posibilidad de pensar o hacer referencia explícita al tema. Con esto nos debe quedar muy claro que, si un niño no cuenta un suceso conmocionante, no es porque no lo recuerde, sino precisamente porque puede estar intentando olvidar.

Otras veces, una criatura fuertemente conmocionada y atemorizada de manera crónica, si bien recuerda detalles de las experiencias con claridad y puede incluso anticipar cómo se desarrollarán los acontecimientos, puede también mostrarse confundida acerca de sus percepciones. Lenore Terr menciona tres motivos para que esto suceda.

En primer lugar, la víctima puede olvidar parcialmente estas experiencias debido a la negación y a la auto–anestesia puestas en marcha para mitigar el impacto traumático. Sin embargo, si bien ciertos detalles acerca de las características de la experiencia pueden mezclarse, la capacidad de identificar al agresor no se ve afectada. La confusión puede surgir cuando el abusador utiliza máscaras, atuendos o disfraces, como por ejemplo sucede en los abusos rituales.

Otra posibilidad de equivocar las percepciones ocurre cuando el niño tiene que identificar a un abusador no conviviente después de transcurridos algunos años. El paso del tiempo puede hacer que fracase en recordar las facciones de una persona que, en una etapa previa de la vida, haya sido allegada a su entorno familiar.

El tercer factor que puede confundir las percepciones de un niño es la sugestión ejercida por algún adulto significativo. Los adultos tienen la capacidad de influir sobre un niño para que repita una historia prefabricada. Sin embargo, en lo que se refiere al abuso sexual, las características del relato permiten que el examinador entrenado detecte tal influencia.

Examinemos lo que ocurrió con la familia R y su hija, Cinthia, de nueve años. La madre acusaba a su ex marido de manosear a la única hija del matrimonio, y sostenía que el abuelo paterno besaba a la niña en la boca. El juzgado donde tramitaba su divorcio la había derivado a un centro especializado en maltrato infantil para evaluar la veracidad de la acusación. El juez interviniente había suspendido preventivamente las visitas del padre a la hija, aunque permitía el contacto entre el señor R y sus dos hijos varones, uno mayor y otro menor que la niña.

La señora R era una mujer joven, bonita, que decía estar cursando una carrera universitaria. Sin embargo, en las entrevistas individuales previas a iniciar el diagnóstico con la nena, se pudo observar que presentaba un grado de desorganización importante en su personalidad que podría interferir en la capacidad de estudio. Encubría estas dificultades bajo una apariencia suave y educada. Por otro lado, resultaba llamativo el interés y el placer que le producía discutir con la entrevistadora, intentando reiteradamente presionarla para que coincidiera con sus puntos de vista o con sus necesidades.

Uno de los puntos conflictivos y de discusión constante eran los horarios de las citaciones. Por diversos motivos el diagnóstico se prolongó durante varios meses, muchos más de lo habitual. La madre faltaba a las entrevistas argumentando problemas de salud personales o de los hijos, o se retrasaba de tal manera que, aunque asistía al centro de evaluación, era imposible atenderla.

Otro elemento que contribuyó a complicar el estudio de este caso fue que, para la época en que la familia R consultó, la pediatra especializada en el examen físico de niños abusados, estaba de vacaciones. Cinthia fue revisada por otro profesional con menos experiencia que informó que, en el examen ginecológico, no se observaba el himen.

Personalmente realicé numerosas entrevistas con la niña con la intención de obtener un relato de lo que le había sucedido. Cinthia reiteraba de manera monótona las mismas descripciones que había hecho su madre y no agregaba detalles que permitieran suponer que se trataban de episodios realmente vividos por ella.

Sin embargo, en una entrevista apareció un dato significativo. La nena armó un juego en el que los cuatro muñecos que representaban una familia (el padre, la madre y los dos hijos, un varón y una nena), se peleaban. Primero peleaban la madre y el padre; después, la madre con la hija. Cuando le pregunté cuál era el motivo de la pelea, responde : "No sé. La *[muñeca]* grande dice mentiras".

Con esta afirmación y ante la ausencia de indicadores psicológicos que permitieran validar el relato, solicité un nuevo examen físico. Esta vez, la pediatra con mayor experiencia realizó la revisación ginecológica, constatando que la niña no presentaba lesiones ni cicatrices en la zona genital y que se observaba una conformación anatómica menos habitual del himen (himen semilunar) que, a simple vista, podía confundirse con un desgarro.

En este caso, a pesar de que el primer examen físico parecía confirmar las acusaciones de la madre, la niña no aportaba en su descripción detalles ni elementos personales diferenciados de los de la señora R. No aparecían indicadores que apuntalaran la veracidad del relato de abuso: en las diferentes entrevistas reiteraba el mismo episodio que, según refería Cinthia, había ocurrido de la misma manera desde el comienzo, no ofrecía detalles periféricos que resultaran significativos y comproba-

246

bles y, además, el clima emocional en que narraba lo que supuestamente le había sucedido no se correspondía con la angustia y el sufrimiento habitual en las niñas abusadas de su edad.
Por otro lado, la persistencia del equipo especializado para aclarar las dudas permitió que Cinthia expresara a través del juego
–corroborado por el segundo examen físico–, que la instigación
materna la habían llevado a esta falsa acusación.

¿Cómo cuentan los niños?

Una recomendación sumamente útil para incursionar en
este tema es que hay que tener siempre presente que los niños
no son adultos en miniatura. Por el contrario, son personitas
que se encuentran en pleno proceso de crecimiento y la forma
en que se expresan se va modificando con el desarrollo.

Cuando por cualquier motivo sea necesario entrevistar niños, es importante tener en cuenta que la comunicación resulta más sencilla –a cualquier edad– si se conocen ciertos principios básicos.[24]

En primer lugar, que el desarrollo se produce a través de
etapas que se atraviesan de manera gradual y ordenada. Es decir, los distintos momentos evolutivos se van produciendo de
manera escalonada y con un orden predecible, con lo cual un
observador o un entrevistador que conoce la evolución del
psiquismo infantil adaptará sus técnicas al período que se encuentre atravesando cada niño. Aunque parezca obvio, conviene recordar que la infancia no es una etapa homogénea, sino
que abarca numerosas fases del desarrollo. Por lo cual, un mismo hecho será interpretado y relatado de diferentes maneras
por preescolares, por niños de edad escolar, por prepúberes o
por adolescentes. Las diferencias básicamente estarán dadas por
variaciones en el lenguaje y en la capacidad de expresión verbal,
por el tipo de pensamiento predominante según la edad y por
la madurez emocional alcanzada.

En segundo término, hay que tener en cuenta que, a medida que crecen, los niños construyen sus propias teorías y explicaciones de cómo funciona el mundo. Tienen sus propios pun-

tos de vista y utilizan instrumentos acordes a su concepción de la realidad para investigarla. Los pequeños no se limitan a absorber el mundo externo desde la óptica adulta y muchas veces el modo infantil de organizar las ideas resulta difícil de comprender para los adultos. Por lo general son estas discrepancias las que generan situaciones que resultan graciosas para los mayores pero que no provocan el mismo efecto en el niño.

Cuando los niños conocen algo por primera vez, tratan de incorporarlo a su bagaje previo de experiencias. Los adultos hacemos exactamente lo mismo, con la única diferencia de que nuestro bagaje de experiencias es mucho más amplio y hemos completado la maduración necesaria para seriar y clasificar siguiendo diversas variables. Los niños realizan estas mismas operaciones de manera más lenta y, cuanto más pequeños son, más se basan en operaciones concretas de ensayo y error.

Por ejemplo, las primeras veces que un nenito ve una vaca y aún desconoce la palabra con que se la nombra, puede señalarla y decir "Gua–guau" o "perro", por ser el único cuadrúpedo con el que está familiarizado. En este caso, el niño no está mintiendo ni fantaseando. Por el contrario, está intentando explicar con los elementos que cuenta, un fenómeno nuevo de la realidad. Cuando alcanza un nivel madurativo determinado, logra incorporar la nueva información que aporta el adulto, ampliando así no sólo su vocabulario sino los horizontes del mundo conocido.

El tercer principio a considerar cuando se evalúa la entrevista de un niño, es que las adquisiciones y los logros esperables a un nivel madurativo determinado, no se producen de manera simultánea y que, por lo general, implican procesos madurativos que transcurren con cierta independencia entre sí. El crecimiento implica la maduración en diversas áreas: el lenguaje y la esfera verbal, la percepción visual, la coordinación motora, la esfera emocional, los procesos cognitivos, la socialización, por mencionar sólo algunas. Por lo tanto, no debería extrañar que un niño que se destaca por los avances logrados en la coordinación motora tenga un desarrollo menor en lo que hace al lenguaje y la comunicación verbal. Lo que importa establecer con claridad es que, debido a que estas variaciones son normales en

SIN TESTIGOS: EL RELATO DE LAS VÍCTIMAS

cualquier criatura, no existe un paradigma del niño de 4 años o de 7 años. Existen patrones de comportamiento esperables para la edad y resulta fundamental no olvidar esta observación de la psicología evolutiva cuando se examina el relato o las conductas de los niños. Los especialistas deberían profundizar la investigación ante la presencia de retrocesos, bloqueos e, incluso, adelantos llamativos en algunas de las áreas estudiadas ya que podrían estar indicando dificultades en otras, que el niño compensa de esta manera.

Finalmente, en cuarto lugar es necesario recordar el amplio margen de variabilidad con que se consolidan ciertos progresos evolutivos.

Teniendo en cuenta la importancia que reviste la aplicación de estos cuatro principios a los relatos de abuso sexual de los niños, se infiere que su validación requiere la intervención de personal con sólidos conocimientos de psicología evolutiva, a la par que entrenados en la detección y el tratamiento de la problemática.

Algunas consideraciones sobre las técnicas de entrevistas en abuso sexual infantil

Por más experiencia clínica que tengan los profesionales, tanto en el ámbito de la salud mental como en el de la educación o el trabajo social, para llegar a conclusiones atinadas sobre la veracidad de un relato o la especificidad de una conducta, deberán tener una formación adecuada en psicología evolutiva y contar con capacitación conveniente en el campo del abuso sexual infantil. Baste un ejemplo para señalar las razones de mi insistencia sobre estos requerimientos.

Supongamos una consulta de una madre que sospecha que su hija de 5 años fue víctima de abuso sexual. Imaginemos que en la entrevista se observa un nivel madurativo acorde a la edad en diversas áreas, incluso el área del lenguaje y la comunicación verbal. Sin embargo, la niña modifica su estilo de expresión cuando describe la situación abusiva, empleando términos característicos del lenguaje adulto. Esta variación podría ser considerada por un entrevistador entrenado como un elemento para desconfiar acerca del origen del relato. En los niños abusados, es más frecuente que describan los incidentes utilizando términos propios de su nivel evolutivo, de un estadio de maduración previo o, incluso, que usen expresiones vulgares, ajenas a su léxico habitual, reproduciendo la forma en que el perpetrador los encaraba.

Cristina es la mamá de Elena, de 9 años. Su hijo mayor, de 19, descubrió accidentalmente a la nueva pareja de Cristina en la cama matrimonial con Elena, ambos desnudos, el hombre encima de la nena. Tratando de determinar cuándo pudo haber comenzado el abuso, Cristina recuerda una tarde en que la nena había acompañado a su pareja al supermercado. Elena regresó furiosa. Cuando la mamá le preguntó qué le pasaba, la nena le respondió: "Es por el hijo de puta ése. Le pedí que me comprara un helado y me dijo que me lo iba a comprar si le chupaba la pija". Cristina se sorprendió ante las palabras que usó la nena, la reprendió y la puso en penitencia. Su compañero ni se enteró de lo que había sucedido. Dos años más tarde, se hacía la denuncia en un juzgado de menores.

Ante este tipo de situaciones, los especialistas lamentamos la poca divulgación que tiene este problema en la sociedad en general. Si Cristina hubiera tenido elementos que despertaran sus sospechas, a Elena se le hubieran ahorrado dos años de sufrimiento.

Las técnicas que se utilizan para entrevistar a los niños y validar sus relatos deben tener en cuenta que ciertos conceptos como los de número, causalidad, tiempo y espacio, se desarrollan gradualmente y que los más pequeños pueden, incluso, tener dificultades para describir las características del abusador según los patrones adultos, porque poseen una comprensión limitada de nociones tales como altura, peso, edad aproximada, etcétera. Estas limitaciones, sin embargo, no significan que no se pueda interrogar a los niños para pedir precisiones sobre lo sucedido. Al contrario, el motivo de las entrevistas reside en obtener más información.[25] Para ello, la responsabilidad del entrevistador consiste en conducir la entrevista y formular las preguntas adaptándolas al nivel evolutivo del entrevistado, de manera que le permita aportar el mayor caudal de detalles y datos con que el niño cuente.

Nuevamente quisiera referirme a aspectos relacionados con la mentira o la fantasía. En esta oportunidad, relacionándolas con el pensamiento mágico y con procesos habituales en la utilización de palabras por parte de los niños: la sobreextensión y la sobrerrestricción.

Es frecuente que, en etapas evolutivas determinadas –fundamentalmente el período preescolar, aunque no de manera exclusiva– los niños utilicen el pensamiento mágico como un instrumento privilegiado para explicar cómo funciona la realidad. De esta manera, se suelen atribuir sensaciones, emociones e, incluso, capacidad de razonamiento a animales o a seres inanimados, por ejemplo suponer que un hilo siente dolor cuando lo cortan o que una aspiradora hogareña posee la intención de perseguir a nuestro joven interlocutor. De ninguna manera debería confundirse este tipo de pensamiento animista con mentiras o fantasías; hay que pensar, simplemente, que el niño atribuye un efecto a causas diferentes de las verdaderas.

En este sentido, es ilustrativo el razonamiento de un niño pequeño que dice: "Pasó el tren porque el perro ladró". Queda claro que el error radica en la relación causa-efecto, pero que no se puede afirmar que nuestro entrevistado "inventó" al tren o al perro. Él percibió dos hechos aislados y los asoció de la manera que su evolución cognitiva se lo permitía. Por lo general esta vinculación equivocada entre la causa y el efecto se realiza en función de la simultaneidad –en el tiempo– o la contigüidad –en el espacio–, con que ocurren los hechos percibidos adecuadamente.

Los procesos de sobreextensión y de sobrerrestricción pueden acarrear confusiones en la interpretación que hace el adulto de los datos aportados por el niño. Un ejemplo de sobreextensión fue ya citado cuando describimos al pequeño que llama "gua–guau" o "perro" a otro animal cuadrúpedo. Hay que tener presente que la utilización equivocada de una palabra no significa que el entrevistado está falseando deliberadamente la información, sino que el desconocimiento de ciertos términos resulta esperable en su nivel evolutivo.

La sobrerrestricción constituye la contracara del mecanismo anterior y se debe a la extrema literalidad y al alto grado de manejo concreto que el niño pequeño tiene con las palabras. Ocurre cuando se le pregunta: "¿En qué casa pasó?" , y muy seguro nos responde: "No, no pasó en ninguna casa". Si se reformula la pregunta: "¿En el departamento de quién pasó?", nos responderá aplomadamente: "En el de X". Es decir que hay que tener en cuenta que por su nivel madurativo no puede establecer las semejanzas entre "casa" y "departamento".

Un ejemplo más dramático, ya que podría ser considerado como una retractación, se produce cuando, ante la pregunta: "¿Qué parte del cuerpo te tocó?", la víctima contesta: "Él no me tocó." Si se le solicita que relate con sus propias palabras qué fue lo que sucedió, las cosas cambian. Los niños suelen responder: "Me ponía un palito", "Yo lo tenía que tocar" o "Me hacía cosas con la boca".

La obtención de información sobre lo sucedido no requiere materiales sofisticados. Un entrevistador entrenado, lápices y papeles son todos los recursos necesarios para evaluar el relato de un niño. Sin embargo, un halo de misterio y de eficacia rodea a la utilización de los muñecos anatómicamente correctos. Esta técnica, utilizada en EE.UU., consiste en ofrecer a los niños una familia, generalmente, de cuatro muñecos, que representan a una mujer y a un varón adultos, a una nena y un nene. Los muñecos están vestidos con ropas comunes y cuentan con ropa interior acorde a su género y a su edad. Además tienen los genitales correspondientes a cada sexo (vagina, pene y testículos) con sus orificios naturales (vagina y ano), caracteres sexuales secundarios (vello pubiano y senos en los muñecos adultos) y la posibilidad de sacar la lengua de la boca. Las manos de todos los muñecos tienen los dedos separados, lo que facilita que el niño pueda mostrar, si fuera necesario, las maniobras realizadas, aportando datos más certeros para identificar lo ocurrido.

Decía que están rodeados de un halo de misterio y de eficacia porque muchos colegas atribuyen los relatos obtenidos a que "ustedes trabajan con los muñecos", a la vez que muchas impugnaciones de los informes remitidos a la Justicia se basan en la posibilidad de inducir respuestas por la utilización de estos muñecos. Lo concreto es que en Argentina en 1998, son escasos los equipos especializados en abuso sexual que cuentan con este recurso ya que no se fabrica en nuestro país y se lo debe traer del exterior. Ni siquiera los psiquiatras y psicólogos del cuerpo médico forense de Buenos Aires cuentan con ellos.

Es cierto que representan una ayuda importante para muchos niños de hasta 8 y 9 años. A los más pequeños les permite mostrar lo que les sucedió sin las ambigüedades que pueden encerrar las palabras. A los mayorcitos, les ahorra la vergüenza de tener que llamar a las cosas por su nombre. Pero estos son todos los alcances del "método mágico" que, por otro lado, hay que saber utilizar para evitar inducir respuestas.

En este sentido, en el equipo especializado que dirijo –el Programa de Asistencia del Maltrato Infantil (Dirección General de la Mujer) dependiente del Gobierno de la Ciudad de Buenos Aires–, los muñecos se les presentan a los entrevistados totalmente vestidos y acompañados de otro material de juego (lápices y papeles). No se les quita la ropa a menos que el niño lo haga o lo solicite al entrevistador y, en todo momento, se le cede la iniciativa al entrevistado acerca de lo que desea dramatizar con los muñecos. Por otro lado, el personal que toma las entrevistas está debidamente entrenado en la utilización de este recurso e, igualmente, la calidad de los datos obtenidos es supervisada por otro profesional de mayor experiencia.

Criterios de validación del relato

Para evaluar el grado de veracidad de un relato infantil sobre abuso sexual, es necesario analizar el material obtenido en las entrevistas con el niño desde tres dimensiones difrentes: el contenido del relato, su estructura y el clima emocional en que transcurren los encuentros.

● En relación a las características del contenido, debemos señalar que Susan Sgroi –prestigiosa investigadora norteamericana de este tema– identificó cinco elementos que aparecen regularmente en los relatos validados de abuso sexual.[26]

1. Detalles explícitos de conductas sexuales de diversa na-

turaleza que, por la edad evolutiva del niño, no estaría en condiciones de conocer. Se refiere a las descripciones sobre los incidentes sexuales tal cual los refieren las víctimas con ubicación de lo sucedido en tiempo y espacios específicos.

2. Referencias a incidentes múltiples: raramente el niño revela el primer episodio abusivo en el momento en que ocurre; aunque, muchas veces por vergüenza y temor, insista en que los hechos sucedieron una sola vez. Si el abuso fuera extrafamiliar podría caber la posibilidad de que esto fuera cierto; cuando el abuso es intrafamiliar resulta altamente improbable. El silencio de los niños facilita que los acercamientos sexuales inadecuados se prolonguen en el tiempo y que los incidentes se reiteren. Si en el relato del niño aparece este elemento colabora a reforzar su veracidad. En estos casos es de suma importancia obtener detalles colaterales de los diferentes incidentes, ya que permitirán determinar de manera más precisa lo sucedido.

3. Presencia de diferentes episodios que ponen en evidencia la complejización de la actividad sexual, desde acercamientos que implican menor grado de intimidad a otros más intrusivos. Este punto está estrechamente relacionado con el anterior. A medida que transcurre el tiempo sin que se detecte el abuso sexual, el perpetrador avanza en el tipo de contactos que establece con la víctima: lo que pudo haber comenzado como un juego de cosquillas donde de manera "casual" le tocaba los genitales a la niña, puede progresar gradualmente a contactos deliberados para masturbarla o en pedidos o acciones concretas para que ella lo masturbe a él. Los especialistas podemos determinar el tiempo de duración aproximado del abuso en función del tipo de contacto y del grado de intimidad establecidos.

4. Elementos relacionados con el secreto: la mayoría de las personas que abusan sexualmente de niños saben que, si son descubiertos, sufrirán severas consecuencias sociales y legales. Por lo cual implementan medidas –tácitas o explícitas– para garantizar el silencio de sus víctima: profieren amenazas y coerciones u ofrecen promesas, sobornos e inducciones.

Las amenazas suelen involucrar: a) amenazas concretas de daño físico o de muerte (hacia el niño o hacia personas o animales queridos); b) demostraciones de daño o muerte (utilizando muñecos o animalitos, asegurándole a la víctima que le sucederá lo mismo si lo "traiciona"); c) adjudicar la responsabilidad a la víctima por situaciones de daño o muerte (muerte de algún familiar, abortos en la familia); d) la utilización de fotos pornográficas de las víctimas para chantajearla; e) informar al niño que ha participado en un delito y que, por lo tanto, podría ser encarcelado; f) amenazas de separarlo de la casa y del grupo familiar (institutos, reformatorios); g) la persuación de las víctimas de que nadie les va a creer; h) la inducción a creer que serán culpabilizadas; i) amenazas de consecuencias emocionales para las personas que los niños aman (Por ejemplo: "a tu mamá la van a llevar al hospital y no va a parar de llorar"); j) amenazas de ruptura familiar; k) advertencias sobre consecuencias religiosas ("Dios te va a castigar", "te vas a ir al Infierno"); l) amenazas con pérdida del amor de otras personas.

Las promesas, sobornos e inducciones más frecuentes involucran: a) recompensas con juguetes; b) dinero; c) atenciones especiales; d) favores y trato especiales; e) abuso sexual encubierto como juegos divertidos o situaciones de higiene; f) abuso sexual encubierto como educación sexual; g) exhibición de material pornográfico (en especial de otros niños para vencer las resistencias); h) utilización de drogas o alcohol.[27]

5. Detalles colaterales: se refiere a la presencia de a) detalles inusuales aunque significativos y, muchas veces comprobables a través de los familiares (por ejemplo, que el niño recuerde inconvenientes técnicos o reparaciones de una cámara en casos en que era fotografiado); b) detalles superfluos que no están directamente relacionados con el abuso sexual pero pasibles de verificar con otros adultos (una nena de cuatro años que afirmaba que el abuso había ocurrido en una quinta en la época en que se usaba la pileta, describió la mallita que usaba y permitió establecer que había comenzado antes de los tres años); c) descripción de complicaciones inesperadas (el regreso o la irrupción de otra persona mientras se preparaba o estaba ocurriendo el incidente); d) asociaciones externas relacionadas; e) descripción de la experiencia subjetiva y f) atribuciones al estado mental del acusado ("cuando lo hacía estaba loco o tomado").[28]

Veamos, por ejemplo qué sucedió con Natalia, de cuatro años. Sus padres, separados de hecho desde hacía dos años, concurrieron juntos a la consulta porque la niña les había contado que el tío Mario le tocaba la "cachu" (nombre que la nena utilizaba para referirse a sus genitales). Mario era un primo de la madre que vivía en el mismo terreno que Natalia y su mamá, aunque en otro departamento. La nena le había contado primero a su papá. En las entrevistas con la psicóloga, la niña relata otros episodios, brindando referencias detalladas sobre los lugares concretos donde el hombre había tenido oportunidad de manosearla: el auto y el departamento de Mario y la casa de Natalia. También aludía con claridad a las partes de su cuerpo y del cuerpo del abusador que habían estado involucradas en estos acercamientos sexuales. Manifestaba que el tío le tocaba su "cachu", poniendo la mano de él debajo de la bombacha de Natalia, que, además "el tío se sacaba el pito y se lo hacía tocar a la nena con la mano". Relató que, en otra oportunidad, le había introducido el dedo en la vagina. Estas ampliaciones de la descripción inicial, que la niña hace en las entrevistas diagnósticas, ejemplifican las características propias de los relatos creíbles. Los episodios explicitados no son todos iguales, ni las descripciones se reiteran de manera mecánica. Es posible observar una secuencia de complejización del estilo de abuso en el tiempo, en la medida que el abusador se va atreviendo cada vez a mayores avances ante el silencio de la víctima. Además, Natalia pudo puntualizar las sensaciones que le provocaban estos contactos inadecuados. "No eran caricitas ni cosquillitas", dijo textualmente. "Cuando me puso el dedo en la 'cachupina' (genitales femeninos), no me gustó, me dolió. No pude decirle que no", agregó compungida.

Otro elemento que refuerza la validez del relato es el empleo de denominaciones muy personales para nombrar los genitales o los actos involucrados en el abuso. Hay niños que cuentan que juegan "al lobito" o "a la calesita" con el abusador. Muchas veces el niño mismo o un familiar cercano tienen que explicarle al entrevistador el significado de estos términos.

Por otro lado, en el caso de Natalia existía una amenaza concreta del abusador para que la niña mantuviera el secreto:

Mario decía que mataría a la madre si Natalia le contaba lo que estaba pasando entre los dos.

El examen del pediatra de la familia terminó de confirmar el abuso: la nena tenía un desgarro en el himen.

● En lo que hace a las características de la estructura del relato, es necesario tener en cuenta:

a) su estructura lógica: debe tener sentido al ser evaluado en su totalidad, no es necesario que sea un relato lineal, pueden aparecer ramificaciones sin que modifique su estructura básica. Este criterio no se desmerece por la presencia de detalles inusuales, contenidos peculiares o eventos inesperados.

b) que surja de manera poco estructurada: es decir que es esperable cierto grado de desorganización y, en la medida que no se trate de un relato lineal, sistematizado, rígido, reiterativo y cerrado, aumenta su confiabilidad. En una descripción no fabricada deberían producirse disgresiones espontáneas y variaciones del foco y del punto de vista –en niños mayores que ya cuentan con esta última capacidad–, sin alterar la coherencia lógica.

c) la presencia de abundantes detalles: acerca de personas, lugares, momentos en que ocurría y eventos específicos que enriquezcan el relato. La simple repetición de los mismos elementos no cumple los requerimientos de este criterio.

● Las peculiaridades del clima emocional en el que transcurre las entrevistas pueden ser diferentes, aunque la intensidad suele ser muy significativa:

a) Rechazo llamativo y evitación del tema: si bien es frecuente que muchos niños que no han sido victimizados tengan pudor para abordar lo relacionado con la sexualidad, son diferentes las conductas marcadamente evitativas que aparecen en los niños abusados (retraimiento, distracciones, intentos de desviar la conversación, evitación de preguntas, no escuchar selectivamente cierto tipo de preguntas, episodios de excitación para desviar la atención del tema). Si este patrón de comportamiento aparece frente a la temática puntual del abuso, contribuye a validar la hipótesis de que se trata de un aspecto conflictivo para abordar.

b) Sentimientos de vergüenza y temor: suelen manifestarse en niños en edad escolar que pueden darse cuenta de lo inadecuado de los acercamientos padecidos. Es común que las víctimas se muestren ansiosas, a veces apuradas por terminar de contar los incidentes o relatándolos de manera entrecortada, con mucha dificultad, en medio de un estado general depresivo o directamente llorando. No es raro que los más pequeñitos incurran en conductas regresivas o incluso se masturben delante del profesional cuando hacen referencia al tema.

El temor, por otro lado, se suele expresar a través de conductas de alerta excesiva (el niño controla los movimientos del entrevistador, los ruidos externos), escondiéndose sin articular palabra u ocultándose en algún lugar del consultorio mientras relatan lo sucedido.

Nuevamente conviene precisar ante qué situaciones y preguntas surgen estas reacciones.

Estos son los lineamientos básicos que conviene seguir para validar un relato. Una vez más quisiera insistir en que todos los relatos deberían ser analizados por especialistas entrenados en la detección del abuso sexual, antes de ser simplemente desestimados en nombre de un supuesto sentido común.

CAPÍTULO 9

FAMILIARES NO ABUSADORES:
ENTRE EL COMPROMISO
Y LA COARTADA

Buenos Aires, marzo de1997. Un grupo de mujeres de edades variadas se reúnen en un centro especializado en maltrato infantil. Algunas llegan apuradas. Se disculpan. A una se le hizo tarde porque no podía dejar la oficina. Otra se acuerda de pedir el certificado para justificar la salida anticipada del trabajo. Otra aprovecha a preguntar cuántas veces más va a tener que venir porque las cosas en su casa ya andan bien. Se saludan y se acomodan. La disparidad de niveles sociales y de poder adquisitivo se refleja en la forma de vestirse. Son personas que posiblemente nunca hubieran llegado a conocerse o que, de haberse conocido, el trato se habría limitado a un educado contacto social. Las diferentes alternativas que están atravesando se evidencian también en sus rostros.

Elsa, por ejemplo, directora de un jardín de infantes y madre de dos varones de 4 y 6 años abusados sexualmente por el padre, está conmocionada. Su ex marido, una persona destacada en el ambiente artístico, fue encarcelado hace unos pocos días por la denuncia que ella presentó hace más de un año. A pedido de los abogados de él, Elsa y los nenes están siendo examinados por los psicólogos forenses. En las entrevistas participan como observadores los peritos contratados por el hombre. Es el tercer psicodiagnóstico que se les efectúa. La defensa del ex marido intenta demostrar que el testimonio de los niños no puede ser tomado en cuenta, que Elsa, en una mezcla de delirios y celos, influenció e indujo los relatos de sus hijos.

Celina, por el contrario, está contenta aunque aclara que se pasó la semana llorando. La habían citado para la pericia psicológica en los Tribunales, junto con su ex marido y los hijos. Al principio se había desesperado sin saber qué hacer. Sólo podía pensar en el absurdo de la propuesta: ante una denuncia de abuso sexual, el juez ordenaba una entrevista familiar en la que una nena tendría que afrontar a su supuesto ofensor. Celina se preguntaba a quién le importaba la salud mental de su hija. Sin embargo, se había asesorado y siguió las indicaciones que le dio una abogada: se presentó en el cuerpo médico forense e informó al profesional que la citaba acerca de la denuncia. Inmediatamente, sin ninguna objeción, le cambiaron el horario de atención para ella y los niños.

Elvira llega tarde. Es la primera vez que viene. Tiene una nena de cuatro años que no convive con ella. Seis meses atrás, un juzgado decidió separarla de sus padres por considerar que se encontraba en situación de riesgo. Antonia, la hermana de Elvira, se había presentado a la Justicia varios meses atrás para preguntar qué tenía que hacer frente al pedido de ayuda de su sobrina. Después de contarle episodios abusivos por parte del padre, la nena le había pedido: "Tía, sacame de acá". A pesar de que el relato de la niña había sido validado por distintos profesionales, la madre seguía conviviendo con su marido, insistiendo en que su hermana había hecho la denuncia por envidia y celos.

Las hermanas habían tenido una pésima relación desde siempre. Antonia le llevaba más de veinte años a Elvira y prácticamente la había criado al morir la madre de ambas. Antonia había sido autoritaria y distante con su hermana, intentando controlar todo lo que hacía. Su estilo dominador era evidente para cualquiera. Sin embargo ella no lo reconocía y se quejaba de lo desagradecida que había resultado su hermana menor.

En la reunión estaban las dos. Antonia, en papel de víctima y protectora de los niños, ofrecía argumentos para que las otras mujeres hostigaran a Elvira: cómo podía ser que prefiriera a un hombre antes que a su nena, cómo era posible que no creyera en lo que decía su propia hija. Elvira se defendía insistiendo en que a ella no le constaba que su hija hubiera sido abusada sexualmente, que ella nunca se había ausentado del hogar, que no había ninguna posibilidad de que su marido hubiera abusado de la nena, que todo lo que había contado se lo había inculcado la tía.

Otra señora, madre también de chicos abusados, le aconseja con paciencia y dulzura aunque con los ojos llenos de lágrimas: "Cuando yo vine acá, en parte estaba como vos, tratando de demostrar de todas las maneras posibles que él no le había hecho nada a mi nena. No dormía repasando las oportunidades que él había tenido para estar a solas con nuestros hijos, intentando convencerme de que yo siempre había estado presente. Ahora me doy cuenta de que yo no tenía que buscar las pruebas de que él lo había hecho. Más bien yo tenía que preguntarme cuáles eran las pruebas que me demostraban que él no lo había hecho".

Graciela es también madre de niñas abusadas por el padre biológico. Los abusos ocurrían durante las visitas del fin de semana. La pareja estaba separada a raíz de la violencia física que ejercía el marido, según estaba asentado en el juicio de divorcio. La mujer se dirije a Elvira y reflexiona: "Es que a una ni se le cruza por la cabeza que él le puede hacer algo así a sus propios hijos. Pensamos que a nosotras nos pueden hacer cualquier cosa, pero nunca a los chicos…"

Celina –la mamá que había conseguido el cambio de turno para la pericia– se lamenta de no haber sabido interpretar las señales que su hija mandaba: una falsificación de firma en el boletín, un cambio importante en el rendimiento escolar ("de 9 bajó a 5"). "Las maestras lo justificaban. Yo, estaba cerrada. No me daba cuenta. Del colegio me llamaban y yo decía que en mi casa estaba todo bien, que la nena se había ido a Mar del Plata con el padre. Ahora que veo la realidad, entiendo y pienso: 'Pobre mi hija. ¡Todo lo que tuvo que pasar!'"

La mañana pasa y se hace la hora de irse. Se despiden, se desean suerte. Algunas se quedan comentando algo que quedó en el tintero. Elvira –la que no cree– se acerca a la coordinadora. Con mucha tristeza, comenta: "¿Sabés qué pasa? Yo no quiero estar en el grupo con Antonia. Con ella delante, yo no puedo hablar. Si yo le creo a mi nena, le estoy dando la razón a mi hermana. A esta hermana que siempre me criticó y se opuso a cualquier cosa que yo hiciera".

La culpa

Conviene recordar que aproximadamente 90 de cada 100 adultos que abusan sexualmente de niños son varones y que la forma más común de abuso es la intrafamiliar. Son los padres biológicos, además, quienes cometen estas acciones con mayor frecuencia. De ahí que, cuando se devela el abuso, la pregunta de rigor sea: ¿qué hicieron las madres?

Algunos años después de haberse enterado del abuso sexual que sus cuatro hijos habían padecido por parte del padre, una mujer se preguntaba con profundo dolor: "¿Dónde estuve yo?¿En un ataúd?"

Resulta muy difícil aceptar que algo así pueda ocurrir sin necesidad de que los adultos no abusadores –que inclusive pueden ser hombres– participen. Resulta tan complejo que, aun cuando se comprueba que el familiar desconocía totalmente la situación, pocos resisten la tentación de buscar –y por supuesto encontrar– una complicidad inconsciente.

El razonamiento se convierte en paradoja cuando a partir de tal inferencia, se fustiga y acusa al adulto no ofensor por el abuso, mientras se minimiza, con variados argumentos, la responsabilidad del perpetrador en los actos concretos.

Es cierto que por lo general las niñas son abusadas dentro de sus propias familias. Sin embargo, esto no significa que todos los integrantes tengan el mismo grado de responsabilidad y compromiso en los hechos. Sin desconocer que todas las familias se comportan como sistemas de partes interrelacionadas, no deberíamos olvidar que, para que se produzca el acercamiento sexual inadecuado dentro de una familia, alguien elige llevar a cabo determinadas acciones contra niños o jóvenes pasibles de padecer los abusos.

Cualquier niño puede ser objeto de acercamientos sexuales. Por su inmadurez, su dependencia y su necesidad de afecto tiende a confiar en los mayores y puede ser engañado con facilidad, en especial los más pequeños. Sin embargo, para que un episodio abusivo se transforme en una situación crónica es necesario otro ingrediente: la tendencia familiar a mantener los secretos. Mediante ocultamientos y mentiras se instalan refinados mecanismos de comunicación familiar que conducen indefectiblemente a la distorsión de las percepciones de todos los integrantes y a la construcción de un laberíntico sistema de creencias utilizado para minimizar y justificar hasta los acontecimientos más trágicos.

Se entiende ahora la pregunta que se hacía la señora mencionada en el primer párrafo. Una familia que guarda secretos es como un ataúd. Aun así, cuesta aceptar que, muchas veces, la única culpa de los no ofensores sea precisamente la de permitir y/o participar de tales pactos de silencio.

"A mí, no": una cuestión de veredas

Marzo de 1997 en Buenos Aires. Enciendo el televisor un día cualquiera a la noche. Sintonizo uno de los programas en vivo en los que se discuten temas candentes de la semana. Las mediciones de audiencia señalan que es uno de los más vistos. El tono del programa oscila entre el sensacionalismo y la vulgaridad.

Esta noche emiten una entrevista a la actriz Mia Farrow. Lamentablemente, no está anunciando ni promocionando su participación en ningún evento artístico. El reportaje gira alrededor de las denuncias sobre abuso sexual de sus hijos que presentó contra su ex pareja, el actor y director Woody Allen; sin eludir la controvertida relación sentimental –y sexual– de él con la hija adoptiva de la actriz, apenas mayor de edad cuando se publicitó el affaire.

Es tentador creer que son cosas de Hollywood, o de Nueva York cuando menos. Nuestra primera impresión es que se trata de problemas que se buscan los famosos; por lo tanto, más allá de la curiosidad que pueda despertarnos las vidas de esas personas, tendemos a pensar "allá ellos". Sin embargo, a poco que nos adentramos en los vericuetos de estas historias comenzamos a percibir ciertos tintes familiares. Por ello, sin profundizar en las comprobaciones legales ni en los múltiples puntos de controversia, es interesante aprovechar la notoriedad del caso para detenernos a pensar ciertas cuestiones que parecen tácitamente aceptadas.

Resulta conveniente escuchar lo que la gente piensa y dice, sobre todo de la manera en que lo hace en este programa: desde las vísceras, sin preocuparse en reflexionar sobre la complejidad de los hechos y sin intentar ponerse en la piel de los protagonistas; en síntesis, desde la vereda de enfrente.

Es necesario conocer precisamente lo que piensa y dice la "opinión pública" ya que, por lógica extensión, es lo que también piensa y dice el entorno social más reducido que rodea a la familia en la que alguien intenta desenmascarar una situación abusiva.

Para este programa televisivo, la producción había reunido a un grupo de personas –abogadas, políticos, gente del espectáculo, personas comunes e incluso un sacerdote– para comentar la entrevista.

"¡Esto, a mí, nunca me va a pasar!", exclama con una esplendorosa sonrisa la actriz joven y elegante. Inmediatamente explica su postura frente al affaire amoroso del director y la adolescente: "Primero, ella no era hija adoptiva de él sino de Mia Farrow y, además, mi abuela también se casó a los dieciséis años".

En estas pocas frases se evidencian ya los primeros errores de apreciación que, recubiertos de lógica y sentido común, encubren las dificultades para reflexionar seriamente sobre el abuso de menores.

Por ejemplo, ¿se considera que hay abuso sólo cuando un vínculo biológico liga a la víctima con el perpetrador? A esta altura sabemos que el facilitador del abuso es el desequilibrio de poder inherente a las relaciones de dependencia y confianza que se establecen entre un adulto y un niño.

Por otro lado, es posible que el vínculo sentimental se haga público cuando la joven está en una edad en que ya no es tan niña, como en la historia de Woody Allen y de muchas otras adolescentes y padrastros o compañeros de las madres. Pero cabe preguntarse a qué edad empezaron los acercamientos, cuántos años hacía que el hombre conocía y criaba a la hija de su pareja, en qué momento dejó de considerarla una nena y la hija de su mujer, para incluirla en la categoría de mujeres deseables.

Una mujer del panel de invitados, seria y de mediana edad,

enfoca el problema desde otro ángulo, utilizando casi las mismas palabras: "Yo sé que esto, a mí, no me va a pasar". Es abogada y no está negando los imponderables de la vida ni su vulnerabilidad. Por el contrario, sus afirmaciones se basan en sus cualidades personales: "Yo nunca le haría algo así a mi hijo".

Otro invitado retomó el detalle de la adopción, para señalar lo "sospechoso" que resultaba que una mujer adoptara "quince chicos diferentes, normales y discapacitados". Sin preguntar si los datos aportados eran correctos, los participantes hablan todos a la vez, animadamente.

Habían encontrado una buena explicación a los hechos: la madre no es normal. Nadie lo decía en voz alta, pero la duda acerca de la salud mental de Farrow ya estaba instalada.

Woody Allen no estaba casado con su pareja, ni siquiera convivían. El sacerdote llevó entonces agua para su molino: estas cosas pasan cada vez más por la crisis de los matrimonios. Tampoco lo dijo abiertamente, pero de sus palabras se podía inferir que, en los entreveros de las familias reconstituidas –con divorcios e hijos previos, por supuesto–, la gente termina confundiéndose y olvidando la función que debería cumplir y el lugar generacional que debería ocupar.

En mi mente de especialista quedan flotando algunas dudas: ¿quién se confunde y olvida? ¿El adulto, o los niños y las niñas victimizados? ¿Cualquier persona adulta es capaz de confundirse y olvidar tanto? ¿O en algunas familias hay niños y niñas –adolescentes quizá– capaces de generar tamaña confusión y olvido?

No tuve demasiado tiempo para seguir pensando pues la discusión había ya derivado hacia la conveniencia de legalizar las uniones y de tener más paciencia entre los cónyuges.

Las opiniones se dividían. Se formaban bandos, a favor y en contra de lo que el sacerdote proponía. Sin embargo, cuando la polémica giraba en torno del abuso sexual, todos estaban de acuerdo. Sólo rivalizaban en encontrar razones más satisfactorias para explicar lo sucedido: la relación entre el hombre mayor y la adolescente era tan sólo una historia de amor un poco complicada. Pero ya sabemos que, a la larga, todo se perdona en nombre del amor. Sin lugar a dudas, las denuncias de la madre provenían –según el criterio de los invitados– del despecho ante el abandono sufrido. Además –volvían nuevamente a la carga–, una mujer que adopta tantos chicos, no puede estar en sus cabales y no es aconsejable tomarla muy en serio.

A esta altura, el conductor intentaba encarrilar el programa e invitaba a los participantes a seguir viendo la entrevista. Farrow, acongojada, confesaba que ella mucho tiempo antes, había tenido indicios de que este tipo de acercamientos ocurrían entre Allen y sus hijos. Pero que, en su momento, no había podido tomar ninguna medida. Sólo había conversado con su compañero. Él le había asegurado que no iba a volver a ocurrir y siguieron juntos. Cuando se le preguntó por qué había encarado las cosas de esa manera, la actriz alegó que amaba profundamente a Allen y que no tenía intenciones de separarse de él en esa época. Sin embargo, señaló que después se había dado cuenta de que había tomado la decisión equivocada e instó a las madres que estuvieran en su misma situación a que defendieran a sus hijos, a que no pensaran en ellas mismas.

Una de las panelistas defendió encendidamente la necesidad de denunciar el abuso ante la Justicia. Era abogada y política. El programa estaba por terminar. Todos querían decir unas palabras de cierre. Hablaban todos a la vez, el conductor se despedía y la cámara se alejaba. Los participantes seguían discutiendo con entusiasmo. De espaldas, una madre de niños abusados que había aportado su testimonio en algún momento del programa, no participaba en el debate. Esa imagen final condensaba –para los que teníamos intenciones de ver– el modo en que la mayor parte de la sociedad encara este tema tan espinoso. Los de la vereda de enfrente opinan, juzgan y condenan. Los que lo han vivido, no logran hacerse escuchar. Si pudieran hacerse oír, la gente se enteraría de que las cosas no suelen teñirse sólo de dos colores –el blanco y el negro–, sino que hay múltiples matices.

Y por casa, ¿cómo andamos?

Por varias razones, no es aconsejable caer en la tentación de creer que el caso de Woody Allen y los hijos de Mia Farrow constituye un problema de ricos y famosos de otras latitudes. La principal es que por estas latitudes, ocurren situaciones parecidas. Si modificamos el escenario y el vestuario de los personajes, la historia que está públicamente documentada –el romance y la convivencia entre el hombre y la hija adoptiva de su compañera– no sorprende ni escandaliza como debiera.

No son infrecuentes las historias de padrastros –concubinos de las madres– que mantienen relaciones sexuales y, a veces, embarazan a adolescentes, hijas de parejas anteriores de sus compañeras. Muchos de ellos, para eludir las acusaciones de abuso sexual –que, según nuestras leyes, de eso se trata–, manifiestan su intención de casarse con las jóvenes. Situación que puede concretarse fácilmente si, por no haberse casado legalmente con sus compañeras, estos hombres fueran solteros o divorciados. Estos casos constituyen verdaderos dolores de cabeza para los jueces civiles argentinos ya que, si la madre lo autorizara, no habría impedimentos para efectivizar las uniones entre las adolescentes y sus padrastros.

Por un lado, el incesto no está contemplado como delito en el Código Penal argentino. Sin embargo, la ley castiga con penas mayores al abuso deshonesto y a la corrupción de menores, al estupro y a la violación, cuando existe un vínculo de confianza y/o de responsabilidad en el cuidado entre el victimario y la víctima.

Por el otro, la creencia generalizada, compartida incluso por las madres de las muchachas, es que "igual no es el padre". Esta afirmación se hace muchas veces a la ligera, sin considerar cuánto tiempo hace que la pareja parental convive y qué edad y grado de dependencia tenía la niña cuando la convivencia se inició, ni qué edad y grado de dependencia tenía la niña cuando los acercamientos inadecuados y las conductas sexuales comenzaron. Se prefiere la ilusión de una desdichada historia de amor antes que aceptar la crudeza de los hechos.

Denunciar los abusos sexuales ante la Justicia tampoco es una tarea sencilla en nuestro país, por ahora. Si bien se ha promulgado y reglamentado una ley –Ley Nacional Nº 24417– para proteger a las víctimas de las distintas formas de la violencia familiar, todavía no tiene vigencia en todo el territorio nacional.* Además, la mayoría de los juzgados civiles y penales carece de información adecuada y actualizada para afrontar las complejas cuestiones que plantea el abuso de niños, entre otros por ejemplo la credibilidad de la víctima, la frecuente ausencia de signos físicos, la capacitación necesaria para que los peritos puedan validar los relatos sin inducir y sin minimizar las respuestas.

Esta es la realidad que deben encarar las personas –por lo general las madres– que deciden denunciar los hechos. Tarea nada sencilla para alguien que, aún cuando estuviera previamente separada del ofensor, siente que toda su vida se derrumba, que se la ha estafado en sus creencias más básicas. Esa madre es una persona que se ha visto empujada a una de las crisis más devastadoras que pueda atravesar un adulto.

Para superar estas crisis donde se desestructuran sistemas largamente construidos, se requiere la puesta en marcha de la mayor cantidad posible de recursos. No me refiero únicamente a los recursos psicológicos de la personalidad, sino a la capacidad de sostén económico y autonomía de esa persona, al apoyo emocional y/o material que puedan brindar la familia, los vecinos y los amigos, y a la respuesta de las instituciones intervinientes (salud, educación, justicia y religión).

Los comentarios acerca de Mia Farrow dejan entrever cuáles son las respuestas con las que se topa quien desee desenmascarar el abuso sexual intrafamiliar: sospechas sobre la salud mental de la víctima o de quien denuncia, sospechas acerca de segundas intenciones para ventilar estos problemas familiares (despecho, celos, intereses económicos), sanos consejos para devolver la paz a la familia y consolidar su unión, por supuesto incluyendo al ofensor.

Baste como ejemplo la carta de una abogada que recibimos en el equipo especializado en maltrato infantil que dirijo. La envía la letrada patrocinante de un hombre de mediana edad cuya esposa decidió echarlo de la casa el mismo día en que la hija adolescente de ambos relató que el padre abusaba de ella desde los 9 años. La mujer pidió ayuda y recurrió a un juzgado civil:

* A comienzos de 1998.

denunció la situación y solicitó la exclusión de su marido del hogar. La señora realizó estos pasos sin contar con el patrocinio de ningún abogado porque carecía de recursos para contratar un profesional. Transcribo la carta textualmente obviando, por supuesto los datos que podrían identificar a los involucrados:

"Dra. Irene Intebi
S/D
De nuestra consideración:

Nos dirigimos a usted en nuestro carácter de letradas patrocinantes del Sr.T. El motivo de la presente esquela es comunicarle que es menester que, a fin de evitar una contienda judicial de la cual saldría deteriorada la posible solución del matrimonio T, le comunique a la Sra. T, la cual tenemos entendido que ha acudido a vuestro organismo para iniciar la acción de protección de menor, que debe urgentemente designar un letrado ya que de ese modo tendríamos la posibilidad de tener un interlocutor válido a fin de conversar todos los problemas anexos que esta acción ha traído, ya que con motivo de la presentación del presente conflicto y, a partir del comienzo de éste, el Sr. T se ha visto envuelto en una serie de problemas financieros *[antes de que la mujer se enterara del abuso, el marido había hipotecado la única propiedad de la familia –heredada por la Sra. T al fallecer su madre– para modernizar un local alquilado; no pagaba las cuotas de la hipoteca desde que la mujer lo había echado de la casa]*, los cuales se los hemos intentado comunicar a la Sra. T en vano ya que se niega a hablar con nosotras y es menester llegar a una solución en estos conflictos antes de que realmente lleguen a un punto sin retorno. *[Siguen algunas formalidades y una atenta despedida]*"

Ante planteos como éstos, cabe la pregunta de si la sociedad reacciona así por desinformación o por razones ideológicas. Seguramente, la respuesta correcta incluirá dosis variables de ambos factores. La desinformación puede combatirse con campañas publicitarias, difusión por distintos medios de comunicación, con capacitaciones para diversos sectores de la comunidad.

269

Pero, ¿qué se hace con la ideología? En principio, desenmascararla. No creo que la actriz joven y elegante del programa comentado estuviera actuando de mala fe al afirmar que "eso" nunca le pasaría, dando a entender quizás que ella no sería una madre descuidada y desaprensiva. Tampoco creo que el sacerdote tuviera intenciones malignas cuando atribuía la violencia familiar y el abuso a la crisis de los matrimonios.

La primera reacción frente a lo que no se comprende es echar mano a los sistemas de creencias que, como he señalado reiteradamente en este libro, no incluyen la posibilidad de que el abuso ocurra en las buenas familias, aun en presencia de madres atentas y afectuosas; o que el abuso sexual de niños ha sido una constante a lo largo de la historia y que desde los '70 en adelante la comunidad internacional ha ido tomando conciencia acerca de la magnitud y la gravedad del problema.

Lo concreto es que, en el momento de adscribir responsabilidades, a la mayoría le resulta más sencillo reprochar a las mujeres por el abuso sexual de los hijos, que detenerse a pensar que los hechos fueron cometidos por un adulto responsable que tuvo la oportunidad de decidir sus actos.

Las investigaciones feministas acerca de la responsabilidad y la culpa en las familias en las que ha ocurrido el abuso sexual, señalan: "El culparlas abiertamente [*a las madres*], hecho frecuente en la primera literatura sobre la disfunción familiar, es menos común hoy en día, pero subsiste en formas más sutiles. Es útil distinguir dos de ellas. La primera –atribuirles la responsabilidad por el comportamiento sexualmente abusivo de sus compañeros– podría denominarse con mayor precisión 'culpabilización de las esposas'. Es una reelaboración del viejo mito de que los hombres son incapaces de controlar su sexualidad, de modo que las mujeres deben contenerla. No puede haber justificación para ello; los hombres privados de satisfacciones sexuales o emocionales tienen muchas otras opciones al margen de la de abusar de niños, y la responsabilidad por el comportamiento de los adultos corresponde al individuo adulto. (...) La segunda forma de culpar a las madres se refiere al grado de responsabilidad atribuida a éstas en el bienestar de sus hijos. (...) En parte se espera más de las madres porque es más probable que las mujeres sean socializadas para ser sensibles y hábiles para enfrentar las cuestiones emocionales e interpersonales. (…)

"La posición de las mujeres cuyos hijos son abusados sexualmente es contradictoria de tres maneras. Primero, con frecuencia son, por un lado, relativamente impotentes en relación con los hombres, de los cuales a menudo dependen en el aspecto económico y por quienes suelen también ser victimizadas. Por el otro, son relativamente poderosas en relación con sus hijos, cuya protección o abusos ulteriores son influidos por sus acciones. (…) Segundo, a pesar del poder objetivo que las mujeres tienen en relación con sus hijos, muchas expresan también un sentimiento subjetivo de impotencia. Tercero, por lo general sus recursos (emocionales, sociales y materiales) se reducen, a causa del descubrimiento del abuso del niño y de las pérdidas que éste trae aparejadas, al mismo tiempo que aumentan las expectativas que se depositan en las mujeres por las necesidades del niño y las demandas de los profesionales."[1]

Desde la perspectiva legal, las cosas también son bastante complicadas aun cuando se cuente con legislación adecuada. Por lo general, la obligación de probar que el abuso ocurrió, recae indefectiblemente en los denunciantes y las víctimas. Es una realidad cotidiana, y una fuente constante de amargura para ellos tener que someterse a distintos tipos de pruebas y pericias para confirmar el abuso y garantizar su cordura, sin que nadie atine a poner en duda la sinceridad de los ofensores que niegan haber hecho algo.

Los prejuicios de nuestra sociedad contribuyen a señalar el camino para que los ofensores se desentiendan de lo que han provocado: basta sembrar algunas sospechas acerca de las madres de las víctimas, en especial en lo que hace a su impulsividad y su salud mental.

Aún cuando los hechos son irrefutables –porque los niños están lastimados o porque la adolescente quedó embarazada–, la ideología social persiste en su afán por mirar hacia otro lado. Desde distintos ámbitos –la familia extensa, la Justicia, la religión, la psicología, los profesionales intervinientes– se alzan voces, como las de la carta citada, con supuestos consejos científicos o engañosamente imparciales instando a perdonar ya que "después de todo, es el padre" (o el tío o el abuelo).

Una abuela que, durante más de diez años, había criado a sus nietos al morir la mamá, resolvió dejar a los niños para seguir viviendo con su marido cuando una de las nenas reveló que el abuelo abusaba sexualmente de ella y de su hermanita menor. La mujer fundamentó su decisión en las supuestas recomendaciones del psicoterapeuta que intervino para medicar al hombre. "Señora", asegura que le aconsejó, "usted no va a tirar cuarenta y pico de años por la borda".

Hay de todo en la viña del Señor

Me parece oportuno aclarar que no peco de ingenua ni de feminista panfletaria. Intento tan sólo transmitir mi experiencia clínica que, a esta altura, resulta reiterativa. No existe un perfil único de la madre de las víctimas. Están las que creen a sus hijos desde el primer momento y los protegen; las que comienzan a protegerlos algún tiempo después de enterarse; las que sospechan pero no se atreven a reconocerlo; las que saben pero no se dan por enteradas; las que creen, quieren proteger a sus niños pero no consiguen separarse de los ofensores; las que prefieren pagar con sus hijas el costo de vivir en una familia aparentemente "normal"; las que participan en el abuso; las que no pueden dejar de mentirse a sí mismas.

Resulta innecesario en este punto destacar que, aún en los casos donde el abuso sexual es irrefutable, el camino para los adultos no ofensores y sus niños no es para nada sencillo.

Por lo general, los adultos que toman partido por sus hijos –casi siempre se trata de mujeres–, tienen que recorrer un camino bastante difícil, que resulta más complicado aún en países como el nuestro, donde prima una cultura machista. A pesar de que la situación de las mujeres ha mejorado en las últimas décadas, muchos de los problemas que debe afrontar una madre que decide cuidar y defender a su hija no difieren demasiado de los obstáculos con que se hubiera topado a fines del siglo pasado. Es así que, no sólo debe afrontar sus propias dificultades internas, sino también tendrá que vérselas con problemas económicos, el descreimiento familiar y el rechazo social.

Ante el develamiento de los hechos abusivos, es frecuente que las parejas se separen o que las hijas dejen el hogar paterno (si el perpetrador es un abuelo o un pariente con el cual conviven). Ya en este punto empiezan las complicaciones. Las madres deben prepararse para afrontar serios problemas en lo que hace a su propia autonomía y al manejo del dinero. Dejar el hogar familiar con los hijos resulta una decisión sumamente dura de sostener, más aún cuando los ofensores dejan de aportar a la economía familiar, a pesar de que pregonan a quien quiera oirlos cuánto aman y extrañan a sus hijos.

No hay que minimizar el impacto que produce el rechazo familiar y social en los adultos que creen en los relatos de sus hijos. Este descreimiento del entorno es mucho más marcado cuando el abusador es una persona trabajadora, socialmente adaptada y amable. Los parientes, amigos y vecinos tienden a apoyar las decisiones de las madres cuando el perpetrador tiene tendencias antisociales manifiestas.

Por si fuera poco, estas personas que creen y protegen a las víctimas de las conductas abusivas, deben luchar contra sus propias emociones confundidas y ambivalentes. Aman a sus hijos pero se sienten solos y sin apoyo al tomar decisiones. Están agotadas por el exceso de trabajo y los trámites legales. También amaban o estaban acostumbradas a convivir con los abusadores. Intentan encontrar desesperadamente algún indicio que pueda invalidar el relato de los niños. Cuanto más seguras están de que los niños no mienten, mayor es la desesperanza. Muchas no pueden terminar de creer que el abuso ocurría ante sus propios ojos.

Las primeras semanas que siguen a la fractura del secreto familiar representan un período de alta vulnerabilidad para todos los involucrados: las víctimas y aquellos que les creen. Los niños están sumergidos en sus propias crisis emocionales, ante el develamiento y los cambios bruscos e impredecibles que produce en la vida familiar. Los adultos aliados, que deberían contenerlos, se encuentran desbordados por la complejidad de las circunstancias: las madres suelen estar extenuadas y deseosas de aceptar cualquier justificación o propuesta de los ofensores para olvidar el asunto, seguir viviendo juntos y comenzar una nueva vida.

Si bien se insiste con que el camino más saludable ante los casos de abuso es la intervención legal, los procedimientos judiciales no son sencillos. Con frecuencia, intervienen diversas instituciones con estilos de funcionamiento diferentes: la policía, Minoridad, juzgados civiles y penales. La misma declaración se repite una y otra vez. Trabajadores sociales y/o psicólogos de las instancias mencionadas visitan el hogar o determinan horarios de entrevistas. Los niños deben ser examinados por los forenses. Todos, grandes y chicos, deben prepararse para atravesar una etapa sumamente compleja que, sin embargo, podría ser la puerta para una resolución aceptable del abuso.

Muchos adultos enfrentan todas estas complicaciones, más los reclamos y las necesidades de sus hijos no victimizados, en aislamiento y soledad. Sienten que han perdido todo, que están enloqueciendo. En estas condiciones, es altamente probable que se arrepientan de todas las decisiones que han tomado. Hasta no hace mucho tiempo atrás, los estudios sobre la reacción de las madres señalaban que dos de cada tres tomaban partido por los hombres en detrimento de los niños. Investigaciones recientes demuestran que esta tendencia se está revirtiendo posiblemente en base a que se cuenta con mayor información sobre el tema y con mejores servicios de asistencia, donde se ofrece contención y tratamiento no sólo para las víctimas sino también para los familiares dispuestos a protegerlas.

Las estadísticas ilustran con elocuencia lo que muchas mujeres que atraviesan estas crisis nos señalan: la razón indica un camino y los sentimientos −o lo que se nos ha inculcado que es una familia−, otro. Es más frecuente que se develen y denuncien los abusos perpetrados por personas ajenas al grupo familiar.

Conviene reiterar los hallazgos de algunos investigadores. En un estudio llevado a cabo por David Finkelhor[2] en Boston, se había denunciado a las autoridades el 73% de abusos cometidos por desconocidos, el 23% de los perpetrados por allegados y ningún caso en los que el responsable había sido un pariente.

Otra reconocida investigadora norteamericana, Diana Russell, detectó que de un total de 647 casos, sólo se había denunciado el 5% (30 casos) a las autoridades,[3] de los cuales la mayoría (26 casos) correspondía a abusos extrafamiliares.

Hay factores que influyen para que una madre reconozca el abuso y adopte medidas protectoras. Entre ellos se menciona que es menos probable que una mujer apoye a su hijo cuando el ofensor es su compañero actual y cuando, además, es el padre del niño. Por otro lado, aquellas que mantenían una relación más solícita con sus hijos tenían más probabilidades de preocuparse y ser protectoras en el momento de enterarse de los hechos. Las mujeres que se habían sentido hostiles y sobrecargadas por los niños antes de develarse el abuso, tenían más probabilidades de mostrarse enfurecidas y de negarles su apoyo.[4]

¿Por qué?

Esta es la pregunta de rigor cuando se intenta comprender por qué algunas personas pueden –y otras, no– detectar ciertos detalles que les llaman la atención, decodificarlos como elementos sospechosos de situaciones abusivas, tomar una serie de decisiones que llevan a confirmar sus presunciones e implementar medidas de protección y seguridad para que tales episodios no vuelvan a ocurrir.

Muchas veces a estos interrogantes se agregan otros igualmente intrigantes. Si una alta proporción de estas mujeres ha sufrido algún tipo de maltrato e incluso abuso sexual en su infancia, ¿cómo es posible que no registren situaciones con frecuencia idénticas a las padecidas? ¿Cómo puede ser que no reaccionen ni actúen?

Las últimas investigaciones sobre el tema apuntan hacia un mecanismo al que me referiré una vez más: la disociación.

En capítulos anteriores mencioné la disociación como uno de los mecanismos de defensa más exitosos para enfrentar situaciones altamente traumáticas. Consiste en una separación estructural de procesos psicológicos –pensamientos, emociones, recuerdos y noción de identidad– que habitualmente se encuentran integrados.[5] La disociación produce alteraciones tales en los pensamientos, los sentimientos o las acciones del individuo que, por períodos variables, permiten que determinada información o ciertos recuerdos no se asocien ni se integren con la totalidad de dicha persona.[6] Este mecanismo provoca la compartimentación de algunas vivencias en particular, que no se integran en una representación coherente de sí misma. Se separan las acciones de los sentimientos concomitantes, pudiendo también separarse las emociones de la vivencia en sí, lo que ocasiona una distorsión en el significado de la información procesada por el sujeto.[7]

La efectividad de la disociación radica en que le permite al individuo atravesar momentos sumamente desestructurantes, sin que la conciencia consiga registrar la gravedad o el elevado impacto traumático de la experiencia. Es un mecanismo de gran utilidad para atravesar la fase aguda.

Sin embargo, se vuelve disfuncional cuando se transforma en el mecanismo defensivo privilegiado, ya que sus efectos provocan quiebres en el encadenamiento de los recuerdos de la historia personal (una amnesia focalizada en los hechos traumáticos) además de separaciones, con frecuencia irreversibles, entre el recuerdo de lo sucedido y la conexión con la emoción correspondiente, por lo general relacionada con el pánico, la desprotección y la vivencia de aniquilamiento. La disociación se torna patológica cuando el sujeto la utiliza como mecanismo habitual de supervivencia durante extensos períodos, como sucede en situaciones extremadamente adversas para amplios sectores de la comunidad –las guerras, el confinamiento en campos de concentración– o, en grupos más reducidos como las familias, en historias de malos tratos crónicos.

Las consecuencias más severas de la persistencia de este mecanismo se registra entre los niños que han sido maltratados física, psíquica y/o sexualmente. Existen evidencias crecientes de que "la sintomatología disociativa es el resultado frecuente y característico de los casos en que se registran malos tratos precoces, en especial los que ocurren de manera crónica".[8]

En la mayor parte de los estudios sobre el maltrato infantil y la violencia familiar se hace referencia a la transmisión del problema de una generación a otra. En todos los países y culturas se constata que los padres maltratadores han sido niños maltratados. Sin embargo, no todos los niños maltratados se convierten en adultos maltratadores. Basándose en estudios "cuasi" prospectivos, Kaufman y Zigler estimaron que aproximadamente el 30% de los niños maltratados repetirían con sus hijos el ciclo de violencia.[9] No obstante, hasta hace poco tiempo, existía escasa información e investigación acerca de por qué la mayoría de las víctimas conseguía sustraerse de la repetición, así como de las diferencias entre los niños maltratados que –de adultos– maltratan a sus hijos y aquellos que no lo hacen.

Los hallazgos de estudios realizados en la década de 1980 señalaban que las madres que lograban interrumpir el circuito de violencia habían elegido parejas más contenedoras que aquellas mujeres que maltrataban a sus hijos. En su infancia, las no maltratadoras habían contado con referentes adultos –padres sustitutos o parientes– que aportaban mayor sostén emocional, o habían recibido tratamiento psicoterapéutico en la adolescencia o la juventud.[10] Por otro lado, se constató que las madres maltratadas que repetían el maltrato con sus hijos, generalmente disociaban o fragmentaban* las experiencias abusivas, mientras que las mujeres que conseguían interrumpir este pasaje transgeneracional, presentaban una mayor integración de tales vivencias traumáticas a sus historias personales.[11]

Una investigación del *Institute of Child Development* de la Universidad de Minnesota en EE.UU.,[12] estudió un grupo de mujeres que compartían las siguientes características: primíparas, la mayoría – el 80%– era de raza blanca, la edad promedio al momento de nacimiento de sus hijos era de aproximadamente 20 años (con una variación entre los 12 y los 37), de niveles socioeconómicos y educativos bajos. El 62% carecía de pareja y una alta proporción de los embarazos había sido no deseada. Estas mujeres llevaban a sus hijos para atención médica a un programa materno–infantil dependiente de la Universidad.

A partir de entrevistas individuales, se identificó un subgrupo de madres que habían sido maltratadas en la infancia. Se investigaron las pautas de crianza que ellas aplicaban con sus hijos

* "Split-off" en el original.

y se estableció una nueva clasificación: un conjunto de madres que había sufrido malos tratos y maltrataban a sus hijos (grupo continuador) y otro que, aunque había sido victimizado, no repetía el maltrato (grupo diferencial). En ambos grupos se pesquisaron indicadores de procesos disociativos tales como la idealización, las inconsistencias en el relato de sus historias personales, la negación, la evitación, las vivencias de inermidad e incapacidad de provocar cambios en sus propias vidas, las mentiras y el grado de conductas escapistas relacionadas directamente con el consumo de alcohol y/o drogas y con intentos de suicidio.

Los hallazgos fueron tajantes. Las madres que maltrataban a sus hijos idealizaban sus infancias y recordaban la historia de sus primeros años de manera más inconsistente que las del otro grupo. Además de recordar de manera fragmentaria e inconexa el modo en que habían sido criadas, la información se presentaba menos integrada.

Las madres del grupo que no repetía el maltrato con sus niños, rememoraban sus experiencias infantiles en una forma más integrada y hablaban de lo sucedido como lo que era: parte de su propia vida. No evitaban conectarse con estas vivencias y tenían la capacidad de reflexionar sobre ellas. Se mostraban más confiadas en el futuro, dispuestas a integrar el pasado como parte de la identidad.

Varios factores explican por qué algunas personas disocian frente a la traumatización crónica y otros no. Por lo general, el mecanismo disociativo tiene efectos nocivos si se acompaña de las siguientes circunstancias: cuanto más precozmente ocurran los episodios amenazantes, si el niño carece de una figura adulta protectora a quien poder recurrir y apegarse, cuando carece de modelos internos de protección y cuidado, y cuando el niño es más dependiente de afecto y atención de la persona que causa los malos tratos.

Por otro lado, el estilo en que la familia enfrenta el maltrato es otro factor capaz de determinar si el niño maltratado utilizará la disociación o la integración.[13] Si los padres niegan la situación abusiva, es más probable que el niño disocie. Esta tendencia a la disociación se incrementa si existe un marcado contraste entre la fachada social de los adultos maltratadores (personas exitosas, reconocidas socialmente, buenos padres de familia, etcétera) y su comportamiento abusivo dentro del hogar.

Las conclusiones de Egeland y Susman-Stillman permiten considerar que "la falta de acceso a las experiencias pasadas o el acceso inconsistente e intermitente aumentan la vulnerabilidad de las personas a maltratar o a abusar de sus niños. Los efectos de compartimentalizar las experiencias y de la incapacidad para asociar pensamientos, sentimientos y acciones, permiten que un progenitor maltrate a su hijo sin empatizar con las emociones de los pequeños ni sentir su dolor. (…) *[Las madres que consiguieron interrumpir el ciclo de violencia]* hacían referencia a su pasado de una manera que indicaba que habían reflexionado sobre el maltrato sufrido y comentaban espontáneamente su decisión de no repetir la violencia con sus hijos. Poseían ideas claras acerca de la función nutricia, las pautas disciplinarias y otros aspectos de la crianza. Estaban tan conectadas con el dolor que los malos tratos les habían causado en la infancia que habían determinado que ello no les sucedería a sus niños".

Estas conclusiones son válidas y aplicables a los adultos no ofensores que descuidan a los hijos tanto de manera franca como en forma encubierta, además de ampliar la comprensión sobre la motivación de las conductas abusivas por parte de los perpetradores. Nos permiten entender por qué aquellos que tienen historias de maltrato infantil más severo, que han sufrido descuidos y carencias más graves, carecen con frecuencia de capacidad para empatizar con sus hijos y defenderlos; mientras que las medidas de protección más efectivas son llevadas a cabo por aquellos que han recibido un trato más afectuoso en sus primeros años. Es decir, "esto" –el abuso sexual intra o extrafamiliar de un niño– puede suceder en cualquier familia. La diferencia estriba en cómo encaran la situación los adultos no ofensores.

La madre entregadora

Después de revisar a la nena de doce años, la pediatra bastante preocupada se sienta a conversar a solas con la madre. Le comunica que su hija presenta evidencias físicas de penetración

279

sexual crónica y signos de haber tenido algún tipo de contacto sexual en los días previos a la consulta.

El caso había sido derivado por un juzgado de menores, al que la escuela había notificado los relatos de la niña acerca de conductas sexuales abusivas por parte del padre. Los profesionales del equipo de orientación escolar habían alertado a la señora sobre lo que estaba sucediendo en la casa. La mujer no se había inmutado: hacía más de un año que había sorprendido a su marido desnudo en la cama de la nena. Lo había visto manteniendo relaciones sexuales con esta hija. Se había enojado un poco pero él, entre lágrimas y disculpas, había prometido no hacerlo más. Ella aceptó las promesas, pensando quizá que no valía la pena llegar a situaciones extremas ya que ambos eran socios en el taller de costura y la situación económica estaba mejorando en los últimos tiempos.

La madre recibe los resultados del examen ginecológico sin inmutarse. La médica insiste y le reitera la confirmación del abuso. Cuando la mujer le pregunta si la hija dio alguna indicación sobre quién podía ser el responsable, la pediatra duda: cree haberse confundido de paciente. Relee la historia clínica y constata lo que la mujer había presenciado tiempo atrás.

–Mire, señora, acá usted ha informado que vio al papá de la nena desnudo con ella en la cama. ¿Quién puede ser, entonces, responsable de las lesiones?

–¡No me cambie las cosas a mí!– exclama la señora enfurecida. –Él me prometió que no lo volvería a hacer. Que ella esté lastimada no quiere decir que haya sido él.

Numerosas historias como éstas permiten ilusionarse con algunas certezas. "Esto, a mí, no me va a pasar." Es cierto que con frecuencia entre las madres de las víctimas, se encuentran mujeres con serias dificultades para conectarse emocionalmente con sus hijos, para sentir su propio dolor y empatizar con el de los chicos. Incapaces, por lo tanto, para implementar medidas de protección. Sin embargo, el abuso sexual no es patrimonio exclusivo de las familias negligentes.

Las que prefieren callar

Laura Davis –abusada por su abuelo materno–, una de las autoras del libro *"The Courage to Heal"*,[14] comenta el reencuentro con su madre después de un período de seis meses en que ella había decidido evitarla. Laura le leyó una carta que había escrito en ese tiempo; era la carta que hubiera querido recibir de su madre alguna vez. Transcribiré mi traducción de la carta y de lo que ocurrió después.

"Queridísima Lauri:

Recibí tu carta hoy. Lamento muchísimo que estés atravesando tanto dolor. Me resultó hasta ahora muy difícil creer todo lo que me contaste porque no quise enfrentar el hecho de que mi padre te haya podido lastimar de esa manera.

Para ser sincera, para mí la negación fue el mecanismo que me permitió tolerar las cosas amargas de la vida de manera más sencilla. Pero ahora que veo cuánto te afectó lo que te hizo, me doy cuenta de que debo olvidar mi negación y apoyarte. Te creo. Lo que mi padre te hizo es una atrocidad. Fue tan grave que no me llama la atención que te haya afectado tanto. Me parece que a veces pensarás que hubiera sido mejor no haberse acordado de nada. Pero ya que estos recuerdos están ahí, al menos te queda el consuelo de poder responder algunos profundos interrogantes acerca de tu vida.

Lauri, ¡me da tanta pena que esto te haya pasado a tí! Lamento no haberlo visto. Lamento no haberlo detenido. Lamento que todavía tengas que vivir con ello. Mi mayor remordimiento es no haber podido protegerte, pero quiero que pienses, Lauri, que en esa época no se pensaba en estas cosas.

Por desgracia para las dos, no podemos hacer nada por lo que ya pasó. Sin embargo, ahora somos dos mujeres adultas y por ser tu madre, deseo darte todo el amor y los cuidados que te puedan ayudar a superar lo que viviste. No quiero presionarte con lo que te digo. Sé que curarse del efecto que el abuso te produjo lleva su tiempo. Has vivido con este secreto revolviéndose dentro de ti por más de veinte años y seguramente esa situación tiene su precio. Quiero que sepas, Lauri, que tienes todo mi apoyo durante todo el tiempo que nos lleve cicatrizar esta herida. Él no

281

nos va a ganar, Lauri. No vas a dejar que lo haga ni yo tampoco. Quiero que me digas todo lo que puedo hacer por ti.

Quiero que sepas también que este último año fue uno de los más difíciles de mi vida. Ha sido un infierno tener que aceptar esto de mi padre, tener que romper en mil pedazos la imagen que con tanto cuidado construí acerca del hombre que me había criado.

Hubo momentos en que te odié por haber traído este horror a mi vida. Pero ahora me doy cuenta de que no fue tu culpa sino la de él. Cuando llegué a comprender esto, pude desengancharme de mi rabia y ponerme un poco más en tu lugar. Nunca pensé que llegaría el día en que iba a poder decirte esto: estoy contenta de que me lo hayas contado. Me diste la oportunidad de brindarte el amor y el apoyo que hubiera querido darte en aquel entonces, cuando no podías defenderte.

Lauri, pienso que eres muy valiente al poder enfrentar todo esto. Estoy orgullosa de ti. Tu deseo de enfrentar la verdad de tu vida resulta un ejemplo para mí. Sólo anhelo poder enfrentar mi propia vida con tu mismo coraje y tu misma determinación. Hubo una época, Lauri, en la que sinceramente pensé que este tema del incesto iba a destruir nuestro amor por completo y a separarnos para siempre. Ahora sé que sólo con este tipo de verdad podremos construir una relación madre-hija sana, la relación que ambas deseamos siempre.

Creo con toda mi alma que esta curación nos va a unir.

Con todo mi amor,

Mami

Y continúa el relato: "Tuve que detenerme varias veces mientras leía la carta porque no podía dejar de llorar. Cuando terminé, se hizo un largo silencio en la habitación. Entonces mi madre me habló y dijo que no podía aceptar lo que yo decía.

–Tengo la sensación– dijo– que la Lauri que quiero tanto y que me encanta consolar está sentada en este cuarto. Pero también está la otra, la horrible monstruosidad que inventa estas acusaciones contra mi padre.

–Son la misma persona, mamá– le respondí. Las dos soy yo. Viene todo junto. A mí me llevó más de un año aceptar y amar a la monstruosidad y no puedo permitirme separarla de mí otra vez. Ni siquiera por ti.

"Esta conversación me demostró claramente que no iba a obtener lo que deseaba de mi madre. Ella tampoco obtendría lo que deseaba de mí. Tendría que vivir mi propia vida."[15]

Las otras

Teodora es una mujer del interior. Llegó a Buenos Aires a los 18 años para trabajar como empleada doméstica. Siempre había vivido en el campo ayudando a su madre viuda –o abandonada–. Cuando la conocí, estaba por cumplir 50.

Raquelita, su única hija, adoptiva, de cuatro años, estaba internada por una hemorragia genital. No era la primera vez que sucedía. La nena decía que se había caído "del fuentón", justificación que no convencía a nadie ni explicaba el sangrado.

A solas con la psicóloga, la niña cuenta que Don Ramírez –la forma en que llamaba su papá, según las costumbres del campo–, le hacía "cosas ahí abajo". Describe manoseos e intentos de penetración digital y peneana.

Interviene la Justicia y se dictamina la exclusión del hombre del hogar. Si bien Teodora cumple las disposiciones del juzgado y trae a la hija a tratamiento, confiesa que no cree que lo que Raquelita contó sea verdad. Su marido insiste en que son "cosas que le pusieron los psicólogos en la cabeza".

Pasan los meses. Un día, el padre entra a la casa en que vive Raquel con su mamá, para llevarse algunas ropas. Él aprovecha la ocasión para recriminarle a la nena por lo que había dicho. Teodora escucha el diálogo entre el hombre con el que estaba casada – "para toda la vida", como le habían inculcado– y su hijita de cinco años.

–Raquel– le pregunta el padre– ¿por qué andas diciendo que yo te hice esas cosas? Ves que porque dijiste esas mentiras yo no puedo venir más a la casa.

–No son mentiras, papi. Me lo hiciste.

El padre, sorprendido ante la respuesta, insiste:

–Yo nunca te toqué, Raquel.

–Sí, papi. Acordate ese día en la cocina, cuando mami había ido al almacén.

Fue suficiente para que Teodora echara a Ramírez de la casa y para que pidiera, después de 25 años de casada, el divorcio. Solicitó, además, la intervención de la justicia penal. Con descarnada simpleza, comentaba: "Escuchar a la nena y ver cómo se plantó delante de él, me abrió los ojos. Hasta ese momento no lo había podido creer".

En una discusión familiar, pocos días antes de Año Nuevo, la hija de Rosalía –de 20 años– estalla. Le recrimina al padre el abuso sexual que padeció entre los cuatro y los diecisiete años y a su hermano mayor que lo hubiera sabido y que no hubiera hecho nada. Rosalía no sale de su asombro. La relación con el marido nunca había sido buena. Era violento, mujeriego y casi no aportaba dinero para los gastos familiares. Había sido criada en la filosofía del "hay que aguantar, porque una se casa para toda la vida". Sin embargo, en las vísperas de ese nuevo año, no aguantó más. Junto con su hija salieron del departamento con los documentos y lo que tenían puesto. En el momento, fue a una comisaría a hacer la denuncia por lo de su hija. Poco después, inició los trámites legales de divorcio. Actualmente, alquila una vivienda porque todavía no pudo excluir al hombre del hogar. Por si fuera poco, el "hogar" en el que convivían es una propiedad que Rosalía recibió como herencia. Su hijo mayor no la volvió a ver ni a hablarle por teléfono.

Un día en que Noemí regresa del trabajo, su pareja –que no era el padre de la niña– la recibe sollozando, diciendo entre lágrimas: "No sé qué me pasó. Perdoname". Noemí no entendía qué pasaba, hasta que su madre –que vivía con ellos– le cuenta lo que había visto esa tarde. Cuando entró al dormitorio de su hija para buscar un costurero, sorprendió al hombre desnudo echado encima de la chiquita de siete años en la cama matrimonial.

Sin pensarlo demasiado, Noemí lo echa de la casa. Transcurren varios días hasta que decide denunciar lo sucedido en la comisaría. Los policías le piden que les indique los lugares en los que él podría estar viviendo para detenerlo. Noemí, no sólo les da algunos domicilios que ella conocía, sino que solicita acompañarlos para identificarlo.

Sin embargo, una vez detenido, la mujer lo visita en la cárcel y le lleva ropa limpia. Era un invierno especialmente crudo y llega a llevarle su propia frazada para que no pase frío. Por si fuera poco, permitía que él hablara telefónicamente con los hijos de ella –incluso con la niñita victimizada– desde la cárcel.

Noemí nos explica: "Yo sabía que él había actuado mal. Pero le creía cuando me decía que no sabía por qué lo había hecho. Además, pensaba que ya había hecho todo cuando hice la denuncia y él fue preso. No me daba cuenta del daño que le seguía haciendo a mis hijos. Me daba pena". Con vergüenza confiesa: "Y lo quería con locura. En una situación así, la mente de una sabe lo que tiene que hacer por sus hijos; pero al corazón, a los sentimientos les lleva más tiempo".

CAPÍTULO 10

QUÉ HACER: LO REAL,
LO IDEAL Y LO POSIBLE

Roberto tiene el rostro curtido. Es un hombre de trabajo, de expresión afable. Como ascensorista en una institución gubernamental, tiene trato cotidiano con funcionarios que ignoran su problema. Es tan amable y atento que fue derivado por la trabajadora social de la Asesoría de Menores con una recomendación especial: "su caso es diferente". Se supone que, a pesar de que en reiteradas ocasiones "ha rozado su pene" –según él relata– en la vagina de la hija de 7 años de su pareja, no resulta peligroso y puede permanecer en el hogar con la mujer y la niña.

El "problema" empezó –según Roberto– en setiembre, cuando su compañera lo sorprendió manoseando a la nena. Recién a mediados de diciembre interviene la Justicia.

"No sé cómo fue ni quién presentó la denuncia. Hasta ese momento lo habíamos arreglado entre mi señora y yo. Yo primero le negué, pero después le dije que sí, que lo había hecho. Para mí que ella le comentó algo a alguna de sus patronas [la mujer trabaja como empleada doméstica por horas] y ellas deben haber hecho la denuncia."

Mary se retuerce las manos. Está nerviosa. Es una mujer muy humilde, del norte de la Argentina. Habla el castellano con dificultad. De chica sólo hablaba quechua. Sin embargo, se ofreció a dar testimonio de lo que le había pasado en un programa radial. Su única hija había sido abusada sexualmente por su marido. Estaban separados pero, cada tanto, el hombre venía a la casa de ella y se quedaba. Mary trabajaba como empleada en un taller de costura hasta las 5 de la tarde. Prefería ganar unos pesos menos y retirar a su hijita de 6 años de la escuela. Un día llegó y la nena no estaba. Fue para la casa pensando que el padre la había retirado y se encontró en la puerta con un grupo de hombres que no eran del barrio –no recuerda cuántos ni quiénes eran. Los hombres de traje le dicen que Verónica –su hija– está alojada en un instituto de menores, que se la trasladó allí a raíz de una denuncia de la escuela.

Mary no conseguía entender nada. Sólo atinó a defenderse: "Pero yo la cuido. Yo la trato bien". Los hombres la escuchaban y la miraban incrédulos, hasta que uno se animó a decirle: "Señora, no nos quiera hacer creer que usted no sabía que el padre abusaba de la nena".

Al día siguiente el padre fue detenido, se lo procesó y fue llevado a juicio. El tribunal lo declaró culpable y lo condenó a seis años de cárcel.

Mary estuvo separada de su hija por más de un mes. En el programa de radio, en una mezcla de nervios y simplicidad, pide: "Yo sólo quiero que los maestros y los doctores que trabajan en las salitas de los barrios sepan de este tema, que nos sepan tratar y aconsejar. Porque seamos pobres no nos tiene que pasar como a la Vero y a mí".

Alberto estaba recién separado, sin trabajo a pesar de ser un técnico especializado y sin un lugar donde vivir. Decidió instalarse transitoriamente en la casa de sus padres. Si bien la casa no era muy amplia, estaba seguro que se iban a arreglar. En la casa vivían además, su hermano viudo con tres hijos: dos nenas y un varón.

Una tarde en que estaba solo en la casa con los sobrinos, se vio obligado a intervenir en un violento altercado entre el varón y la hermana del medio. El nene golpeaba enfurecido a Valeria, acusándola de mentirosa y amenazándola para que no volviera a contar nunca más lo que había dicho.

Alberto los separó y les preguntó qué había pasado. Su sobrino, entre lágrimas e insultos a la hermana, le contó que Valeria estaba diciendo que el abuelo le había tocado la cola. Ella insistía en que no mentía. El tío puso orden y tranquilizó a los chicos. Después de un rato habló con Valeria, que no sólo confirmó lo que Alberto acababa de saber, sino que agregó nuevos detalles. Para ese entonces estaba ya en la casa Elena –la sobrina mayor–, de 13 años. Cuando supo lo que había pasado, se conmocionó y comenzó a llorar: el abuelo la venía manoseando a ella también desde los seis años.

A la noche, Alberto esperó a Ángel –el padre de los chicos que, además, es abogado– para contarle. En medio de la crisis que se desencadenó, decidieron que el abuelo se fuera de la casa en ese mismo momento.

Los hijos ignoran dónde pasó el hombre esa primera noche. Pero al día siguiente le alquilaron un departamento por el barrio. La abuela, enterada de lo sucedido, se quedó con sus hijos y sus nietos. Al mes, siguiendo los supuestos consejos del terapeuta del marido, dejó la casa para instalarse con él, para "no tirar más de 40 años por la borda".

Nunca se hizo la denuncia ante la Justicia.

Lo real

Estos tres casos representan un pequeño recorte de las posibilidades que se abren al detectar una situación abusiva. El efecto inmediato del develamiento transforma a los testigos en protagonistas, sin pedirles permiso ni prepararlos para ello. A partir del momento en que un tercero no involucrado en el abuso se entera qué es lo que está sucediendo, mucho es lo que puede pasar, para bien o para mal.

Para las víctimas resulta nefasto que no se les crea y se las deje expuestas nuevamente a los arbitrios del ofensor. Uno de los mayores daños que provoca esta actitud es que condena a los niños a la desesperanza, abandonándolos en un callejón sin salida, de donde muchas veces escapan a través de la violencia contra sí mismos o contra los demás.

Es verdad que por lo general, nadie está preparado para enfrentar este tipo de situaciones. Pero no es menos cierto que deberíamos estar informados, al menos, acerca de cuáles son los pasos a seguir o a quién conviene consultar en ocasiones tan complejas y dolorosas. Si bien resulta crucial asumir el protagonismo e iniciar el movimiento de apertura de los episodios secretos, no se trata de una decisión sencilla.

Una persona bienintencionada que siente el impulso de tomar cartas en el asunto, suele también verse rodeada por demasiadas dudas e interrogantes: ¿debo hacer algo? ¿se puede hacer algo? ¿a quién tengo que recurrir? ¿no estaré exagerando o dándole importancia a una historia fantasiosa inventada por una criatura? ¿vale la pena actuar? ¿no será que me meto y después queda todo en nada? ¿y si destapo esta olla y perjudico más al chico? Las preguntas suelen verse rematadas por el paralizante ¿quién soy yo para meterme?

Para estas personas sería importante saber que no están absolutamente solas y desamparadas, a pesar de que el camino no resultará fácil. Otros lo han intentado antes que ellos y han marcado algunos senderos que pueden facilitar la marcha e indicar el rumbo.

Muchas veces se piensa que los jueces están atendiendo demasiados casos como para ocuparse de lo que escuchó una maestra o de lo que le quita el sueño a una tía o a una vecina. Otras veces se teme que la policía tenga una intervención demasiado drástica y brutal ante un problema que quizá –la duda tarda en abandonarnos– sea tan "sólo" un asunto de familia. Sin embargo, una vez que se tiene una sospecha resulta sumamente difícil mirar para otro lado.

Me preguntan con frecuencia si ante una simple sospecha, posiblemente infundada, la intervención de la Justicia no será una inútil complicación. La respuesta que no me canso de dar es que sólo mediante una intervención especializada es posible confirmar o desechar una sospecha o una evidencia. Ningún defensor de menores, ningún juez ni ningún profesional de este tema, puede acercarse por sí mismo a los domicilios para averiguar si los niños son victimizados. Son los familiares, los vecinos, los maestros, los profesionales de la salud y de la educación, las instituciones que trabajan con niños las que deben acercarse a los especialistas o a la instancia legal para comunicar lo que han visto o escuchado y solicitar colaboración.

Lo ideal

En términos ideales se requiere el ajuste de una cantidad de precondiciones para que se pueda actuar eficazmente en la detección precoz y en la prevención primaria del abuso sexual infantil. En primer lugar, sería necesario que la comunidad en general tuviera un adecuado nivel de información y que todas las personas que trabajan en contacto con niños contaran con la capacitación correspondiente.

Por otro lado, esta compleja tarea de diagnosticar y validar las sospechas, debería estar en manos de profesionales entrenados en la materia ya que la investigación en profundidad de cada caso posibilita una mejor intervención y una toma de decisiones más efectiva. Para ello sería necesario contar con redes de equipos interdisciplinarios trabajando a nivel local, provincial y nacional. Se podría garantizar así la atención de las víctimas y sus familias por personal especializado en confirmar o desechar las sospechas y en elaborar estrategias de intervención –tratamientos y seguimiento– según las características propias de cada caso. Resulta de suma importancia tanto para la posibilidad de finalizar los estudios diagnósticos como para asegurar la continuidad de los tratamientos establecidos, que se pudieran brindar recursos y alternativas sin necesidad de que las familias se trasladaran a centros distantes de sus lugares de residencia.

La intervención en los casos de abuso sexual infantil se produce siguiendo una serie de pasos muy específicos: en primer lugar ocurre la *detección,* seguida por la *investigación* y la *intervención* que permiten el *establecimiento de las conductas terapéuticas.*

Para que los especialistas pudieran ocuparse plenamente de estudiar los casos de la manera más objetiva, bajo mínimas presiones, deberíamos contar no sólo con un sistema de leyes adecuado, que contemple la complejidad de las variables intervinientes, sino también con magistrados y personal judicial adiestrados para comprender y manejar estos casos. Es bastante común que se tengan que tomar medidas protectoras poco habituales –incluso traumáticas, como interrupciones en los regímenes de visitas, separaciones transitorias de las víctimas de su grupo familiar, exclusión de alguno de los integrantes de la familia–

para evitar males mayores, ya que suelen existir coerciones y riesgos físicos concretos para las víctimas.

Esta simple enumeración permite darnos cuenta de lo alejados que nos encontramos de dicha situación ideal en nuestro país. Sin embargo eso no implica que tengamos que quedarnos con los brazos cruzados esperando que las cosas cambien ya que la experiencia muestra que no suelen cambiar espontáneamente. La experiencia demuestra también que, informándonos acerca de los recursos con los que contamos, conectándonos con los grupos que se encuentran trabajando estos temas y aplicando nuestra creatividad, es mucho lo que se puede hacer. De hecho, algunos estamos decididos a abrir esos caminos y, a partir de mi propia práctica iniciada en 1985, puedo afirmar que se han producido progresos en los últimos años. Es cierto también que queda bastante más por hacer.

Lo posible

Al principio de este libro decía que es fácil tomar partido ante los titulares de diarios que denuncian los trágicos finales del abuso sexual infantil: las violaciones, las venganzas, las muertes. Y destacaba también la paradójica ambigüedad con que nos posicionamos frente a los abusos sexuales que no ocupan las páginas policiales.

En capítulos anteriores señalé que muy pocos niños se atreven a contar lo que les sucede y que, aún cuando lo cuenten, se descubra o se sospeche, es muy bajo el porcentaje de los casos que son develados fuera del grupo familiar. Y es todavía más pequeño aún el número de casos que llega a ser abordado por la instancia legal.

Las excusas para mantener las conductas abusivas en secreto son variadas. Si los adultos se enteran por boca de la víctima, abundan los "No se puede tomar en serio lo que dice una nena de 7 años"; "Se debe haber confundido"; "Seguro que alguien le llenó la cabeza"; "Lo debe haber visto en la televisión"; "Es muy mentirosa/o".

Si el abuso es descubierto de manera accidental, se escucha

"Me debo haber confundido. No puede ser que le estuviera ciendo eso"; "Estaba borracho/drogado y no se dio cuenta de que era la nena la que estaba al lado"; "Yo sabía que esto iba a pasar. Esa chica es muy provocativa".

Cuando los acercamientos sexuales son innegables, no faltan las disculpas hacia el ofensor ("Juró que había sido la primera vez"; "No sabe por qué lo hizo"; "¡Pobre! Estaba tan arrepentido que no podía parar de llorar").

Las sospechas y la detección de indicadores precoces por familiares o por personas cercanas a los niños también suelen enmascararse. Por un lado, existe una fuerte tendencia a desestimar las observaciones, sobre todo si la familia o el posible ofensor se comportan de manera adaptada a las pautas sociales. Y, por otro, es muy fuerte el temor a verse involucrado en un supuesto "problema de familia".

No es raro encontrarse –como vimos en los ejemplos al comienzo de este capítulo– con medidas resueltas por la familia: echar al abusador de la casa; echar a la víctima de la casa; decidirse la madre y todos los hijos a abandonar el hogar familiar; negarle las visitas o el contacto con los niños al ofensor no conviviente o impedir que éstos se realicen a solas.

Ante la posibilidad de hacer intervenir a la Justicia se registran reacciones encontradas. Cuando el problema se plantea en un plano relativamente alejado y abstracto –qué hacer frente a un hipotético caso de abuso sexual–, la mayor parte de la gente no duda en opinar que hay que hacer una denuncia aunque no sepa a qué autoridades recurrir. Se piensa que la intervención legal o policial es la forma más rápida de solucionar todo: se hace la denuncia, viene la policía, el ofensor va preso y la víctima y su familia viven tranquilos de ahí en más.

Las cosas toman otro cariz cuando el abuso es un problema concreto, que afecta de cerca al familiar, a la maestra o a algún profesional que lo detectó o lo sospecha. La decisión de informar a las autoridades aparece entonces como algo sumamente engorroso y difícil de concretar. Surgen las dudas, la incapacidad de certificar que estos hechos ocurrieron y los temores: a destruir una familia, a ensuciar el prestigio de un adulto, a involucrarse en un problema de familia, a equivocarse, a complicarse en un problema legal, a ser acusado por falso testimonio, entre otros. Por otro lado, los adultos suelen tener la sensación –a veces comprobada en los hechos– de que todo el esfuerzo de informar a las autoridades está condenado al fracaso porque "en este país no hay leyes ni se hace nada".

Las respuestas y el modo de abordar esta problemática no son para nada sencillos y no deberían circunscribirse a estas dos posturas, en cierto sentido, extremas. La realidad es inapelable cuando muestra que no todas las denuncias resuelven el problema y le devuelven la tranquilidad al grupo familiar. Pero también es contundente ante la evidencia de que no denunciar produce efectos tanto o más nocivos que el silencio y el secreto familiar. Por otro lado, también es cierto que existen leyes que protegen a los niños y profesionales dispuestos a actuar en estos casos.

Cuando las soluciones no llegan con la celeridad con que se necesitan o cuando las puertas parecen cerrarse –o entreabrirse levemente, desde una perspectiva un poco más optimista– es aconsejable tener en cuenta que la complejidad de los factores puestos en juego exige una minuciosa planificación de la intervención y una toma de decisiones adaptadas a cada familia en particular. Conviene partir de la base que, tanto los profesionales dispuestos a intervenir como los funcionarios judiciales deseosos de proteger a los niños, procuran encontrar la mejor solución posible, que no siempre resulta equivalente a la solución ideal.

La Justicia

La gente suele temer que la Justicia en vez de colaborar en la solución de estos casos, complique una situación familiar de por sí bastante descalabrada. Pocos saben que la intervención judicial es de vital importancia para poder trabajar de manera eficaz con familias que funcionan habitualmente según pautas de minimización, racionalización y negación de los actos violentos.

La confusión se genera porque se tiende a asociar a la Justicia exclusivamente con el aspecto represor de la misma. Al pensar en una intervención legal, la imagen que tenemos *in mente* es la de un sistema inflexible que irrumpe de manera agresiva en la intimidad de un hogar –con frecuencia se olvida que se trata de un hogar disfuncional– para disponer por la fuerza la separación de los hijos de sus padres o para encarcelar a una persona sospechada de abusar de estos niños. Pensamos en una Justicia que impone exámenes físicos intrusivos o estudios psicológicos burocráticos y poco contenedores para las víctimas, en manos de jueces sólo interesados en condenar o absolver.

Aunque es posible que algo así suceda a veces, sobre todo cuando los jueces deben tomar decisiones sin contar con el asesoramiento de especialistas o cuando las personas involucradas desconocen sus derechos, no siempre el panorama es tan traumático.

La utilidad de la intervención legal –más allá de su obligatoriedad en ciertas regiones de nuestro país– reside en primer lugar en la posibilidad de quebrar la situación de secreto y ocultamiento en que ocurren los abusos sexuales de los niños. Determina que una situación que algunos integrantes de la familia quisieran mantener en reserva, se haga pública y obliga a la sociedad, representada por el Poder Judicial, a tomar medidas que garanticen la seguridad de los ciudadanos más vulnerables, que también –como suelen recordarnos los legistas– son sujetos de derecho.

La intervención judicial brinda, además, una mayor tranquilidad a los profesionales que deben implementar otras técnicas de intervención (fundamentalmente las terapias para rehabilitar a los distintos integrantes del grupo familiar) ya que éstos podrán contar con la colaboración de los juzgados ante situaciones tales como los abandonos de los tratamientos o las trasgresiones a las medidas de protección, que son de muy difícil manejo si sólo se cuenta con los recursos clínicos.

Por último, para el niño victimizado, la intervención legal –cuando se realiza adecuadamente– ofrece una posibilidad de reparación por lo que ha sufrido. Si bien se trata de un proceso sumamente doloroso y, en cierto sentido complicado –ya que con frecuencia no avanza de manera lineal– es un elemento más para que las víctimas puedan iniciar el proceso de elaboración del duelo por las certezas familiares perdidas, que no recuperarán jamás.

El fuero civil

Es habitual que se desconozca –y, por lo tanto, no se recurra– la rama de la Justicia que se ocupa de proteger los derechos de las personas: el fuero civil. Dentro de este fuero, se ocupan de los asuntos relacionados con abuso sexual y violencia familiar las asesorías de menores e incapaces* –también llamadas defensorías de menores en otras regiones de nuestro país– y los juzgados civiles,** algunos dedicados exclusivamente a atender problemas de familias. Su función consiste no sólo en velar por la seguridad psicofísica y por el bienestar de los niños, sino también en intervenir en las cuestiones de derecho de familia (separaciones, divorcios, regímenes de tenencia y de visitas, estipulación de cuotas de alimentos, etcétera).

La Ley Nacional N° 24417 –promulgada el 28 de diciembre de 1994 y reglamentada por el decreto N° 235/96– establece en su artículo 1° que "toda persona que sufriese lesiones o maltrato físico o psíquico por parte de algunos de los integrantes del grupo familiar podrá denunciar estos hechos en forma verbal o escrita ante el *juez con competencia en asuntos de familia**** y solicitar medidas cautelares conexas".

Las medidas cautelares que dicho juez puede adoptar son:

a) Ordenar la exclusión del autor de la vivienda donde habita el grupo familiar;

b) Prohibir el acceso del autor al domicilio del damnificado como a los lugares de trabajo o estudio;

---

* En la ciudad de Buenos Aires existen siete defensorías de menores que funcionan con turnos de diez días corridos –incluyendo sábados, domingos y feriados. Cada defensoría, a su vez, trabaja con cuatro Juzgados de 1° Instancia en lo Civil. Están ubicados en Tucumán 1393 y en Uruguay 716.

** En la ciudad de Buenos Aires funcionan en Lavalle 1220, Lavalle 1212 y Talcahuano 490.

*** El destacado es mío.

c) Ordenar el reintegro al domicilio a petición de quien ha debido salir del mismo por razones de seguridad personal, excluyendo al autor;

d) Decretar provisoriamente alimentos, tenencia y derecho de comunicación con los hijos.

El juez establecerá la duración de las medidas dispuestas de acuerdo a los antecedentes de la causa."[1]

El fuero penal

Es la rama de la Justicia que se encarga de establecer si un delito existió o no, de investigar quién o quiénes son responsables del mismo y establecer la pena que le/s cabe según lo establece el Código Penal argentino y la jurisprudencia*.

La Justicia Penal se pone en marcha y comienza la investigación de un caso básicamente a través de tres mecanismos: la denuncia en sede policial (comisarías), las denuncias directamente en sede judicial (juzgados) o a través de las denuncias en las fiscalías**. La intervención de las fiscalías o de las unidades funcionales de investigación (UFI) faculta el impulso de acciones legales, el comienzo de una investigación y permite que se lleven a cabo las primeras diligencias con variable grado de autonomía con respecto a los jueces de instrucción según los códigos procesales de cada provincia.

En la ciudad de Buenos Aires, los tribunales que intervienen en los casos en que los menores son víctimas o autores de delitos son los Juzgados de Menores que, en otras jurisdicciones del país, se denominan Tribunales de Menores.***

* La jurisprudencia hace referencia a las interpretaciones de las leyes que han hecho los jueces al aplicarlas a los casos concretos a lo largo del tiempo. Constituyen antecedentes de peso a la hora de tomar decisiones y fundamentarlas.

** En Buenos Aires existen 30 fiscalías que funcionan en Av. Roque Saénz Peña 1190, Lavalle 1171, Comodoro Py 2002 y Paraguay 1536.

*** Los juzgados de menores de la ciudad de Buenos Aires son siete. Reciben los casos por sorteo aunque cumplen turnos, fuera de los horarios de atención al público, los fines de semana y los feriados, donde también admiten nuevos casos. Funcionan en el Palacio de Tribunales, Talcahuano 550.

Los juzgados de menores investigan todo lo relacionado con el delito. Si bien tienen algunos procedimientos parecidos a los del fuero civil (citar testigos, pedir exámenes físicos y psicológicos), su interés se centra en conseguir pruebas que acrediten la comisión del delito y, en lo posible, indiquen al responsable de cometerlo. En los casos en que lo consideren necesario o conveniente, los jueces de menores pueden solicitar la intervención de los juzgados de mayores, fundamentalmente de los juzgados de instrucción para que se ocupen de la investigación.

Cuando se cierra la instrucción –la investigación y la recolección de pruebas–, si se comprueba que se ha cometido un delito y existen sospechosos, el caso pasa a los Tribunales Orales para someter a los supuestos transgresores al juicio oral. Los resultados de estos juicios no pueden ser apelados.

La persona sospechada de haber cometido el delito puede ser encarcelada, con prisión preventiva, cuando el Código Penal así lo indique, tanto durante el período de instrucción como cuando éste se cierra.

Si bien los juzgados de menores se dedican a la investigación de los delitos, cuentan con secretarías tutelares que pueden disponer medidas en relación con la seguridad y el bienestar de los niños. La diferencia con el fuero civil radica en que las medidas cautelares que establece el fuero penal deben basarse en un alto grado de certeza de que el delito existe. En caso de que no se cuente con elementos contundentes de prueba, pero al magistrado le preocupe la posibilidad de que un niño se encuentre en situación de riesgo, puede pedirse la colaboración de los juzgados civiles.

A su vez, cuando un juzgado civil o una defensoría de menores comienza a trabajar un caso donde existe la sospecha de que se haya cometido un delito, rige la obligación de dar intervención al fuero penal.

Las leyes

A la descripción de las diferencias entre los fueros civil y penal, hay que agregar que se rigen por códigos diferentes y registran y tipifican los hechos violentos desde perspectivas distintas.

Se suele escuchar que en nuestro país no existen leyes aplicables a los abusos sexuales o que, si existen, no sirven de mucho. Sin embargo, estas afirmaciones son erróneas. Las leyes existen, pero los usuarios, generalmente por desconocimiento, no reclaman que se apliquen de manera adecuada y los magistrados, muchas veces por costumbre y/o por falta de asesoramiento especializado, las aplican mecánicamente sin profundizar en cada caso.

Por ello me pareció imprescindible que el lector contara con esta sección para informarse acerca de las leyes que tenemos en el país, de sus falencias, de las formas en que se las puede aplicar y mejorar.

Me he referido ya a la Ley Nacional Nº 24417, recientemente promulgada y reglamentada, vigente para el fuero civil de la Capital Federal. En unos de los artículos de la ley se invita al resto de las provincias a dictar normas de igual naturaleza. Establece, como hemos visto, la posibilidad de las víctimas de la violencia familiar en cualquiera de sus formas a peticionar, en el fuero civil, las medidas de protección que fueran convenientes para interrumpir los malos tratos.

Determina también la obligatoriedad de la denuncia de estas formas de violencia dentro de un plazo de 72 horas cuando las víctimas fueran menores, incapaces, discapacitados o ancianos. Dicha obligatoriedad rige para terceras personas, entre ellas "los servicios sociales o educativos, públicos o privados, los profesionales de la salud y todo funcionario público en razón de su labor"[2]. También se autoriza al mismo menor victimizado a "poner en conocimiento de los hechos al ministerio público".

Por otro lado, la ley prevé la realización de un diagnóstico de interacción familiar "efectuado por peritos de diversas disciplinas para determinar los daños físicos y psíquicos sufridos por la víctima, la situación de peligro y el medio social y ambiental"[3] Dentro de las 48 horas de adoptadas las medidas precautorias, el juez "convocará a las partes y al ministerio público a una audiencia de mediación, instando a las mismas y su grupo familiar a asistir a programas educativos o terapéuticos"[4].

Uno de los cuestionamientos que se hace a la ley gira precisamente alrededor de este último punto, ya que los especialistas en violencia familiar sabemos que las partes involucradas no se encuentran en igualdad de condiciones para participar en un proceso de mediación. Por otro lado, si el ofensor no cumpliera las indicaciones del juez, las autoridades sólo pueden apercibirlo o multarlo, porque éstas son las formas con que cuenta el fuero civil para penalizar este tipo de incumplimientos.

Cuando pasamos a considerar las leyes que penalizan las agresiones sexuales, pueden generarse confusiones porque no reconocen al abuso sexual infantil como un delito en sí mismo. El abuso sexual de niños resulta así un diagnóstico clínico-psicológico que no tiene un equivalente unívoco en términos jurídicos.

Existe una tendencia a equiparar al abuso sexual infantil con la violación, lo cual resulta en gran medida inexacto. La diferencia entre ambos reside en que, en la última, el violador mantiene una relación sexual –completa o no–, con penetración vaginal o anal mediante el empleo de la fuerza física y/o amenazas. Por lo general, esto sucede de manera imprevisible, repentina y arbitraria y suele constituir un episodio único.

En el abuso, las actividades sexuales en las que los niños se ven involucrados con mayor frecuencia consisten en besos, caricias, manoseos y estimulación de sus genitales o los del abusador (masturbación individual o mutua), sexo oral (cunnilingus, fellatio), penetración vaginal y/o anal con diversos elementos o con los dedos en un comienzo, hasta llegar a una relación sexual completa. Se considera también como conductas sexualmente abusivas, obligar a un niño a presenciar o a participar en actos sexuales entre adultos, variantes del exhibicionismo y del voyeurismo. Otra forma severa del abuso sexual es la utilización de niños para prostituirlos o para que participen en la confección de material pornográfico.

Todas las conductas que conforman un abuso sexual estaban descriptas y penalizadas en el Código Penal argentino vigente desde 1910. Con la modificación establecida en mayo de 1999 no sólo cambió el título del capítulo, que dejó de llamarse "Delitos contra la honestidad" para denominarse "Delitos contra la integridad sexual", sino que se redefinieron las conductas que constituyen estos delitos. Anteriormente se consideraban delitos contra la honestidad a la violación, al estupro, al abuso deshonesto y a la corrupción de menores. En todos los casos recibían una pena mayor si existía relación de parentesco o dependencia entre la víctima y el victimario ya que se los consideraba agravados por el vínculo.

En lo referente a las conductas de agresión sexual hacia los niños, el Código Penal argentino describe y penaliza en la actualidad al abuso sexual con diferentes agravantes, a la corrupción de menores, a la prostitución de menores, a la utilización de menores para producir materiales pornográficos (pornografía infantil) así como su exhibición, a la facilitación de acceso a materiales pornográficos a menores de 14 años, a las exhibiciones obscenas y a la sustracción o retención de menores de 16 años con intención de menoscabar su integridad sexual.

El artículo 119 del Código Penal establece que: "Será reprimido con reclusión o prisión de seis meses a cuatro años el que abusare sexualmente de persona de uno u otro sexo cuando ésta fuera menor de trece años o cuando mediare violencia, amenaza, abuso coactivo o intimidatorio de una relación de dependencia, de autoridad o de poder, o aprovechándose de que la víctima por cualquier causa no haya podido consentir libremente la acción.

La pena será de cuatro a diez años de reclusión o prisión cuando el abuso por su duración o circunstancias de realización, hubiere configurado un sometimiento sexual gravemente ultrajante para la víctima.

La pena será de seis a quince años de reclusión o prisión cuando mediando las circunstancias del primer párrafo hubiere acceso carnal por cualquier vía.

En los supuestos de los dos párrafos anteriores, la pena será de ocho a veinte años de reclusión o prisión si:

a) Resultare un grave daño en la salud física o mental de la víctima;

b) El hecho fuere cometido por ascendiente, descendiente, afín en línea recta, hermano, tutor, curador, ministro de algún culto reconocido o no, encargado de la educación o de la guarda;

c) El autor tuviere conocimiento de ser portador de una enfermedad de transmisión sexual grave, y hubiere existido peligro de contagio;

301

d) El hecho fuere cometido por dos o más personas, o con armas;

e) El hecho fuere cometido por personal perteneciente a las fuerzas policiales o de seguridad, en ocasión de sus funciones;

f) El hecho fuere cometido contra un menor de dieciocho años, aprovechando la situación de convivencia preexistente con el mismo.

En el supuesto del primer párrafo, la pena será de tres a diez años de reclusión o prisión si concurren las circunstancias de los incisos a), b), d), e) o f)."

En el artículo 120 agrega:

"Será reprimido con prisión o reclusión de tres a seis años el que realizare algunas de las acciones previstas en el segundo o en el tercer párrafo del artículo 119 con una persona menor de dieciséis años, aprovechándose de su inmadurez sexual, en razón de la mayoría de edad del autor, su relación de preeminencia respecto de la víctima, u otra circunstancia equivalente, siempre que no resultare un delito más severamente penado.

La pena será de prisión o reclusión de seis a diez años si mediare alguna de las circunstancias previstas en los incisos a), b), c), e) o f) del cuarto párrafo del artículo 119."

Esta modificación legal ha significado que lo que anteriormente se consideraba "el acceso carnal" –la violación definida como penetración vaginal y/o anal, con exclusión de otras actividades sexuales como por ejemplo el sexo oral– haya dejado de ser el centro del delito o su único fin. "El agravio no comienza con el acceso carnal" –comenta el médico legista Alfredo Achával[5]– "sino con muchas acciones previas y que están agrupadas de manera que el centro sea la integridad de este especial derecho que sobre su persona tienen cada uno de los seres humanos. Ya no es válido considerar al delito por el solo hecho del acceso carnal, ya que éste constituye un agravante de otras acciones penadas. Los delitos de solo acceso carnal ilegítimo como el estupro de persona han sido derogados para aparecer otros que no se fundamentan en la honestidad, que es discriminatoria de personas, sino también en el derecho individual a disponer de su persona y de su sexo, se tenga o no honestidad. Sin duda el acceso carnal es un agravante de los delitos definidos en los arts. 119 y 120 y en cambio hay un segundo grupo de delitos que no necesitan de este constituyente como acto primordial.

En el segundo grupo, sin acceso carnal, pueden estar: el abuso definido en el párrafo 1° del art. 119 y señalado también en el 120, el producir o publicar imágenes pornográficas u organizar espectáculos en vivo en que se exhiban menores de 18 años, o anunciare grabación o fotografías de esos menores, las exhibiciones obscenas, sustraer o retener personas por medio de la fuerza, intimidación o fraude para menoscabar su integridad sexual, así como la colaboración para la perpetración de los delitos que se reprimen."

El artículo 125 legisla sobre la corrupción de menores: "El que promoviere o facilitare la corrupción de menores de dieciocho años, aunque mediare el consentimiento de la víctima será reprimido con reclusión o prisión de tres a diez años.

La pena será de seis a quince años de reclusión o prisión cuando la víctima fuera menor de trece años.

Cualquiera fuese la edad de la víctima, la pena será de reclusión o prisión de diez a quince años, cuando mediare engaño, violencia, amenaza, abuso de autoridad o cualquier otro medio de intimidación o coerción, como también si el autor fuese ascendiente, cónyuge, hermano, tutor o persona conviviente o encargada de su educación o guarda."

Se puede observar claramente que la corrupción de menores se penaliza con gran severidad. Veamos ahora qué entiende la Justicia como actos corruptores. Según la doctrina son los actos sexuales prematuros*, perversos** o excesivos*** que deben tener además consecuencias psicológicas, porque la ley cas-

---

* Prematuro: que se produce o se hace antes de su debido tiempo. Es un concepto que se relaciona con el nivel evolutivo de las víctimas.
** Perverso: se refiere a que los actos llevados a cabo tienden a corromper, a crear el vicio de prácticas sexuales depravadas.
*** Excesivo: las conductas sexuales a las que la víctima estuvo expuesta generan erotizaciones anormales o desmesuradas.

tiga la alteración que producen los comportamientos sexuales del acusado en el desarrollo psicosexual de las víctimas.[6]

El artículo 125 bis determina que: "El que promoviere o facilitare la prostitución de menores de dieciocho años, aunque mediare el consentimiento de la víctima será reprimido con reclusión de cuatro a diez años.

La pena será de seis a quince años de reclusión o prisión cuando la víctima fuera menor de trece años.

Cualquiera fuese la edad de la víctima, la pena será de reclusión o prisión de diez a quince años, cuando mediare engaño, violencia, amenaza, abuso de autoridad o cualquier otro medio de intimidación o coerción, como también si el autor fuese ascendiente, cónyuge, hermano, tutor o persona conviviente o encargada de su educación o guarda."

El artículo 127 bis establece que: "El que promoviere o facilitare la entrada o salida del país de menores de 18 años para que ejerzan la prostitución, será reprimido con reclusión o prisión de 4 a 10 años. La pena será de seis a quince años de reclusión o prisión cuando la víctima fuera menor de trece años. Cualquiera fuese la edad de la víctima, la pena será de reclusión o prisión de diez a quince años, cuando mediare engaño, violencia, amenaza, abuso de autoridad o cualquier otro medio de intimidación o coerción, como también si el autor fuese ascendiente, cónyuge, hermano, tutor o persona conviviente o encargada de su educación o guarda."

El artículo 128 estipula que: "Será reprimido con prisión de seis meses a cuatro años el que produjere o publicare imágenes pornográficas en que se exhibieren menores de dieciocho años, al igual que el que organizare espectáculos en vivo con escenas pornográficas en que participaren dichos menores.

En la misma pena incurrirá el que distribuyere imágenes pornográficas cuyas características externas hiciere manifiesto que en ellas se ha grabado o fotografiado la exhibición de menores de dieciocho años de edad al momento de la creación de la imagen.

Será reprimido con prisión de un mes a tres años quien facilitare el acceso a espectáculos pornográficos o suministrare material pornográfico a menores de catorce años."

El artículo 129 manifiesta que: "Será reprimido con multa de mil a quince mil pesos el que ejecutare o hiciese ejecutar por otros

actos de exhibiciones obscenas expuestas a ser vistas involuntaria-
mente por terceros.

Si los afectados fueren menores de dieciocho años la pena será de prisión de seis meses a cuatro años. Lo mismo valdrá, con independencia de la voluntad del afectado, cuando se tratare de menor de trece años."

Y el artículo 130 establece que: "Será reprimido con prisión
de uno a cuatro años, el que sustrajere o retuviere a una persona
por medio de la fuerza, intimidación o fraude, con la intención de
menoscabar su integridad sexual.

La pena será de seis meses a dos años, si se tratare de una persona menor de dieciséis años, con su consentimiento.

La pena será de dos a seis años si se sustrajese o retuviere mediante fuerza, intimidación o fraude a una persona menor de trece años, con el mismo fin."

Dado que esta modificación se produjo recientemente, no se
cuenta con experiencias concretas que nos permitan apreciar las
dificultades que pudieran generarse de su aplicación. Las denuncias realizadas con anterioridad a la modificación del capítulo del
Código Penal son juzgadas de acuerdo con los artículos sin modificar, a menos que los nuevos contemplaran sanciones más benig-
nas para el acusado.

De cualquier manera de la lectura de los artículos se desprende que los funcionarios judiciales que intervengan en la investigación y en la evaluación de las pruebas que configuran los delitos
contra la integridad sexual deberán contar con elementos de capacitación específica sobre el tema, dada la complejidad y la ampli-
tud de las conductas penalizadas.

Es importante destacar que al denunciar ante la Justicia –tanto en el fuero civil como en el penal–, el denunciante sólo está haciendo pública su *sospecha* de que un menor de edad está en riesgo
de sufrir malos tratos (fuero civil) o ha sido víctima de un delito sexual (fuero penal). En ningún caso le compete al denunciante probar lo que informa, ya que esa tarea la desarrolla la instancia legal.
Por otro lado, cuando se denuncia ante el fuero penal, sólo se deben informar los hechos conocidos por el denunciante y será el
juzgado quien tipifique la modalidad de la afrenta sexual.

Delitos de instancia privada
y el secreto profesional

Es muy frecuente que los servicios de guardias médicas reciban niñas y adolescentes con indicadores físicos directos e indirectos de haber sido victimizadas sexualmente. Sin embargo, pocas veces estos casos se informan a la Justicia. En la pequeña cantidad de oportunidades en que esto sucede, se denuncian los hechos a la policía, con lo cual se inicia de inmediato una acción penal, a través del juzgado o tribunal de menores interviniente.

Por lo general, el personal médico y de enfermería necesita la autorización del jefe de la guardia para hacer la denuncia. La mayor parte de las veces se niega dicha autorización porque –se dice– se trata de delitos de instancia privada, con lo cual las únicas personas que podrían hacer la presentación ante la Justicia serían los familiares directos de la víctima o sus tutores. Son contados los médicos que se interesan por corroborar la veracidad de esta afirmación. Firmemente arraigada en la fuerza de la costumbre, este modelo de intervención se recita y pasa de una generación de médicos a otra sin cuestionar de dónde surge ni constatar, en el Código Penal, a qué se refiere.

Veamos esto en detalle. Para el fuero penal, los delitos pueden ser de acción pública o de instancia privada. Los primeros están representados por aquellas transgresiones que cualquier persona puede denunciar y que la Justicia penal tiene la obligación de investigar sin necesidad de mayores aportes del denunciante.

Los delitos de instancia privada, por el contrario, sólo pueden ser denunciados por las víctimas o por sus representantes legales. Estos delitos, enumerados en el artículo 72 del Código Penal, eran, antes de la modificación en relación con los delitos contra la integridad sexual: 1) la violación, 2) el estupro, 3) el rapto y 4) el ultraje al pudor. La diferencia se estableció con la intención de proteger la intimidad de las personas agredidas que tenían así la posibilidad de elegir si hacer público lo que les había sucedido o no.

Una de las características de los delitos de instancia privada es que el damnificado o su representante legal debe sugerir los pasos que desea que se lleven a cabo en la investigación, con lo cual debe estar en estrecho contacto con la instancia que la realiza.

Sin embargo, el mismo artículo 72 establecía cuáles eran las condiciones que hacían que, ante un delito de instancia privada, se procediera "de oficio" (es decir, como si se tratara de un delito de acción pública). Dicho artículo decía:

"1. Cuando resultare la muerte de la persona ofendida.

2. Cuando la víctima resultare con lesiones gravísimas.

3. Cuando el delito fuere cometido contra un menor que no tenga padres, tutor o guardador.

4. **Cuando el delito fuere cometido por uno de los ascendientes, tutor o guardador del menor.**"*

También el artículo 72 fue modificado en mayo de 1999 y actualmente establece que: "Son acciones dependientes de instancia privada, las que nacen de los siguientes delitos:

1) Los previstos en los arts. 119, 120 y 130 del Código Penal** cuando no resultare la muerte de la persona ofendida o lesiones de las mencionadas en el art. 91.

2) Lesiones leves, sean dolosas o culposas. Sin embargo, en los casos de este inciso se procederá de oficio cuando mediaren razones de seguridad o interés público.

3) Impedimento de contacto de los hijos menores con sus padres no convivientes.

En los casos de este artículo, no se procederá a formar causa sino por acusación o denuncia del agraviado, de su tutor, guardador o representantes legales. *Sin embargo, se procederá de oficio cuando el delito fuere cometido contra un menor que no tenga padres, tutor ni guardador, o que lo fuere por uno de sus ascendientes, tutor o guardador.*

*Cuando existieren intereses gravemente contrapuestos entre algunos de éstos y el menor, el fiscal podrá actuar de oficio cuando así resultare más conveniente para el interés superior de aquél.***"

Como destaca un abogado especializado en el tema de violencia contra menores[7] la ley es clara en cuanto a que debe denunciarse aun la sospecha de abuso sexual infantil. Pocos profe-

---

* El resaltado es mío.
** Artículos que se refieren al abuso sexual con los distintos agravantes y a la sustracción o retención de persona para menoscabar su integridad sexual.
*** El resaltado es mío.

sionales saben además que la omisión de la denuncia puede derivar en la comisión del delito de abandono de persona.[8]

Veamos ahora qué sucede con el secreto profesional. Éste se refiere a la confidencialidad implícita en las consultas con ciertos profesionales, entre ellos los del área de la salud (médicos, psicólogos, etc.). Constituye una manera de resguardar la información íntima o personal que los pacientes se ven obligados muchas veces a aportar para permitir la mejor comprensión de sus afecciones.

Sin embargo, el secreto profesional puede ser levantado cuando la información aportada permite inferir que el consultante o alguien de su entorno se encuentra en una situación de serio riesgo. Una de las ocasiones en que el secreto profesional no rige es, por ejemplo, en los casos de personas con potencial suicida que comentan con sus médicos o con sus terapeutas sus deseos de quitarse la vida. Ningún profesional duda en comunicar estas ideas a los familiares y solicitarles que tomen medidas para evitar que el paciente las concrete.

La detección del abuso sexual de un niño tiene las mismas implicancias para la seguridad y la vida de una persona que las del ejemplo anterior. Aún así son numerosos los profesionales que evitan informar a la Justicia lo sucedido, escudándose en que dicha información se obtuvo en una relación en la que regía el secreto profesional.

Es interesante al respecto citar los criterios establecidos en los EE.UU. a través de un fallo de la Corte Suprema de California en el caso "Landeros vs. Flodd" en 1976[9], por el cual quedó establecido que el médico que no denuncie el maltrato sufrido por un niño será responsable de todas las consecuencias de la agresión. Este fallo se basó en el caso de una niña de once meses en quien el médico demandado detectó y diagnosticó un síndrome de maltrato infantil, en base a las fracturas y laceraciones observadas. Con todo, indicó la medicación adecuada y permitió que la beba volviera al hogar con los padres agresores. La Corte consideró que, a pesar de que el manejo médico de las lesiones había sido correcto, el hecho de no informar a los servicios correspondientes como señala la ley del Estado, hacía que el profesional demandado fuera responsable del daño cerebral sufrido por la niña en episodios de maltrato posteriores y, por lo tanto, le impuso el pago de 600.000 dólares.

Los familiares: creer y consultar

Graciela sabe que esta noche no va a pegar los ojos. No se animó a decirle nada a su marido, que duerme tranquilamente a su lado. De a ratos duda y quiere convencerse que lo que contó Ernesto –uno de sus sobrinos– no es cierto. Pero tiene que aceptar que los detalles eran demasiado concretos como para haberlos inventado.

Ella ya sabía que los cuatro hijos de su hermana no la pasaban bien. Cada tanto los traía a su casa para cuidarlos un poco más y estar tranquila de que no los castigarían como a animales. La madre, discapacitada, no se ocupaba de ellos. El padre los trataba de muy mala manera. Cuando venían de visita, se los veía contentos, sin ganas de irse.

Esa tarde habían estado mirando la telenovela con Ernesto y mostraron una escena con una pareja acostada en la cama, a medio vestir. El hombre, apoyado sobre la mujer, la besaba apasionadamente. El nene de 6 años exclamó: "¡Mirá, tía! Igual a lo que hace mi papá con Alejandra". Alejandra es su hermana de 11 años.

Graciela habló primero con Ernesto sin poder salir de su asombro a medida que su sobrino aportaba más detalles. Más tarde conversó con su sobrina. Al principio la nena negó todo y se enojó con su hermano. Pero Graciela insistió: si el papá le estaba haciendo eso, ella se iba a ocupar de que no volviera a ocurrir. Alejandra se puso a llorar y, entre sollozos, confirmó lo relatado por Ernesto. Agregó pormenores que horrorizaron a Graciela.

Mil preguntas le dan vueltas por la cabeza mientras intenta dormirse. ¿Quién le va a creer? ¿Quién la podrá ayudar? El pediatra de sus hijos, quizás.

Graciela tiene varias posibilidades y una gran responsabilidad: creer y ayudar a sus sobrinos. En estos casos hay que tener

309

siempre presente que la única voz que tienen las niñas victimizadas es la del adulto que les cree y comienza a buscar una salida. La voz del familiar que, aun con interrogantes no del todo
resueltos, decide que lo que ha escuchado tiene visos de realidad, funciona amplificando los pequeños y sutiles indicios que
las víctimas exteriorizan de manera muy difícil de decodificar
las más de las veces. De ahí que lo mejor que se le puede recomendar a Graciela es que consulte, que no se conforme con la
respuesta de que no se puede o no conviene hacer nada. Por el
contrario, que vuelva a consultar con médicos, con maestros,
con trabajadores sociales, con psicólogos, con amigas, con familiares, con los medios de comunicación; que escuche todas las
opciones que se le ofrecen y que siempre tenga en cuenta que
su objetivo debería ser evitar que los episodios abusivos vuelvan
a ocurrir.

Es muy común que, mientras se obtiene una respuesta satisfactoria, la persona que está enterada del abuso no sepa cómo manejarse, sobre todo qué hacer con la niña –o los niños–
victimizada, con el ofensor, con la familia en general. Si existe
la posibilidad de interrumpir el contacto entre la víctima y el
abusador, es aconsejable hacerlo: aunque es probable que la
nena manifieste que los hechos ocurren de manera esporádi-
ca o que sucedió tan sólo una vez, los especialistas sabemos que
recién pueden relatar con franqueza lo que han tenido que vivir, después de cierto tiempo. Lo mejor que se puede hacer es
no presionar para que la niña brinde mayores detalles pero actuar como si el abuso estuviera sucediendo en forma crónica.
Por lo tanto, Graciela podría ofrecerle a su sobrina la opción
de pasar unos días fuera de la casa, ya sea con ella o con otra
persona de su confianza.

Es necesario, además, conversar con los adultos no ofensores como para tener una idea de la capacidad de colaboración
que tendrán en el futuro, si se podrá contar con ellos o si obsta-
culizarán la intervención. No es conveniente que la conversación se focalice desde el comienzo en los hechos develados. Es
más efectivo plantear cuál sería la posición de cada uno de los
adultos en el caso de que se enteraran que la niña se encuentra
atravesando una situación de riesgo, cuál sería su grado de com-

promiso y cómo actuarían. Con frecuencia sucede que, en algunas familias donde los adultos que deberían proteger a los niños no están todavía preparados para ello, no convenga develar lo que la nena ha relatado hasta que se hayan tomado las medidas legales de protección.

Cuando el que detecta el abuso por parte de un progenitor es el otro adulto conviviente, también aconsejamos interrumpir el contacto entre la víctima y el ofensor durante cierto tiempo para permitir una evaluación del relato sin las presiones que podrían ejercerse sobre la menor.

No es conveniente, en ningún caso, confrontar los dichos de la víctima con el ofensor antes de contar con medidas legales de protección. Los especialistas sabemos que el diagnóstico no depende de lo que acepte o no el abusador. Por el contrario, la validación depende de la calidad del relato de las víctimas, de la presencia de indicadores psicológicos directos e indirectos y de los hallazgos físicos si los hubiera.

Si el familiar que detecta el abuso considera que la niña se encuentra en una situación de altísimo riesgo y que esta persona adulta no tiene demasiados elementos como para intervenir, debería concurrir a la Justicia para informar lo sucedido y solicitar colaboración. Como se desprende del contenido de este capítulo, recomiendo la presentación ante el fuero civil, las asesorías o defensorías de menores o ante los juzgados civiles. Para informar a la Justicia civil una sospecha de abuso sexual no es necesario contar con abogados patrocinantes, cualquier ciudadano puede acercarse a las sedes correspondientes y solicitar ser atendido. En casos excepcionales en que el supuesto ofensor fuera una persona sumamente violenta, portara armas, tuviera antecedentes de agresiones con otras personas y estuviera reclamando llevarse a la niña nuevamente a su casa, o la víctima tuviera lesiones causadas por las conductas abusivas, la presentación podría hacerse directamente en el fuero penal, ya sea en los juzgados de menores o en la comisaría de la zona. Tampoco es necesario contar con el patrocinio de un abogado para tales denuncias.

Conviene saber que las medidas que tome el fuero civil (protección de persona, suspensión de un régimen de visitas, modificaciones transitorias en la guarda) ocurren con mayor ce-

311

leridad que las que puede proveer el fuero penal. Posteriormente, cualquiera de los dos fueros podrá determinar que se efectúen estudios para validar los relatos de los niños.

Los docentes: creer, consultar, intervenir y acompañar

Elena es maestra de una escuela primaria desde hace ocho años. Tiene suficiente experiencia como para darse cuenta si una dificultad en el aprendizaje tiene relación o no con un problema emocional. Últimamente estaba muy preocupada por Roxana, una nena tranquila, callada, que había empezado primer grado con muchas ganas de aprender a leer y a escribir. Hacía pocos meses que vivía en la ciudad con su mamá y sus hermanitos menores. Vinieron del interior después de la separación de los padres.

A mitad de año Elena comenzó a notar que el rendimiento de la nena no era tan bueno. Estaba distraída, nerviosa, lloraba sin motivos. Sara, la madre, solía conversar con la maestra porque también la notaba rara en la casa.

Elena nunca imaginó que lo que Sara le contó esa tarde le daría la respuesta. Sabía que uno de los albañiles que trabajaba en la refacción de la escuela –un hombre de unos 45 años– tenía interés en Sara. Los había visto juntos algunas veces. Y se había alegrado por la mujer: ya no estaba sola y tal vez él pudiera ayudarla económicamente. Ignoraba que Sara y sus hijos pasaban algunos fines de semana en la casa del hombre que, efectivamente, aportaba bastante dinero para mantenerlos.

Una noche a Sara le llamó la atención la insistencia de él para que ella se fuera a dormir. Se despertó de madrugada, sobresaltada, y se acercó a la cama de Roxana para taparla. Tenía el camisón levantado y la barriguita húmeda con un líquido viscoso que, horrorizada, supuso que era semen. Limpió a la nena, vistió a todos los niños y se fue de la casa en medio de la noche.

En el viaje le preguntó a Roxana qué había pasado. La nena tenía miedo y no le quería contar nada, pero Sara insistió. Roxana le dijo que cada vez que dormían en esa casa, él se iba a su cama cuando la madre dormía. En la primeras ocasiones la manoseaba. Estas últimas veces le levantaba la ropa, se desnudaba y se ponía encima de ella. Después de un rato él se iba y a ella le quedaba la barriguita mojada.

Sara estaba indignada y quería denunciarlo. Pero no sabía dónde tenía que ir. Además tenía miedo y a la única que conocía y en quien confiaba como para contarle esto era en Elena.

La consulta por un abuso extrafamiliar no es rara en la escuela. Es más, muchas veces los docentes y las autoridades escolares deben afrontar situaciones sumamente delicadas: los abusos de niños cometidos por personal de la escuela o –como en este caso– personal de otras dependencias que trabajan para el colegio. La frecuencia de estos episodios, lamentablemente, no es casual. Existen ofensores que, de manera deliberada, se emplean en condiciones que les facilita el acceso a un gran número de niños de todas las edades. Las escuelas, las colonias de vacaciones, los clubes son lugares ideales para estar en contacto con las futuras víctimas.

Si bien la intervención parecería ser más sencilla que en los casos de abuso intrafamiliar, también suscita problemas. En primer lugar, no sólo la docente deberá creer en lo que dice una nena o su madre. Se necesita el compromiso de los niveles jerárquicos más elevados: directores, inspectores, supervisores, además de informar a los funcionarios del área educativa y, eventualmente, iniciar un sumario al ofensor. En nuestro medio, es habitual que, si no interviene la Justicia penal para sancionar al implicado, la situación se "resuelva" con el simple traslado del ofensor. En general se teme la repercusión que estos hechos puedan tener en la comunidad educativa y suele obstaculizarse las denuncias de otros niños victimizados.

Las autoridades escolares deberían saber que no existe forma de detectar a un ofensor sexual antes de que tenga acercamientos con los niños. Por lo tanto, ninguna escuela podría ser acusada de seleccionar ofensores sexuales para hacerse cargo de sus alumnos. Sin embargo, la escuela sí tiene la obligación –legal y ética– de actuar una vez que toma conocimiento de que algún integrante de su plantel presenta conductas sexuales inadecuadas con niños –o intentos de concretar dichos acercamientos. El potencial de abusar sexualmente de niños no esta relacionado con lo agradable que pueda ser dicho adulto, la antigüedad que tenga en la institución, sus méritos laborales o el irreprochable cumplimiento observado con el resto de sus tareas.

Lo mínimo que las autoridades de un establecimiento educativo deberían hacer frente a una sospecha de abuso sexual, sería informarse, consultar con servicios especializados en el tema, validar el relato de la víctima e investigar si hubo intentos previos de denuncias de episodios abusivos por otros niños. No se debería pasar por alto la realidad de que los abusadores suelen tener contactos con numerosos niños, siendo excepcionales los casos en que los acercamientos se limitan a una víctima en particular.

Si se confirmara la veracidad del relato de la niña, los pasos que las autoridades de la institución deberán seguir, más allá de los trámites administrativos correspondientes, son los mismos que para cualquier otra situación de abuso: informe de la sospecha al fuero civil –fundamentalmente a un asesor o defensor de menores– que determinará la necesidad de la intervención del fuero penal.

De más está decir que los padres de los niños victimizados deben estar al tanto de estas actuaciones y se debería ofrecer asistencia psicológica para la niña y su familia.

La intervención de la escuela –o de los maestros– es diferente en los casos de abuso intrafamiliar como el que sufría Verónica, la hija de Mary, que describí al comienzo de este capítulo. Si los docentes hubieran actuado junto con la madre –que si bien ignoraba lo que sucedía en la casa, estaba dispuesta a colaborar y proteger a la hija–, se hubiera evitado la revictimización tanto de la niña como de su madre que debieron estar separadas en un momento de sus vidas tan crítico. Recordemos que, aun con el padre detenido, Verónica permaneció en una institución por más de un mes a la espera de una decisión judicial.

Es decir que una maestra además de informar a sus superiores y solicitar –en caso de contar con ellos– un diagnóstico por los profesionales de los gabinetes, debería consultar a especialistas sobre los pasos a seguir frente a la sospecha de abuso sexual infantil. Incluso por conocer a la familia y haber estado en contacto durante cierto tiempo, es una fuente de valiosa colaboración a la hora de evaluar el nivel de compromiso de los distintos integrantes del grupo familiar en la protección de las víctimas.

Por otro lado, una vez hecha la intervención, los maestros cumplen una función importantísima ya que son los que comparten con los niños un gran número de horas y, con frecuencia son los que observan y deben contener las secuelas de los abusos sexuales. Es fundamental que, en la etapa que sigue al develamiento, el docente esté al tanto de cuáles son las conductas esperables en los niños victimizados y cómo pueden ayudar a sus alumnos a sobrellevar este período tan difícil para todos.

Creo que vale la pena aclarar que, si bien la mayoría del personal de las instituciones escolares no está preparado académicamente para detectar el abuso sexual y contener sus secuelas, es perfectamente posible que los maestros aprendan a hacerlo y eviten así discriminar a los niños victimizados con la justificación de que "en esta escuela no estamos preparados para tratar a chicos con problemas tan graves". Aun los niños más enojados y más sintomáticos necesitan sentir que no son tan diferentes de sus compañeros de la misma edad y que, a pesar de las dificultades de aprendizaje o de comportamiento, la escuela sigue siendo un lugar en donde encontrar cariño y comprensión tanto de los adultos como de sus pares. Los docentes tienen un camino abierto para eludir la discriminación revictimizadora: informarse y pedir ayuda a los profesionales especializados.

Los profesionales de la salud: sospechar, diagnosticar, intervenir, informar

I

Claudia y Gisela son hermanas. Hace un año que viven con el padre. La mamá se fue porque él la golpeaba. En la casa de adelante, en el mismo terreno, vive el abuelo materno con sus dos hijos.

Claudia tiene siete años. Desde hace tres meses que el padre la lleva al servicio de Dermatología de un hospital pediátrico para tratarla por unas verrugas en la zona genital. Un lunes va a ver al médico muy preocupado, porque durante el fin de semana la nena "había sangrado por ahí abajo". La revisa un especialista que no conocía a Claudia. Observa lesiones verrugosas, llamadas condilomas, en la vulva y en el interior de la vagina. Estas lesiones son producidas por un virus, el HPV, que se contagia de una persona a otra generalmente por vía sexual. Claudia había sangrado porque las lesiones eran muy extensas y la piel estaba sumamente irritada. El médico sospecha que la niña pudo haber sido víctima de abuso sexual y decide internarla para completar el diagnóstico consultando a un equipo especializado en el tema. Mientras tanto, le pide al padre que traiga a Gisela, de cuatro años, a una revisación. La pequeña también es internada.

En el examen genital de ambas se constata dilatación anal crónica. Desde el hospital se mandan informes al juzgado de menores describiendo las lesiones y sus causas: abuso sexual crónico. En las entrevistas que realizan los profesionales entrenados para la detección del maltrato infantil, las nenas relatan que el padre las manoseaba cuando las bañaba y las penetraba por vía anal desde hacía por lo menos nueve meses. Al padre se le realiza un examen médico y se encuentran, en la uretra, las mismas verrugas que tenía Claudia. Es detenido por orden del juez.

II

Lorena de 4 años es llevada a consulta en el servicio de Psicopatología Infantil de un hospital público. La maestra del Jardín de Infantes al que asistía había solicitado un estudio porque la nena era sumamente callada, retraída, se mostraba temerosa y tenía dificultades para articular las palabras.

El padre concurre a la entrevista de admisión y aclara que Lorena será acompañada en el futuro por la señora que la cuida durante el día. La familia –compuesta por el padre, la nena y un varón de 2 años– vive en una habitación de una pensión próxima al hospital. La madre abandonó al marido y a los hijos hace aproximadamente un año y medio. Mantuvo contacto con ellos hasta unos pocos meses antes. El hombre cree que ella se fue del país. Manifiesta que la madre de los niños se fue con otra pareja, que se trataba de una persona descuidada y egoísta. Afirma que tenían problemas como todas las parejas pero que nunca le dio a entender que tomaría una determinación como la que tomó. Él trabaja como gastronómico y fue boxeador.

Después de efectuarle las entrevistas diagnósticas de rutina, Lorena es tomada en tratamiento por una psicóloga. Asiste de manera regular al tratamiento aunque con frecuencia cambian las mujeres que la acompañan. La terapeuta se entera de que, en realidad, son inquilinas de la pensión o "primas" del padre.

La psicoterapia está centrada en trabajar la pérdida de la figura materna de manera tan traumática. La terapeuta percibe que la niña se encuentra en un estado importante de desprotección, por más que los cuidados y las necesidades básicas parecen estar cubiertos de manera satisfactoria. Ante esta situación, decide atenderla dos veces por semana, frecuencia no habitual en los servicios hospitalarios.

Una mañana en que la niña no estaba citada, la terapeuta pasa casualmente cerca del consultorio de guardia. En el pasillo se cruza con la señora que últimamente acompañaba a Lorena, con la nena. La mujer le cuenta que vinieron porque Lorena tuvo un accidente. La psicóloga no pregunta nada y se despide de ambas.

Después de faltar durante una semana, Lorena se reintegra a su tratamiento. La terapeuta le pregunta a la acompañante de la nena cómo está Lorena y qué le había pasado. Ahí se entera que la consulta se debió a una hemorragia genital y que la ginecóloga de guardia le había indicado una pomadita y reposo. La señora no había presenciado el accidente, fue el padre de Lorena quien se lo contó al solicitarle que la llevara al hospital para curarla. La nena no había contado nada.

La psicóloga informa a la defensoría de menores de turno y se ponen en marcha los mecanismos legales para proteger a Lorena.

El común denominador de estos dos casos es que hay dos profesionales que deben tomar decisiones que han sido evitadas por sus colegas. Desde el punto de vista de un observador neutral resulta inconcebible que un dermatólogo infantil y una ginecóloga no hayan tenido en cuenta la posibilidad de estar tratando víctimas de abuso sexual. Más allá de la falta de capacitación a lo largo de la carrera médica, es frecuente que aquellos que tienen ante sus ojos las pruebas concretas que deberían al menos hacerles sospechar una conducta abusiva, reaccionen mirando para otro lado. A veces la actitud del progenitor que acompaña a la niña a la consulta o cierta identificación con el estilo de vida del grupo familiar son los responsables de la puesta en marcha de mecanismos defensivos tales como la negación y la minimización.

Parecería que el médico, a pesar de ver la lesión, pensara: "No es posible que esto suceda en una familia como ésta" o "Ese hombre es incapaz de hacerle esta clase de daño". Sin embargo, como ya hemos visto, el abuso sexual infantil es mucho más común de lo que quisiéramos y no respeta clases sociales ni niveles educativos.

Cuando un médico o un psicoterapeuta sospecha la ocurrencia de un abuso sexual, está obligado a informar a la Justicia, ya sea al fuero civil o al penal, que se encargará de confirmar los hechos o desestimarlos. Conviene recordar que no se trata de delitos de instancia privada, ya que el artículo 72 del Código Penal argentino especifica claramente cuáles son las circunstancias que transforman un delito de instancia privada en uno de acción pública. Por otro lado, la Ley Nacional Nº 24417 también obliga a los *servicios asistenciales, sociales o educativos, públicos y privados, los profesionales de la salud* y todo funcionario público en razón de su labor"[10] a informar a la Justicia Civil dentro de las 72 horas de detectado cualquier hecho de violencia familiar.

Resulta recomendable la internación de los pacientes en algún servicio hospitalario en los casos de abuso sexual en los que el médico no tiene la certeza de contar con los datos como para elevar un informe adecuado a la Justicia –por ejemplo, ante la sospecha de que el domicilio suministrado por la familia sea falso o quede fuera del área de jurisdicción judicial– o que, aun contando con ellos, el grado de riesgo que el grupo familiar representa para la víctima sea alto.

Los magistrados: validar, investigar, trabajar en interdisciplina

Melanie, de 8 años, concurre al consultorio particular de una ginecóloga infanto juvenil, a través de una empresa de medicina prepaga. La acompaña su padre porque la mamá trabaja en ese horario de la tarde. La consulta se debe a la presencia de un flujo vaginal purulento que lleva varios meses de evolución y por el que han consultado a diversos especialistas y a varios servicios hospitalarios. La nena fue medicada con diferentes antibióticos, pero el flujo nunca remitió por completo.

Dos hechos le resultan llamativos a la médica: 1) la niña no se muestra inhibida y accede fácilmente al examen ginecológico y 2) el padre tuvo la intención de ingresar al consultorio donde se realizó la revisación. Fue la profesional la que le solicitó que esperara en otro sector y le aclaró que sería ayudada por una enfermera.

La abundante secreción vaginal que presentaba Melanie impedía la observación de los detalles anatómicos. La doctora toma una muestra del flujo para cultivo y antibiograma. Le pide al padre que se comunique con ella cuando tenga los resultados.

Una semana más tarde, el hombre llama por teléfono para informar que se detectó *chlamydia trachomatis*, germen que, si aparece por primera vez en niñas en edad escolar, es altamente sospechoso de haberse transmitido por vía sexual. La médica cita a ambos padres para una entrevista.

Ellos concurren acompañados por Melanie. La doctora se muestra sorprendida porque no era lo acordado. La nena los espera afuera mientras la ginecóloga les explica a los padres las posibles vías sexuales de contagio y les pregunta si existe la posibilidad de que la niña estuviese expuesta a alguna situación de riesgo. La madre refiere entonces que, en una fiesta familiar, ha-

319

cía más de cuatro años, la nena se quejó de que un pariente lejano se había encerrado con ella en una habitación y había intentado besarla en la boca. Ambos se muestran preocupados por las consecuencias emocionales del episodio.

Ante esta situación tan poco clara y frente a la magnitud del cuadro infeccioso de Melanie, la ginecóloga les indica una consulta con una especialista en abuso sexual infantil, medica a la nena y les pide que vuelvan a acordar una cita con ella después de empezar el diagnóstico con la otra doctora.

Con ésta, reiteran el mismo procedimiento que con la ginecóloga: se los cita a solas y concurren con la nena, quien debe aguardarlos en la sala de espera. Se acuerda una entrevista individual con la madre, a la que no asiste. Unos días después el padre se comunica telefónicamente para avisar que su mujer "no iba a asistir" porque se habían borrado de la empresa de medicina prepaga y carecían de cobertura.

Cuando la especialista se comunica con la ginecóloga, se entera que, si bien el padre le había avisado que habían comenzado el diagnóstico, tampoco habían llevado a la nena para el seguimiento. Según el hombre habían entendido mal: mientras la doctora los esperaba en el consultorio –en un horario especialmente reservado para Melanie– ellos creyeron que debían comunicarse en ese horario por teléfono.

La ginecóloga los cita nuevamente para comunicarles que informará a la asesoría de menores de turno sobre sus hallazgos. La asesoría da intervención a un juzgado civil, que solicita un estudio de validación a través del cuerpo médico forense.

Casos como el de Melanie suelen archivarse, ya que no es común que un médico se tome la molestia de seguir tan de cerca a un paciente que deja de concurrir a la consulta. Por otro lado, la Justicia civil no suele recibir informes de médicos particulares. Es interesante señalar la manera interdisciplinaria en que se trabajó este caso: el juzgado recibe la información de la infección genital y solicita a un grupo de especialistas la validación de la sospecha, mientras por su lado se encarga de supervisar las actitudes trasgresoras del grupo familiar, que bajo la fachada de una actitud colaboradora, se ocupaba de obstaculizar con sus "confusiones" el dispositivo de investigación.

Sin embargo, las cosas pueden no resolverse con facilidad ya que, como se ignora quién pudo haber abusado de Melanie, la nena podría ser presionada en su propio hogar para no develar el secreto. Es así que recae en el juzgado la responsabilidad de continuar la investigación recabando más datos y efectuar controles periódicos ante la eventualidad de que, en el futuro, la niña se animara a relatar qué le sucedió.

La solución posible

Como hemos estado viendo, cuando nos planteamos la búsqueda de la solución ideal es importante que reflexionemos a quién beneficiará. Insistiendo con lo que he reiterado a lo largo de este libro, son tantas y tan complejas las variables intervinientes que resulta prácticamente imposible suministrar una receta aplicable con el mismo grado de utilidad a todos los casos. Por otro lado, la supuesta solución ideal para algunas de las personas involucradas, puede resultar perjudicial para las otras. Por ejemplo, desde el punto de vista de algunos adultos se podría pensar que la solución ideal sería resolver este problema en familia aunque, desde la óptica de un penalista, la solución ideal sería que los ofensores fueran presos; y teniendo en cuenta los intereses inmediatos del ofensor –fundamentalmente su temor a asumir la responsabilidad que le cabe– lo ideal sería que se le creyera su promesa de que no lo va a volver a hacer, y que todo siguiera como antes.

Y para los chicos, ¿cuál es la solución ideal? Si escuchamos lo que dicen las víctimas, parecería que la solución ideal está relacionada fundamentalmente con que se les crea; que el mundo de los adultos –sobre todo las personas más allegadas– valide sus percepciones, y que tome partido. Son innumerables los trabajos científicos y las observaciones clínicas que describen la rabia que sienten los niños abusados hacia los adultos no ofensores que no los defendieron, aún cuando ese familiar no tuviera posibilidad de conocer qué estaba pasando.

Pocos niños conocen qué es la instancia legal o qué significa un juicio. Por lo general temen cualquier tipo de intervención extrafamiliar debido a las amenazas con que han sido entrampados en el secreto: si alguien se entera te van a mandar a un instituto, la familia se va a separar, tu madre te (o me o se) va a matar, voy a ir preso, etcétera. Excluyendo que alguien mate o se mate –que en mi experiencia clínica no ha ocurrido jamás–, las otras opciones suelen concretarse como consecuencia del develamiento. También suele suceder que las víctimas sean revictimizadas por magistrados o funcionarios que se escudan detrás del sistema legal para tomar medidas en función de cierta ideología que considera que estas cosas no pasan en las "buenas familias" y que los niños fantasean y mienten en relación a este tema.

En mi práctica asistencial, a lo largo de más de quince años, he podido constatar que la intervención legal –más allá de todas las limitaciones y complicaciones que supone– es una decisión que, en el largo plazo, beneficia a la víctima. En este punto conviene hacer una aclaración. Cuando me refiero a intervención legal, no estoy pensando en que la función de la institución o del profesional a cargo del caso se circunscriba a informar sus sospechas al juez o al asesor de turno. Muchas veces una intervención tan acotada genera más problemas que soluciones para los niños y sus familias. Mi concepto de intervención o de la mejor solución posible, es que quien haya presentado el informe a la Justicia, provea algún tipo de contención y seguimiento para las víctimas, los ofensores y los no ofensores, así como que también se mantenga en contacto y asesore a los magistrados.

También quisiera dejar en claro que si bien pienso que la mejor intervención es la que se consigue recurriendo a la Justicia, no creo que un ofensor sexual de niños pueda recuperarse únicamente con la exclusión del hogar, la suspensión de un régimen de visitas, la privación de la libertad, la castración química ni –como se está llevando a cabo en varios estados de EE.UU.– colgando carteles con las fotos de los abusadores en el barrio. Creo que es necesario, por un lado, impedirles el contacto con niños hasta que cobren conciencia de la gravedad del problema que los aqueja y que acepten, aun a regañadientes, la posibilidad de un tratamiento rehabilitador. Por otro lado, serán los terapeutas especializados en realizar psicoterapias a abusadores sexuales quienes evaluarán si el paciente presenta una evolución favorable o no.

Debo reconocer que en nuestro país queda mucho por hacer en lo que hace al abuso sexual infantil: campañas de divulgación masiva, cuestionamientos a posturas ideológicas que obstaculizan y frenan las investigaciones, capacitación de docentes y profesionales que estén en contacto con niños, creación de redes de asesoramiento y asistencia para las familias afectadas, estudios estadísticos sobre la población afectada y la población en riesgo, investigaciones en relación con los métodos de detección y prevención del abuso sexual y de las técnicas terapéuticas a aplicar con las víctimas, con los ofensores y con sus familiares, capacitación de magistrados y funcionarios judiciales, esclarecimiento a la comunidad acerca de la legislación vigente.

Demasiado por hacer, en un campo en el que no podemos andar con posturas tibias o ambiguas pero en el que es necesario evaluar cada caso en sus características individuales, sin perder de vista que los únicos que por el momento no tienen voces propias son las víctimas. Desde ya que todo lo que cada uno de los lectores pueda hacer desde su lugar de trabajo o desde su posición en la comunidad, significará un avance en esta lucha por los derechos de nuestros niños.

BIBLIOGRAFÍA

Capítulo 1

1. Titulares del matutino *Clarín* de Buenos Aires (3/8/94; 15/7/95; 13/5/95; 15/4/95; 20/5/95 respectivamente).
2. *Clarín*, 18/11/94.
3. D. Finkelhor, *Sexually victimized children*, Nueva York, Free Press, 1979. En español: "El abuso sexual al menor", Editorial Pax México, México, 1980.
4. D. Russell, *Sexual exploitation: Rape, child sexual abuse, and workplace harassment*, Sage, California, 1984.
5. J. Berra y M. Lamota, *Estudio de la incidencia de abuso sexual infantil en estudiantes universitarios de Buenos Aires*, trabajo presentado en el 1er. Congreso Argentino de Salud Integral del Adolescente, Buenos Aires, 27 al 30 de octubre de 1992.
6. P. Mones, *When a Child Kills*, Pocket Star Books, Nueva York, 1991.
7. Citado por Thomas Harris en *Red Dragon*, Dell Books, Nueva York, 1981.
8. J. Masson, *The Assault on Truth* [El ataque a la verdad], Estados Unidos, Farrar, Straus and Giroux, 1984.
9. A. Salter, *Treating Child Sex Offenders and Victims: A Practical Guide*, Estados Unidos, Sage, 1988.
10. L. Bender y A. Blau, "The reaction of children to sexual relations with adults", *American Journal of Orthopsychiatry*, octubre de 1997, páginas 500-518.
11. J. Weiss, E. Rogers, M.R. Darwin y C.E. Dutton, "A study of girl sex victims", *Psychiatry Quarterly*, 36(1), 1955, páginas 607-632.
12. J.H. Gagnon: "Female child victims of sex offense", *Social Problems*, 13(2), 1965, páginas 176-192.
13. E. Revitch y R.G. Weiss "The pedophiliac offender", *Diseases of the Nervous System*, número 23, 1962, páginas 73-78.
14. J.W. Mohr, R.E. Turner y M.B. Jerry, *Pedophilia and exhibitionism*, Toronto, University of Toronto Press, 1964.
15. D.J. Henderson: "Incest" en *Comprehensive Textbook of Psychiatry*, A.M. Freedman, H.I. Kaplan y B.J. Sadock compiladores, 2ª. edición, Baltimore, Williams & Wilkins, 1975, páginas 1530-1539.
16. Las categorías en que E.A. Fattah ("Towards a criminological classification of victims", *International Review of Criminal Police*, número 209, 1967, páginas 162-169) clasifica a las víctimas de delitos son: a) víctimas no participativas (no contribuyen de ninguna manera a la comisión del delito); b) víctimas latentes o predispuestas (aquellas que, "debido a predisposiciones o rasgos de carácter peculiares constituyen un grupo más expuesto a sufrir cierto tipo de delitos"); c) víctimas provocativas (incitan al criminal a cometer el delito o generan la situación que permite que el delito ocurra); d) víctimas participativas (contribuyen a que se cometa el delito, mientras éste ocurre) y e) falsas víctimas (no son víctimas de delito aunque crean y/o manifiesten serlo).
17. M. Virkkunen, "Victim precipitated pedophilia offenses", *British Journal of Criminology*, 15 (2), 1975, páginas 175-180. En 1981, amplía el trabajo en el capítulo "The child as a participating victim" ("El niño como víctima participante") del libro *Adult Sexual Interest in Children* de M. Cook y K. Howells, Nueva York, Academic Press.
18. R. Slovenko, "Statutory rape", *Medical Aspects of Human Sexuality*, número 5, 1971, páginas 155-167.
19. I. Bloch, *Das Sexualleben unserer Zeit seinen Beziehungen zur modernen Kultur*, Berlín, Louis Marchus, 1907. Citado por Jeffrey Masson en "The assault on truth".
20. A.Miller, *El saber proscrito*, Barcelona, Tusquets editores, 1990, páginas 79-80.
21. Human Relations Area Files, Inc., Ann Arbor, Michigan: Universal Microfilms International, 1968, en D.C. Renshaw, *Incest: Understanding and Treatment*, Boston, Little, Brown & Co, 1982.

22. F.X. Grollig, *Anthropological perspective on incest* en D.C. Renshaw: "Incest: Understanding and Treatment", Boston, Little, Brown & Co, 1982.

23. R.E. Latchman, "Etnology of the Araucanos", *Royal Anthropological Institute of Great Britain and Ireland Journal*, Vol. 39, 1909.

24. L.C. Faron, *Mapuche Social Structure*, Urbana, University of Illinois Press, 1961.

25. M.I. Hilger *Araucanian Child Life and Its Cultural Background*, Washington, Government Printing Office, 1957.

26. R. Landes,"The Ojibwas of Canada" en M. Mead, *Cooperation and competition among primitive peoples*, Nueva York, McGraw-Hill,1937; y *The Ojibwa Woman*, Nueva York, Columbia University Press, 1938.

27. J.B. Aceves, *Identity, Survival, and Change*, Morristown, Nueva Jersey, General Learning Press, 1974.

28. D. Finkelhor *Child Sexual Abuse: New Theory and Research*, Nueva York, Free Press, 1984.

29. G.V. Hamilton, *A research in marriage*, Nueva York, Albert & Charles Boni, 1929.

30. L.M. Terman, *Psychological factors in marital happiness*, Nueva York, McGraw-Hill, 1938.

31. C. Landis, *Sex in development*, Nueva York, Hoeber, 1940.

32. L. Terman, "Correlates of orgasm adequacy in a group of 556 wives", *Journal of Psychology*, 1951, número 32, páginas 115-172.

33. A.C. Kinsey, W.B. Pomeroy, C.E. Martin y P.H. Gebhard, *Sexual behavior in the human female*, Filadelfia, Saunders, 1953.

34. J.T. Landis, "Experiences of 500 children with adult sexual deviation", *Psychiatric Quarterly Supplement*, 30 (Parte 1), 1951, páginas 91-109.

35. J.H. Gagnon, "Female child victims of sex offense", *Social Problems*, 1965, número 13(2), páginas 176-192.

36. I. Kaufman, A.L. Peck y C.K. Tagiuri, "The family constellation and overt incestuous relationships between father and daughter", *American Journal of Orthopsychiatry*, 1954, número 24, páginas 266-279.

37. N. Lustig, J.W. Dresser, S.W. Spellman y T.B. Murray, "Incest: a family survival pattern", *Archives of General Psychiatry*, 1966, número 14, páginas 31-40.

38. B. Justice y R. Justice, *The broken taboo*, Nueva York, Human Services, 1979.

39. C.A. Clark, J.A. O'Neil y D.R. Laws: "A comparison of intrafamilial sexual and physical abuse", en *Adult sexual interest in children*, M.Cook y K. Howells compiladores, Nueva York, Academic Press, 1981.

40. L. Kelly, L. Regan y S. Burton, *An exploratory study of the prevalence of sexual abuse in a sample of 16-21 year old*, Polytechnic of North London, Child Abuse Studies Unit, 1991.

41. Una revisión actualizada de la literatura sobre este tema puede obtenerse en *Madres sobrevivientes al abuso sexual de sus niños*, C.A. Hooper, Ediciones Nueva Visión, Buenos Aires, 1994, de donde provienen los datos citados en esta nota. M. Myer (1984) informa que un 56% de las madres apoyaron a sus hijos abusados por padres o sustitutos paternos; A.R. de Jong (1988) refiere un 69% de madres apoyando a sus hijos abusados por familiares; E.A. Sirles y P.J. Franke (1989) encontraron que el 78% de las madres creía que el abuso había ocurrido; E.A. Sirles y C.E. Lofberg (1990) registran un 66,7% de madres que creyeron que los padres o sustitutos paternos eran responsables del abuso; M.D. Everson y colaboradores (1989) apuntan que un 76% apoyaron a los niños; A. Pellegrin y W.G. Wagner (1990) confirmaron que el 74% creyó ampliamente en lo relatado por niños víctimas de abuso intra y extrafamiliar; mientras que estudios citados por D.P.H. Jones (1991) manifiestan que un 70% creyó y apoyó a los hijos. Estudios de B. Gomes-Schwartz, J.M. Horowitz y A.P. Cardanelli (1990) señalan que un 80% de las madres tomó algún tipo de medida protectora y un 90% mostró, al menos, un grado moderado de preocupación por lo sucedido.

42. A.R. de Jong (1988); K.C. Faller (1988); M.D. Everson y claboradores (1989); E.A. Sirles y P.J. Franke (1989); B. Gomes-Schwartz y colaboradores (1990) citados por C.A. Hooper en *Madres sobrevivientes al abuso sexual de sus niños*, Ediciones Nueva Visión, Buenos Aires, 1994.

43. A.R. de Jong, "Maternal responses to the sexual abuse of their children", *Pediatrics*, 1988, número 81, 1, páginas 14-21; B. Gomes-Schwartz y colaboradores, *Child Sexual Abuse: The Initial Effects*, Londres, Sage, 1990.

44. C.A. Hooper, *Madres sobrevivientes al abuso sexual de sus niños*, Ediciones Nueva Visión, Buenos Aires, 1994.

45. A.C. Kinsey, W.B. Pomeroy, C.E. Martin y P.H. Gebhard, *Sexual behavior in the human female*, Filadelfia, Saunders, 1953. El destacado es mío.

46. S. Freud, "4) Teoría sexual: h) Modo de formación de síntomas", *Introducción al psicoanálisis*, 1916, Obras Completas, Editorial Biblioteca Nueva, Madrid, 1968, volumen II, páginas 342-343.

Capítulo 2

1. A. Miller, *El saber proscrito*, Tusquets editores, Barcelona, 1990.

2. Diario Clarín, 9/6/96.

3. A. Miller, *Op.cit.* páginas 34-35.

4. *Derechos del Niño-Documentos*, Convención Internacional sobre los Derechos del Niño,

Artículo 28, Ministerio de Cultura y Educación de la Nación, Buenos Aires, 1996, páginas 36-37.
5. *Derechos del Niño-Documentos*, Convención Internacional sobre los Derechos del Niño, Artículo 37, Ministerio de Cultura y Educación de la Nación, Buenos Aires, 1996, página 38.
6. *Derechos del Niño-Documentos*, Convención Internacional sobre los Derechos del Niño, Artículo 2, Ministerio de Cultura y Educación de la Nación, Buenos Aires, 1996, páginas 28.
7. Citado por Lloyd deMause en *The History of Childhood*, capítulo 1, Psycho-history Press, EE.UU., 1974. (Hay versión en español: "Historia de la infancia", Alianza Editorial, España).
8. Sorano: "Translation of Soranus Gynecology", citado por M. Lynch en *Commentary on Child Abuse Before Kempe: An Historical Literature Review*, Books of Readings, Ninth International Congress on Child Abuse and Neglect, Chicago, 1992.
9. Citado por Lloyd deMause, capítulo 1, *ibídem*.
10. Séneca: "Ensayos Morales", citado por Lloyd deMause, capítulo 1, *ibídem*.
11. Citado por Lloyd deMause, capítulo 1, *ibídem*.
12. Aulo Gelio (gramático y crítico latino del siglo II), "Las noches áticas", citado por Lloyd deMause, *ibídem*.
13. Citado por Lloyd deMause, capítulo 1, *ibídem*.
14. Dr. Hume (1799), citado por Lloyd deMause, capítulo 1, *ibídem*.
15. Citado por Lloyd deMause, capítulo 1, *ibídem*.
16. David Hunt "Parents and Children", citado por Lloyd deMause, capítulo 1, *ibídem*.
17. Luis Ferreira, "A veces hay que pegarles", *Clarín*, Buenos Aires, 21/6/96.
18. B. Steele, "Psychodynamic Factors in Child Abuse", en *The Battered Child* de RE. Helfer y R.S. Kempe, The University of Chicago Press, Chicago, 1987, página 102.
19. Citado por Lloyd deMause, capítulo 1, *ibídem*.
20. Citado por Lloyd deMause, capítulo 1, *ibídem*.
21. Citado por Lloyd deMause, capítulo 1, *ibídem*.
22. Aristóteles, "La ética de Nicómaco", citado por Lloyd deMause, capítulo 1, *ibídem*.
23. Suetonio, "Caesars", página 148, citado por Lloyd deMause, capítulo 1, *ibídem*.
24. Marcial, "Epigramas", citado por Lloyd deMause, capítulo 1, *ibídem*.
25. Citado por Lloyd deMause, capítulo 1, *ibídem*.
26. Clemente de Alejandría, "Christ", citado por Lloyd deMause, capítulo 1, *ibídem*.
27. Cleaver y Dominici, citados por Lloyd deMause, capítulo 1, *ibidem*.
28. D. Finkelhor, *El abuso sexual al menor*, Editorial Pax México, México, 1980, páginas 20-23.
29. A.Toulmouche, "Des attentats à la pudeur et du viol", *Annales d'hygiène publique et de médecine légale*, 1856, páginas 100-145.
30. A. Toulmouche (1856), citado por J.Masson en *The Assault on Truth*, Farrar, Straus and Giroux, EEUU, 1984.
31. Citado por J.Masson en *The Assault on Truth*, Farrar, Straus and Giroux, EEUU, 1984.
32. A.A. Tardieu, "Etude médico-légale sur les sévices et mauvais traitements exercés sur des enfants", *Annales d'hygiène publique et de médecine légale*, 1860.
33. Citado por J. Masson en *The Assault on Truth*, Farrar, Straus and Giroux, EEUU, 1984.
34. Escrita junto a Z. Roussin, se publicó en 1867 y el título original es *Etude médico-légale et clínique sur l'empoisonnement*.
35. *Dictionaire d'hygiène publique et de salubrité*, tres tomos, publicada entre 1852 y 1854.
36. *Etude médico-légale sur l'infanticide*, 1868.
37. *Etude médico-légale sur la folie*, 1872.
38. *Etude médico-légale sur les attentats aux moeurs*
39. Jeffrey Masson en *The Assault on Truth*, Estados Unidos, Farrar, Straus and Giroux, 1984.
40. Jeffrey Masson en *The Assault on Truth*, Estados Unidos, Farrar, Straus and Giroux, 1984.
41. *Archives d'anthropologie criminelle et des sciences pénales*
42. "Attentats à la pudeur sur les petites filles", *Archives d'anthropologie criminelle et des sciences pénales*, 1886, volumen 1.
43. *Des attentats à la pudeur sur les petites filles* (1886).
44. J. Masson en *The Assault on Truth*, Estados Unidos, Farrar, Straus and Giroux, 1984.
45. J. Masson en *The Assault on Truth*, Estados Unidos, Farrar, Straus and Giroux, 1984.
46. *Les attentats aux moeurs* ("Los atentados a la moral"), 1909.
47. J. Masson en *The Assault on Truth*, Estados Unidos, Farrar, Straus and Giroux, 1984.
48. R. Sheldrake, *Seven Experiments that Could Change the World*, Londres, Fourth Estatae, 1994.
49. Masson, por ejemplo, deja planteadas sus dudas con respecto a Wilhelm Fliess, el otorrinolaringólogo admirado por Sigmund Freud. Se basa para ello en publicaciones del psicoanalista Robert Fliess, su hijo, quien en sus escritos deja entrever que su padre pudo haberlo molestado sexualmente.
50. J. Masson en *The Assault on Truth*, Estados Unidos, Farrar, Straus and Giroux, 1984.
51. Conferencia de A. Fournier en la Academia de Medicina francesa en 1880.
52. J. Masson en *The Assault on Truth*, Estados Unidos, Farrar, Straus and Giroux, 1984.
53. "Les enfants menteurs", citado por J.Masson en *The Assault on Truth*, Estados Unidos, Farrar, Straus and Giroux, 1984.
54. *L'Ombre du Doute* ("Una sombra de duda") thriller francés exhibido en el 10° Congreso Internacional de Maltrato Infantil, realizado en Kuala Lumpur, Malasia, en setiembre de 1994.

55. "Les faux témoignages des enfants devant la justice", en *Anales de higiene pública y de medicina legal*, 1887.

56. "Les hystériques accusatrices", en *Anales de higiene pública y de medicina legal*, 1903.

Capítulo 3

1. J. Masson, *Juicio a la psicoterapia*, Santiago de Chile, Editorial Cuatro Vientos, 1991.

2. Se refiere al Sanatorio Bellevue (también conocido como la Clínica Bellevue) situado en Kreuzlingen, Suiza, junto al lago Constanza. Fue dirigido por Ludwig Binswanger fundador de la psiquiatría existencial. Recibía a pacientes y visitantes provenientes de las clases sociales más acomodadas y a conocidas personalidades de la vida intelectual. Masson se refiere a registros de pacientes de finales del siglo XIX y comienzos del XX.

3. J. Masson, *ibídem*, capítulo 1.

4. Es despedido luego de la publicación de sus investigaciones en una serie de artículos en el *New York Times* en agosto de 1981. Se le endilgó haber comunicado sus opiniones de manera "poco juiciosa" frente a un público no profesional.

5. *La etiología de la histeria* (1896), traducción de James Strachey, Editorial Amorrortu, Buenos Aires, página 108.

6. *La etiología de la histeria*, ídem, página 199.

7. J. Masson comenta que esta modalidad es absolutamente contraria a lo que sucedía habitualmente: cada trabajo era acompañado por un resumen y una crónica de la discusión suscitada.

8. Esta carta fue omitida en la compilación de correspondencia Freud-Fliess. Es Max Schur quien la cita en "Freud: Living and Dying", Nueva York, International University Press, 1972, citado por J. Masson en *The Assault on Truth*, Estados Unidos, Farrar, Straus and Giroux, 1984.

9. J. Masson en *The Assault on Truth*, 1984.

10. *La etiología de la histeria*, Op. cit., página 202.

11. *Idem*, página 205.

12. Jeffrey Masson en *The Assault on Truth*, 1984.

13. *La etiología de la histeria*, ídem, página 204.

14. *La etiología de la histeria*, ídem, página 203.

15. *La etiología de la histeria*, ídem, página 207.

16. *La etiología de la histeria*, ídem, página 213.

17. Verso tomado de la novela de Goethe "Los años de aprendizaje de Wilhelm Meister" (1795-1796).

18. Correspondencia citada por J. Masson en *The Assault on Truth*, 1984.

19. J. Masson en *The Assault on Truth*, 1984.

20. S. Freud: "Three Essays on the Theory of Sexuality" (1905), traducción de la autora de la versión inglesa de James Strachey, The Standard Edition of the Complete Psychological Works of Sigmund Freud, página 223, Hogarth Press y el Institute of Psycho-Analysis, Londres, 1953-1974.

21. Marie Bonaparte comenta en sus anotaciones personales de la correspondencia Freud-Fliess, sobre la carta del 21 de setiembre de 1897: "Freud trajo a la luz la 'mentira' de las histéricas. La frecuente seducción paterna es una 'fantasía'."

Ernst Kris escribe en la introducción de la correspondencia Freud-Fliess: "En la primavera de 1897, a pesar de haber acumulado conocimientos acerca de la característica expresión de deseos de las fantasías infantiles, Freud no podía tomar el paso decisivo que le exigían sus observaciones y abandonar la idea del papel traumático de la seducción para favorecer la comprensión de las condiciones normales y necesarias del desarrollo infantil y de las fantasías infantiles."

22. En la carta a Fliess del 21 de setiembre de 1897, ya citada, dice irónicamente que como mo el tema de la histeria no había resultado bien, debía retornar a su tranquilidad y modestia aunque "la expectativa de la fama eterna sonaba tan atractiva como la de contar con cierta fortuna, completa independencia, viajes y la posibilidad de liberar a los niños de las severas preocupaciones que me robaron la juventud."

23. Fernández Donlon: "Imparable", trabajo presentado en las 1ª Jornadas de Psicopatología de Guardia, organizadas por el Hospital de Niños Ricardo Gutiérrrez, Buenos Aires, noviembre de 1995.

Capítulo 4

1. A.N. Groth, "Guidelines for the assessment and management of the offender" en Sexual assault of children and adolescents de A.W.Burgess; A.N. Groth; L.L. Holmstrom y S.M. Sgroi, Lexington Books, Lexington, 1978.

2. F.H. Knopp, *Retraining adult sex offenders: Methods and models*, Safer Society, Orwell, 1984.

3. P.H. Gebhard; J.H. Gagnon; W.B. Pomeroy y C.V. Christenson, *Sex offenders: An analysis of types*, Harper & Row, Nueva York, 1965.

4. D. Russell, *Sexual exploitation: Rape, child sexual abuse and workplace harassment*, Sage, Beverly Hills, 1984.

5.   N. Groth, *Men who rape: The psychology of the offender*, Plenum, Nueva York, 1979.
6.   T. Seghorn; R. Boucher y M. Cohen, Trabajo presentado en el 6° Congreso Internacional de Sexología, Washington, 22 al 27 de mayo de1983.
7.   R. Langevin, *Sexual strands: Understanding and treating sex anomalies in men*, Lawrence Erlbaum, Hillsdale, 1983.
8.   V.L. Pelto, *Male incest offenders and non-offenders: A comparison of early sexual history*, Dissertation Abstracts International, 42(3), 1154, 1981.
9.   K. Coulborn Faller, "Sexual abuse by paternal caretakers: A comparison of abusers who are biological fathers in intact families, stepfathers, and noncustodial fathers"en *The incest perpetrator: A family member no one wants to treat* de A.L. Horton; B.L. Johnson; L.M. Roundy y D. Williams, Sage, 1990.
10.   D.T. Ballard; G.D. Blair; S. Devereaux; L.K. Valentine; A.L. Horton y B.L. Johnson, "A comparative profile of the incest perpetrator: Background characteristics, abuse history, and use of social skills" en *The incest perpetrator: A family member no one wants to treat* de A.L. Horton; B.L. Johnson; L.M. Roundy y D. Williams, Sage, 1990.
11.   D.A. de Sanz; P. Houghton y J.P. Viar, *Visión multidimensional del abuso sexual: un estudio exploratorio*, Buenos Aires, 1993.
12.   P. Mones, *When a Child Kills*, Pocket Star Books, Nueva York, 1991.
13.   W.E. Prendergast, *Treating sex offenders in correctional institutions and outpatient clinics*, The Haworth Press, Nueva York, 1991.
14.   *Diagnostic and Statistical Manual of Mental Disorders Third Edition* (DSM-III), The American Psychiatric Association, Washington, 1980.
15.   W.E. Prendergast, *Treating sex offenders in correctional institutions and outpatient clinics*, The Haworth Press, Nueva York, 1991.
16.   A.N. Groth; W.F. Hobson y T.S. Gary, "The child molester: Clinical observations"en *Social work and child sexual abuse* de J.Conte y D.Shore, Haworth, Nueva York, 1982.
17.   G.G. Abel; J.V. Becker; W.D. Murphy y B. Flanagan "Identifying dangerous child molesters" en *Violent behavior* de R.B. Stuart, Brunner. Mazel, Nueva York, 1981.
18.   G.G. Abel; M.S. Mittelman y J.V. Becker, "Sexual offenders: Results of assessments and recommendations for treatment" en *Clinical criminology: The assessment and treatment of criminal behavior* de S.J. Huckle y C.D. Webster, M&M Graphic, Toronto, 1985.
19.   R.E. Freeman-Longo y R.V. Wall, "Changing a lifetime of sexual crime", *Psychology Today*, páginas 58-64, Marzo 1986.
20.   K. Coulborn Faller, "Sexual abuse by paternal caretakers: A comparison of abusers who are biological fathers in intact families, stepfathers, and noncustodial fathers"en *The incest perpetrator: A family member no one wants to treat* de A.L. Horton; B.L. Johnson; L.M. Roundy y D. Williams, Sage, 1990.
21.   G. Abel; J. Becker; J. Cunningham-Rathner; M. Mittleman y J.L Rouleau, "Multiple paraphiliac diagnosis among sex offenders" en *Bulletin of the American Academy of Psychiatry and the Law*, 16(2), 153-168, 1988.
22.   J.W. Mohr; R.E. Turner y M.B. Jerry, *Pedophilia and exhibitionism*, University of Toronto Press, Toronto, 1964.
23.   R.T. Rada, "Alcoholism and the child molester" en *Annals of the New York Academy of Science*, 273, 492-496, 1976.
24.   J.V. Becker y E.M. Coleman, "Incest" en *Handbook of Family Violence* de V.B. Hasselt; R.L. Morrison; A.S. Bellack y M. Hersen, Plenum, Nueva York, 1988.
25.   D. Finkelhor y L.M. Williams, "The characteristics of incestuous fathers: A review of recent studies" en *The handbook of sexual assault: Issues, theories and treatment of the offender*, Plenum, Nueva York, 1988.
26.   V.L. Quinsey, *The assessment and treatment of child molesters: A review*, Canadian Psychological Review, 18(3), 204-220, 1977.
27.   Comunicación personal a la Dra. Anna Salter en A. Salter, *Treating child sex offenders and victims*, Sage, California, 1988.
28.   A. Salter, *Treating child sex offenders and victims*, Sage, California, 1988.
29.   J. Conte, "The incest offender: An overview and introduction", en *The incest perpetrator: A family memeber no one wants to treat* de A.L. Horton; B.L. Johnson; L.M. Roundy y D. Williams, Sage, California, 1990.
30.   A. Salter, *Treating child sex offenders and victims*, Sage, California, 1988.
31.   D. Finkelhor y D. Russell, "Women as perpetrators" en *Child sexual abuse: New theory and research* de D. Finkelhor, Free Press, Nueva York, 1984.
32.   M. Elliot, "What survivors tell us- An overview", en *Female sexual abuse of children* de M. Elliot, Guilford Publications, Nueva York, 1994.
33.   D.A. de Sanz; P.M. Houghton y J.P. Viar, *Visión multidimensional del abuso sexual: un estudio exploratorio*, 1993.
34.   C.M. Allen, "Women as perpetrators" en *The incest perpetrator: A family memeber no one wants to treat* de A.L. Horton; B.L. Johnson; L.M. Roundy y D. Williams, Sage, California, 1990.
35.   S.D. Peters; G.E. Wyatt y D. Finkelhor, "Prevalence", en *A sourcebook on child sexual abuse* de D. Finkelhor y cols., Sage, California, 1986.

36. F. Mathews, datos aportados en una conferencia dada en Toronto en 1991, recogidos por Globe and Mail, 30 de octubre de 1991, páginas A1-A2.

37. D. Finkelhor y D. Russell, "Women as perpetrators" en *Child sexual abuse: New theory and research* de D. Finkelhor, Free Press, Nueva York, 1984.

38. C.K. Kempe y R.E. Helfer, *The battered child* (3ª Edition), University of Chicago Press, Chicago, 1980.

39. C. Allen, "Women as perpetrators" en *The incest perpetrator: A family memeber no one wants to treat* de A.L. Horton; B.L. Johnson; L.M. Roundy y D. Williams, Sage, California, 1990.

40. N. Groth y H. Birnbaum, *Men who rape: The psychology of the offender*, Plenum, Nueva York, 1979 y N. Groth, "The incest offender"en *Handbook of clinical intervention in child sexual abuse* de S.M. Sgroi, Lexington Books, Lexington, 1982.

41. S. Broussard, N.G. Wagner y R. Kazelkis, "Undergraduate students' perceptions of child sexual abuse: The impact of victim sex, perpetrator sex, respondent sex, and victim response", *Journal of Family Violence*, 6, páginas 267-268, 1991.

42. G. Fischer: "Why more males than females report retrospectively more positive feelings about and/or regard as inconsequential child sexual abuse experiences", trabajo presentado en la 9ª. Conferencia Anual sobre Tratamiento de Ofensores Sexuales, de sus familias y de las Víctimas, Toronto, octubre de 1990.

43. R.E. Freeman-Longo, *Child Sexual Abuse*, seminario realizado en la Universidad Drake, des Moines, EEUU, 1987.

44. M. Petrovich y D. Templer, "Heterosexual molestation of children who later become rapist", *Psychological Reports*, 54, 810, 1984.

45. P. Fehrenbach, "Characteristics of female adolescent sexual offenders", *The American Journal of Orthopsychiatry*, 58, páginas 148-151, 1988.

46. F. Wolfe, "Twelve female sex offenders", trabajo presentado en la Conferencia Los Próximos Pasos en la Investigación de Evaluación y Tratamientos de las Personas Sexualmente Agresivas, St. Louis, EEUU, 1985.

47. R. Mathews, *Female sexual offenders: an exploratory study*, Safer Society Press, Brandon, 1989; y T.Johnson, *Female child perpetrators: Children who molest other children*, Child abuse and Neglect, 13, pages 571-585, 1989.

48. La misma autora propuso en 1987 una clasificación algo diferente que es interesante citar ya que, si bien dijimos que las categorías no son estrictas ni perfectas, conviene conocer los hallazgos de los estudios. En ese momento las catalogó en: abusadoras 1) explorativa/explotativa, 2) con trastornos de personalidad/antecedentes severos de abuso y 3) detenida en su desarrollo/regresiva.

El primer grupo incluye a menores de 16 años, con dificultades en la interacción social, ansiosas aunque activas y con un desempeño escolar más que aceptable o incluso brillante. Se manifiestan preocupadas por cuestiones concernientes a la aceptación sexual. Eligen víctimas del sexo masculino, no familiares y, por lo general, menores de seis años. El contacto abusivo suele ocurrir sólo una vez, con frecuencia cuando el niño se encuentra a su cuidado.

El segundo grupo, con trastornos de personalidad o con severos antecedentes de abuso, está compuesto por adultas o adolescentes depresivas, con tendencias autodestructivas y a la agresión física y verbal, con muy escasa adaptación en los planos emocional, social y/o académico. Lo común es la presencia de antecedentes de severos malos tratos físicos y sexuales por parte de un familiar varón. Eligen víctimas entre los 0 y los 10 años, mayormente nenas, de su entorno familiar —aún sus hijos— y el abuso parece revivir su propia historia.

El grupo de las detenidas en el desarrollo y regresivas comprende a mujeres casadas, divorciadas o solteras, por lo general aisladas socialmente o con poca capacidad para autoabastecerse. El 50% presenta historias de abuso sexual. Son parecidas a los abusadores varones fijados y regresivos. Las víctimas suelen ser varones entre los 11 y los 16 años con quienes ellas inician una "relación amorosa".

49. "National Adolescent Perpetrator Network", informe preliminar de la *National Task Force on Juvenile Offending*, página 42, Juvenile and Family Court Journal, 39 (2), páginas 1-67, 1988.

50. D. Finkelhor, Sex among siblings: A survey of prevalence, variety, and effects", *Archives of Sexual behavior*, 9, páginas 171-194, 1980.

51. M.L. Bourke y B. Donohue, "Assessment and treatment of juveniles sex offenders: An empirical review", *Journal of Child Sexual Abuse*, Volumen 5, Número 1, páginas 47-70, 1996.

52. F.G. Bolton; L.A. Morris y A.E. MacEachron, *Males at risk*, Sage, California, 1989.

53. G.G. Abel; M.S. Mittelman y J.V. Becker, "Sexual offenders: results of assessment and recommendation for treatment", en *Clinical criminology: The assessment and treatment of criminal behavior* de M.H. Ben-Aron; S.J. Huckle y C.D. Webster, páginas 191-205, M&M Graphics, Toronto, 1985.

54. Uniform Crime Report citado por F. Knopp, *Remedial intervention in adolescent sex offenses: Nine program descriptions*, New York State Council of Churches, Safer Society Press, Nueva York, 1982.

55. L.H. Pierce y R.L. Pierce, "Adolescent/Sibling incest perpetrators"en *The incest perpetrator: A family member no one wants to treat* de A.L. Horton; B.L. Johnson; L.M. Roundy y D. Williams, Sage, California, 1990.

Capítulo 5

1. P. Mones, *When a child kills*, Pocket Star Books, Nueva York, 1991.
2. D. Montegna, *Prisoner of innocence*, Launch Press, California, 1989.
3. D.A.de Sanz; P.Houghton y J.P.Viar, *Visión multidimensional del abuso sexual: un estudio exploratorio*, Buenos Aires, 1993.
4. T. Nielsen, "Sexual abuse of boys: Current perspectives", *Personnel and Guidance Journal*, 62, páginas 139-142, 1983.
5. D. Finkelhor, "Designing new studies" en *A sourcebook on child sexual abuse* de D. Finkelhor, Sage, California, 1986.
6. J. Landis, "Experiences of 500 children with adult sexual deviants", *Psychiatric Quarterly Supplement*, 30, páginas 91-109, 1956.
7. D. Finkelhor detectó que el 63% de las mujeres y el 73% de los varones jamás habían develado sus victimizaciones, *Sexually victimized children*, Free Press, Nueva York, 1979. M.A. Donaldson encontró que el 70% de 40 sobrevivientes adultos no había comentado nunca el abuso sufrido en la infancia, "Incest victims years after: Methods and techniques for treatment", trabajo presentado en el *Simposio Profesional de la National Association of Social Workers*, Washington, noviembre de 1983.
8. D. Russell, *Sexual exploitation: Rape, child sexual abuse, and workplace harassment*, Sage, California, 1984.
9. D. Finkelhor, *Child sexual abuse: New theory and research*, Free Press, Nueva York, 1984.
10. D. Finkelhor, *Sexually victimized children*, Free Press, Nueva York, 1979 (traducción al español "Abuso sexual al menor", Editorial Pax México, México, 1980).
11. J. Landis, *Experiences of 500 children with adult sexual deviants*, Psychiatric Quarterly Supplement, 30, páginas 91-109, 1956.
12. J.H. Gagnon, *Female child victims of sex offense*, Social Problems, 13(2), páginas 176-192, 1965.
13. J.B. Benward y J. Densen-Gerber, "Incest as a causative factor in antisocial behavior: An exploratory study", *Contemporary Drug Problems*, 4, Páginas 323-340, 1975.
14. A.W. Burgess y colaboradores (1977) citado por D. Finkelhor, "Sexually victimized children", Free Press, Nueva York, 1979 (traducción al español "Abuso sexual al menor", Editorial Pax México, México, 1980).
15. Queen's Bench (1976) citado por D. Finkelhor, *Sexually victimized children*, Free Press, Nueva York, 1979 (traducción al español "Abuso sexual al menor", Editorial Pax México, México, 1980).
16. S.W. Peters, "Children who are victims of sexual assault and the psychology of offenders", American Journal of Psychotherapy, 30, páginas 398-421, 1976 citado por D.Finkelhor, *Sexually victimized children*, Free Press, Nueva York, 1979 (traducción al español "Abuso sexual al menor", Editorial Pax México, México, 1980).
17. J. Weiss; E. Rogers; M.R. Darwin y C.D. Dutton, *A study of girls sex victims*, Psychiatry Quarterly, 36 (1), páginas 607-632, 1955.
18. V. De Francis, *Protecting the child victm of sex crimes committed by adults*, American Humane Association, 1969.
19. C.H. Mc Caghy (1967) citado por D. Finkelhor, *Sexually victimized children*, Free Press, Nueva York, 1979 (traducción al español "Abuso sexual al menor", Editorial Pax México, México, 1980).
20. P.H. Gebhard y J.H. Gagnon, "Male sex offenders against very young children", *American Journal of psychiatry*, 121, páginas 576-579, 1964. P.H. Gebhard; J.H.Gagnon; W.B. Pomeroy y C.V. Christenson, *Sex offenders: An analysis of types*, Harper & Row, Nueva York, 1965.
21. J.W. Mohr; R.E. Turner y M.B. Jerry, *Pedophilia and exhibitionism*, University of Toronto, Toronto, 1964.
22. L. Frisbie (1959) citado por J.W. Mohr; R.E. Turner y M.B. Jerry, *Pedophilia and exhibitionism*, University of Toronto, Toronto, 1964.
23. D.A de Sanz; P. Houghton y J.P. Viar, *Visión multidimensional del abuso sexual: un estudio exploratorio*, Buenos Aires, 1993.
24. R.C. Summitt, *The child sexual abuse accommodation syndrome*, Child Abuse and Neglect, 7, páginas 177-193, 1983.
25. D. Finkelhor, XI° Congreso Internacional de Maltrato Infantil, Dublín, Irlanda, agosto 1996.
26. L. Shengold, *Soul Murder: The effects of childhood abuse and deprivation*, Fawcett Columbine, Nueva York, 1989.
27. J.R. Conte; S. Wolf y T. Smith, "What sexual offenders tell us about prevention strategies", *Child Abuse and Neglect*, 13 páginas 293-301, 1989.
28. M.I. Singer; D. Hussey y K.J. Strom, "Grooming the victim: An analysis of a perpetrator's seduction letter", *Child Abuse and Neglect*, 16(6), páginas 877-886, 1992.
29. L. Shengold, *Soul Murder: The effects of childhood abuse and deprivation*, Fawcett Columbine, Nueva York, 1989.
30. G. Orwell, *Nineteen eighty-four*, Harcourt Brace, Nueva York, 1949. Traducción del original en inglés de la autora.

31. L.E. Budin y C.F. Johnson, "Sexual abuse prevention: Offenders attitude about their efficacy", *Child Abuse and Neglect*, 13, páginas 77-87, 1989.
32. J.R. Conte, "A look at child sexual abuse", *National Committee for the Prevention of Child Abuse*, Chicago, 1986.
33. L.E. Budin y C.F. Johnson: *ibídem*.
34. *Project for the Advancement of Sexual Health and Safety*, "Protecting kids by knowing the abuser", Thomaston, Maine State Prison, 1986.
35. S. Sgroi, *Handbook of clinical intervention in child sexual abuse*, Lexington Books, Lexington, 1982.
36. A.N. Groth; W.F. Hobson y T.S. Gary, "The child molester: Clinical observations", en *Social work and child sexual abuse* de J.R. Conte y D.A. Shore, Haworth Press, Nueva York, 1982.
37. M.I. Singer; D. Hussey y K.J. Strom, "Grooming the victim: An analysis of a perpetrator's seduction letter", *Child Abuse and Neglect*, 16 (6), páginas 877-886, 1992.

Capítulo 6

1. P.M. Coons; E.S. Bowman; T.A. Pellow; y P. Schneider, "Post-traumatic aspects of the treatment of victims of sexual abuse and incest", *The Psychiatric Clinics of North America*, 12 (2), páginas 325-335, 1989.
2. D. Finkelhor, *Sexually victimized children*, Nueva York, Free Press, 1979 (en español: "El abuso sexual al menor", Editorial Pax México, México, 1980) y D.E.H. Russell, *The secret trauma: Incest in the lives of girls and women*, Basic Books, Nueva York, 1987.
3. L. Terr, *Too scared to cry*, Harper & Row, Nueva York, 1990.
4. D. Finkelhor, *Child sexual abuse: New theory and research*, Free Press, Nueva York, 1984.
5. *Manual diagnóstico y estadístico de los trastornos mentales —DSM-IV*, Editorial Masson, Barcelona, 1995.
6. *Manual diagnóstico y estadístico de los trastornos mentales —DSM-IV*, Editorial Masson, Barcelona, 1995.
7. S.M. Sgroi; F.S. Porter y L.C. Blick, "Validation of child sexual abuse"en *Handbook of clinical intervention in child sexual abuse* de S.M. Sgroi, Lexington Books, Lexington, 1982.
8. M.J. Blythe y D.P. Orr, "Childhood sexual abuse", *Guidelines for evaluation*, Indiana Medicine, páginas 11-18, enero de 1985.
9. B. Justice y R. Justice, *The broken taboo*, Human Services, Nueva York, 1979.
10. A.C. Salter, *Treating child sex offenders and victims*, Sage, California, 1988.
11. S. Freud, "Teorías sexuales de los niños" (1908) en *La organización genital infantil*, Obras completas, Volumen I, Editorial Biblioteca Nueva, Madrid, 1967.
12. S. Freud, *Tres ensayos sobre una teoría sexual* (1905), Obras completas, Volumen I, Editorial Biblioteca Nueva, Madrid, 1967.
13. S. Freud, *Idem*.
14. S. Freud, *Idem*.
15. A.Costas Antola; S.K. de Mauer y L.M. de Ubaldini, "El enigma del origen y el origen del enigma", publicación de trabajos libres presentados en el XVI Simposio y Congreso interno de la Asociación Psicoanalítica de Buenos Aires, *Sexualidad y Psicoanálisis: Cambios constantes en la teoría y la clínica*, Tomo II, Buenos Aires, 1994.
16. J. Herman y L. Hirschman, "Families at risk for father-daughter incest", *American Journal of Psychiatry*, 138 (7), páginas 967-970, 1981.
17. K. Meiselman, *Incest*, Jossey-Bass, San Francisco, 1978.
18. J.W. Reich y S.E. Gutierres, "Escape/aggression incidence in sexually abused juvenile delinquents", *Criminal Justice and Behavior*, 6, páginas 239-243, 1979.
19. J.B. Benward y J. Densen-Gerber, "Incest as a causative factor in antisocial behavior: An exploratory study", *Contemporary Drug Problems*, 4, páginas 323-340, 1975.
20. M.H. Silbert, "Treatment of prostitutes victims of sexual assault", en *Victims of sexual aggression: Treatment of children, women, and men* de I.R. Stuart y J.G. Greer, Van Nostrand Reinhold, Nueva York, 1984.
21. M.H. Silbert y A.M. Pines, "Sexual child abuse as an antecedent to prostitution", *Child Abuse and Neglect*, 5, páginas 407-411, 1981.
22. F.W. Putnam, "Dissociation as a response to extreme trauma", en *Childhood antecedents of multiple personality* de R.P. Kluft (5ª Edición), American Psychiatric Press, Washington, 1990.
23. C.B. Wilbur: "The effect of child abuse on the psyche" en *Childhood antecedents of multiple personality* de R.P. Kluft (5ª Edición), American Psychiatric Press, Washington, 1990.
24. E. Bass y L. Davis, *The courage to heal*, (3ª Edición), HarperPerennial, Nueva York, 1994.
25. *Manual diagnóstico y estadístico de los trastornos mentales —DSM-IV*, Editorial Masson, Barcelona, 1995.
26. E. Bass y L. Davis, *The courage to heal*, (3ª Edición), páginas 461-472, HarperPerennial, Nueva York, 1994.

Capítulo 7

1. N. Zeiguer, "Simposio sobre Abuso Sexual", *Claves en Psicoanálisis y Medicina*, Año V, N°
8, 2° semestre 1995.
2. N. Zeiguer, "Simposio sobre Abuso Sexual", *Claves en Psicoanálisis y Medicina*, Año V, N°
8, 2° semestre 1995.
3. D. Muram, "Abuso sexual en la infancia: Examen médico", *Claves en Psicoanálisis y
Medicina*, Año V, N° 8, 2° semestre 1995.
4. D. Muram, "Child sexual abuse genital tract findings in prepubertal girls I: The unaided medical examination" y "Child sexual abuse genital tract findings in prepubertal girls II: Comparison of
colposcopic and unaided examination", *American Journal of Obstetrics and Gynecology*, 160 (2),
páginas 328-335, 1989.
5. J.A. Adams; K. Harper; S. Knudson y J. Revilla, "Examination findings in legally confirmed
child sexual abuse: It's normal to be normal", *Pediatrics*, 94(3), páginas 310-317, 1994.
6. D. Muram, "Anal and perianal abnormalities in prepubertal victims of sexual abuse",
American Journal of Obstetrics and Gynecology, 160 (2), páginas 278-281, 1989.
7. R. Oppenheimer; K Howells; L. Palmer y D. Chaloner, "Adverse sexual experience in childhood and clinical eating disorders: A preliminary description", *Journal of Psychiatric Research*, 19,
páginas 3570361, 1985.
8. K. Kearney-Cooke, "Group treatment of sexual abuse among women with eating disorders",
Women and Therapy, 7, páginas 5-22, 1988.
9. M.P. Root y P. Fallon, "The incidence of victimization experiences in a bulimic sample",
Journal of Interpersonal Violence, 3, páginas 161-173, 1988.
10. R.C.W. Hall; L. Tice; T.P. Beresford; B. Wooley y A.K. Hall, "Sexual abuse in patients with
anorexia nervosa and bulimia", *Psychosomatics*, 30, páginas 79-88, 1989.
11. J. Vanderlinden, *Dissociative experiences, trauma and hypnosis: Research findings and clinical applications in eating disorders*, Eburon, Delft (Holanda), 1993.
12. J. Vanderlinden y W. Vandereycken, "Is sexual abuse a risk factor for developing an eating
disorder?", en *Sexual abuse and eating disorders* de M.F. Schwartz y L. Cohn, Brunner/Mazel, Nueva
York, 1996.
13. H.G. Pope y J.I. Hudson, "Is childhood sexual abuse a risk factor for bulimia nervosa?",
American Journal of Psychiatry, 149, páginas 455-463, 1992.
14. M. Rorty y J. Yager, "Speculations on the role of childhood abuse in the development of eating disorders among women", en *Sexual abuse and eating disorders* de M.F. Schwartz y L. Cohn,
Brunner/Mazel, Nueva York, 1996.
15. R.C.W. Hall; L. Tice; T.P. Beresford; B. Wooley y A.K. Hall, "Sexual abuse in patients with
anorexia nervosa and bulimia", *Psychosomatics*, 30, páginas 79-88, 1989.
G. Sloan y P. Leichner, "Is there a relationship between sexual abuse or incest and eating disorders?", *Canadian Journal of Psychiatry*, 9, páginas 277-293, 1986.
L. Tice; R.C.W. Hall; T.P. Beresford; J. Quinones y A.K. Hall, "Sexual abuse in patients with eating
disorders", *Psychiatric Medicine*, 7, páginas 257-267, 1989.
16. R.C.W. Hall; L. Tice; T.P. Beresford; B. Wooley y A.K. Hall, "Sexual abuse in patients with
anorexia nervosa and bulimia", *Psychosomatics*, 30, páginas 79-88, 1989.
M.P. Root, "Persistent, disordered eating as a gender-specific, post-traumatic stress response to sexual assault", *Psychotherapy*, 28, páginas 96-102, 1991.
M.P. Root y P. Fallon, "Treating the victimized bulimic", *Journal of Interpersonal Violence*, 4, páginas 90-100, 1989.
L. Tice; R.C.W. Hall; T.P. Beresford; J. Quinones y A.K. Hall, "Sexual abuse in patients with eating
disorders", *Psychiatric Medicine*, 7, páginas 257-267, 1989.
17. R.C.W. Hall; L. Tice; T.P. Beresford; B. Wooley y A.K. Hall, "Sexual abuse in patients with
anorexia nervosa and bulimia", *Psychosomatics*, 30, páginas 79-88, 1989.
L. Tice; R.C.W. Hall; T.P. Beresford; J. Quinones y A.K. Hall, "Sexual abuse in patients with eating
disorders", *Psychiatric Medicine*, 7, páginas 257-267, 1989.
18. M.P. Root y P. Fallon, "Treating the victimized bulimic", *Journal of Interpersonal Violence*,
4, páginas 90-100, 1989.
L. Tice; R.C.W. Hall; T.P. Beresford; J. Quinones y A.K. Hall, "Sexual abuse in patients with eating
disorders", *Psychiatric Medicine*, 7, páginas 257-267, 1989.
B.A. van der Kolk, "The compulsion to repeat the trauma", *Psychiatric Clinics of North America*, 12
páginas 389-411, 1989.
19. L. Cohn, "Introduction to From sexual abuse to empowerment" de E.T. Bills en *Sexual abuse
and eating disorders* de M.F. Schwartz y L. Cohn, Brunner/Mazel, Nueva York, 1996.
20. E.T. Bills, "From sexual abuse to empowerment" (1993) en *Sexual abuse and eating disorders* de M.F. Schwartz y L. Cohn, Brunner/Mazel, Nueva York, 1996.
21. D. Muram, "Abuso sexual en la infancia: Examen médico", en *Claves en Psicoanálisis y
Medicina*, Año V, N° 8, páginas 87-93, 2° semestre 1

Capítulo 8

1. M. Saphira, *The sexual abuse of children*(2ª Edición), Papers Inc., Auckland, 1985.
2. V. Woolf, "Sketch of the past" en *Moments of Being*, Harcourt Brace Jovanovich, Nueva York, 1985.
3. L. Terr, *Too scared to cry*, Basic Books, Nueva York, 1990.
4. J. Goodwin, *Sexual abuse: Incest victims and their families*, John Wright PSG, Boston, 1982.
5. D.P. Jones y J.M. McGraw, "Reliable and fictitious accounts of sexual abuse to children", *Journal of Interpersonal Violence*, 2(1), páginas 27-45, 1987.
6. A. Salter, *Treating child sex offenders and victims*, Sage, California, 1988.
7. D.H. Bauer, "An exploratory study of developmental changes in children's fears", en *Annual progress in child psychiatry and child development* de S. Chess y A. Thomas, Brunner/Mazel, Nueva York, 1977.
8. A. Salter, *Treating child sex offenders and victims*, Sage, California, 1988.
9. D. Elkind, *All grown up and no place to go: teenagers in crisis*, Addison-Wesley, Reading, 1984.
10. A. Salter, *Treating child sex offenders and victims*, Sage, California, 1988.
11. H. Hartshorne y M. May, *Studies in the nature of character: I. Studies in deceit*, Arno Press, Nueva York, 1975.
12. K. Saywitz y L. Damon, "Honesty, memory, and sexual knowledge" en *Response Child Sexual Abuse: The clinical interview* de K. Mac Farlane; J.R. Feldmeth; K. Saywitz; L. Damon; S. Krebs y M. Dugan, Guilford Publications, Nueva York, 1988.
13. *L'Ombre du Doute* ("Una sombra de duda") thriller francés exhibido en el 10° Congreso Internacional de Maltrato Infantil, realizado en Kuala Lumpur, Malasia, en setiembre de 1994.
14. A. Salter, *Treating child sex offenders and victims*, Sage, California, 1988.
15. L.C. Terr, *Too scared to cry*, Basic Books, Nueva York, 1990.
16. A.E. Tobey y G.S. Goodman, "Children's eyewitness memory: effects of participation and forensic context", *Child Abuse and Neglect*, 16, páginas 779-196, 1992.
17. K. Kuehnle, *Assessing allegations of child sexual abuse*, Professional Resource Press, Sarasota, 1996.
18. *Manual diagnóstico y estadístico de los trastornos mentales -DSM-IV*, Masson, Barcelona, 1995.
19. A. Freud, "Comments on trauma" de *The writings of Anna Freud*, Vol. 5, páginas 221-241, International Universities Press, Nueva York, 1968-1974.
20. S. Furst, *Psychic trauma*, Basic Books, páginas 3-50, Nueva York, 1967.
21. L.C. Terr, *Too scared to cry*, Basic Books, Nueva York, 1990.
22. L.C.Terr, *Idem*.
23. L.C.Terr, *Idem*.
24. K. Saywitz y L. Damon, *Op.cit.*
25. K. Saywitz y L. Damon, *Op.cit.*
26. S. Sgroi, *Handbook of clinical intervention in child sexual abuse*, Lexington Books, Lexington, 1982.
27. K. Mac Farlane; J.R. Feldmeth; K. Saywitz; L. Damon; S. Krebs y M. Dugan, "Common aspects and indicators of child sexual abuse" en *Response Child Sexual Abuse: The clinical interview*, Guilford Publications, Nueva York, 1988.
28. C.R. Honts, *Assessing children's credibility: Scientific and legal issues in 1994*, North Dakota Law Review, 70(40), 1994. Traducción del original en inglés de la Dra. Virginia Berlinerblau.

Capítulo 9

1. C.A. Hooper, *Madres sobrevivientes al abuso sexual de sus niños*, Ediciones Nueva Visión, Buenos Aires, 1992.
2. D. Finkelhor: *Child sexual abuse: New theory and research*, Free Press, Nueva York, 1984.
3. D. Russell, *Sexual exploitation: Rape, child sexual abuse, and workplace harrassment*, Sage, California, 1984.
4. C.A. Hooper, *Madres sobrevivientes al abuso sexual de sus niños*, Ediciones Nueva Visión, Buenos Aires, 1992.
A. R. de Jong, "Maternal responses to the sexual abuse of their children", *Pediatrics*, 81(1), páginas 14-21, 1988.
K. C. Faller, "The myth of the 'collusive mother': Variability in the functioning of mothers of victims of intrafamilial sexual abuse", *Journal of Interpersonal Violence*, 3, 22, páginas 190-196, 1988.
M. D. Everson; W.M. Hunter; D.K. Runyan; G.A. Edelsohn y M.L. Coulter, "Maternal support following disclosure of incest", *American Journal of Orthopsychiatry*, 59(2), páginas 197-207, 1989.
E.A. Sirles y P.J. Franke, "Factors influencing mothers' reactions to intrafamily sexual abuse", *Child Abuse and Neglect*, 13(1), páginas 131-139, 1989.
E. Gomes-Schwartz; J.M. Horowitz y A.P. Cardarelli, *Child sexual abuse: The initial effects*, Sage, Londres, 1990.
5. D. Spiegel y E. Cardena, "Disintegrated experience: The dissociative disorders revisited", *Journal of Abnormal Psychology*, 100(3), páginas 366-378, 1991.

6. F.W. Putnam, "Dissociative disorders in children; behavioral profiles and problems", *Child Abuse and Neglect*, 17, páginas 39-45, 1993.
L. West, "Dissociative reaction" en *Comprehensive textbook of psychiatry* de A.M. Freeman y H.I. Kaplan, Williams and Wilkins, Baltimore, 1967.
7. B. Egeland y A. Susman-Stillman, "Dissociation as a mediator of child abuse across generations", *Child Abuse and Neglect*, 20(11), páginas 1123-1132, 1996.
8. D. Spiegel y E. Cardena, "Disintegrated experience: The dissociative disorders revisited", *Journal of Abnormal Psychology*, 100(3), páginas 366-378, 1991.
9. J. Kaufman y E. Zigler, "Do abused children become abusive parents?", *American Journal of Orthopsychiatry*, 57, páginas 186-192, 1987.
10. B. Egeland; D. Jacobvitz; y L.A. Sroufe, "Breaking the cycle of abuse", *Child Development*, 59(4), páginas 1080-1088, 1988.
11. B. Egeland, "A history of abuse is a major risk factor for abusing in next generation", en *Current controversies on family violence* de R. Gelles y D.R. Loseke, Sage, California, 1993.
12. B. Egeland y A. Susman-Stillman, "Dissociation as a mediator of child abuse across generations", *Child Abuse and Neglect*, 20(11), páginas 1123-1132, 1996.
13. P.M. Cole; P.C. Alexander y C.L. Anderson, "Dissociation in typical and atypical development: Examples from father-daughter incest survivors", en *Handbook of dissociation: Theoretical, empirical and clinical perspectives* de L.K. Michelson y W.J. Ray, Plenum, Nueva York, 1997.
14. Hay versión en español: *El coraje de sanar*. Se trata de un libro dirigido a los sobrevivientes adultos del abuso sexual infantil.
15. E. Bass y L. Davis, *The courage to heal* (3ª Edición), HarperPerennial, Nueva York, 1994.

Capítulo 10

1. Ley Nacional N° 24.417, artículo 4°.
2. Ley Nacional N° 24417, artículo 2°.
3. Ley Nacional N° 24417, artículo 3°.
4. Ley Nacional N° 24417, artículo 5°.
5. A. Achával: Las modificaciones al artículo 119 del Código Penal efectuadas por la Ley 25.087: "Delitos contra la Integridad Sexual". Jurisprudencia Argentina N° 6159, páginas 2-11, Buenos Aires, Septiembre 1999.
6. J.P.M. Viar: "El médico ante los hallazgos clínicos compatibles con abuso sexual infantil (ASI)", *Revista de la Sociedad Argentina de Ginecología Infanto Juvenil*, Vol. 3, N°3, Diciembre 1996.
7. J.P.M. Viar: Op. cit.
8. Establecido en el artículo 106 del Código Penal.
9. J.P.M. Viar: Op. cit. (1996).
10. Ley Nacional N° 24.417, artículo 2°. El destacado es mío.

Impreso en junio de 2000 en Artes Gráficas Color Efe,
Paso 192, Avellaneda, Buenos Aires, Argentina

Printed in the United States
100876LV00006B/16/A

9 789506 412524